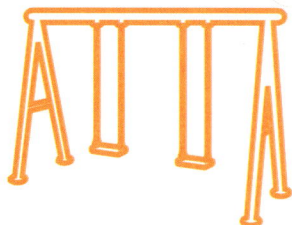

幼儿 体育教学活动 实践手册

YOUER TIYUJIAOXUEHUODONG SHIJIANSHOUCE

主 编◎陶 宏

副主编◎徐瑜淞 季艾俐

编 者◎（排名不分先后）

何浩锋 （广州市第一幼儿园）

辛小勇 （广州市第一幼儿园）

邓 伟 （广州市第二幼儿园）

陈 苍 （广州市第二幼儿园）

彭盛斌 （广州市第二幼儿园）

李玉泉 （广州市番禺区北城幼儿园）

余伟权 （南部战区空军直属机关幼儿园）

伍华春 （广州军区司令部幼儿园）

黎 耿 （广州市番禺区祈福新邨学校幼儿园）

韩晓志 （广州市番禺区直属机关幼儿园）

林远明 （广州市荔湾区沙面实验幼儿园）

郭军琳 （广州市番禺区荣达幼儿学校）

正詠雯 （广州市天河区第二实验幼儿园）

密肖华 （广东省肇庆市直属机关第一幼儿园）

·上海·

U0651800

图书在版编目（CIP）数据

幼儿体育教学活动实践手册/陶宏主编. — 上海：华东师范
大学出版社，2017
　（幼儿园教师胜任力培训丛书）
　ISBN 978-7-5675-6986-7

　Ⅰ.①幼…　Ⅱ.①陶…　Ⅲ.①体育课 — 教学研究 — 学前
教育　Ⅳ.①G613.7

　中国版本图书馆CIP数据核字（2017）第249300号

幼儿体育教学活动实践手册

主　　编　陶　宏
策划组稿　蒋　将
责任编辑　罗　彦
责任校对　周跃新
插　　图　庄晓微　蒋梦婷
版式设计　罗　彦
封面设计　俞　越

出版发行　华东师范大学出版社
社　　址　上海市中山北路3663号　邮编 200062
网　　址　www.ecnupress.com.cn
电　　话　021-60821666　行政传真 021-62572105
客服电话　021-62865537　门市（邮购）电话 021-62869887
地　　址　上海市中山北路3663号华东师范大学校内先锋路口
网　　店　http://hdsdcbs.tmall.com

印 刷 者　上海景条印刷有限公司
开　　本　787毫米×1092毫米　1/16
印　　张　18
字　　数　449千字
版　　次　2017年11月第1版
印　　次　2023年12月第6次
书　　号　ISBN 978-7-5675-6986-7/G·10661
定　　价　68.00元

出 版 人　王　焰

（如发现本版图书有印订质量问题，请寄回本社客服中心调换或电话021-62865537联系）

序言

　　3至6岁正是人体快速生长发育的旺盛时期，更是各种基本动作技能（坐、立、走、跑、跳）和肢体行为习惯定型的初期。体育锻炼是影响幼儿生长发育最积极、最重要的因素，因此，科学合理的体育活动能促进幼儿身体的正常发育，有效增强幼儿体质，同时还可以提升幼儿参与体育活动的兴趣，使其养成良好的运动习惯，为今后的学习、工作和生活打下重要的健康基础。

　　苏联著名教育家马卡连柯认为：教育的基础主要是在6岁以前奠定的，它占整个教育过程的90%。一旦错过关键期，其教育效果在以后是很难补偿的，也是以后教育难以达到的。因而，在此阶段中，教师如果能组织幼儿进行科学、全面和有效的体育活动，将对幼儿的身体形态结构、生理机能、心理健康及情感认知的发展具有重要的价值。

　　笔者在所从事的32年的幼儿园体育活动研究中发现，虽然现在人们的生活水平大幅提高了，物资丰富了，营养也好了，孩子较过去的同龄人高了、壮了，但幼儿园的"小胖墩""近视眼"越来越多，许多地区都不同程度地出现了肥胖儿童比率提高、儿童心肺功能下降等现象。主要原因是：我国目前大部分幼儿园缺乏活动场地；幼儿体育活动器材不足、活动内容单调、活动时间不足；一线幼儿园教师缺乏专业的体育理论知识和必备的体育技能（大部分教师毕业于幼师），使其在对幼儿开展体育活动时，无法做到科学有效地指导，以至于很多幼儿园常年靠外聘体育专职教师兼任幼儿园体育教学。以上这些原因导致了幼儿体育教育的全面性、系统性、连续性不能得到保证，直接影响幼儿体育教育教学的质量。

　　《幼儿园工作规程》明确指出，幼儿园的任务是"贯彻国家的教育方针，按照保育与教育相结合的原则，遵循幼儿身心发展特点和规律，实施德、智、体、美等方面全面发展的教育，

促进幼儿身心和谐发展"。所以我们要强调幼儿体育教育的重要性，使幼儿的健康成长得到保证。

重视幼儿体育教育，提升幼儿教师专业化水平，建立规范的幼儿体育教育教学体系，引领帮助一线幼儿教师真正、有效地掌握幼儿体育教育教学能力，继而科学合理地开展幼儿体育活动，是当前亟待实施的举措，也是本人编写此书的初衷。

《幼儿体育教学活动实践手册》分为九个模块。在第一个模块里，介绍了幼儿园体育教育的理论知识，阐述了幼儿园体育活动的任务、目标、内容，为幼儿老师在幼儿园开展体育教育提供了科学依据，指明了教育方向。在第二个模块里，明晰了幼儿基本动作的正确要领，各年龄班基本动作发展的要求和教学目标。在第三个模块中，阐述了幼儿园常用的队列队形，特别强调幼儿阶段的队列队形要避免军事化、成人化、小学化。在第四个模块里，明晰了幼儿早操的概念及早操活动的内容、形式；明确了基本体操的创编原则、方法及组织形式。在第五个模块里，特别强调了体育游戏在幼儿体育课中的运用；幼儿体育课的运动量如何科学合理安排。在第六个模块里，倡导将体育游戏活动作为户外区域体育活动的主要手段，使幼儿的身体在户外体育运动中得以均衡发展，弥补个体差异。在第七个模块里，介绍了幼儿园开展小篮球的教学内容和教学方法，归纳整理出了幼儿小篮球的教学教案（由广东幼儿体育名师密肖华老师提供），并展现了丰富、形象、直观的大中小班的区域小篮球游戏活动图片（由广州市南沙区育英幼儿园提供），供读者借鉴。在第八个模块里，提供了丰富的一物多玩、一物多练的活动案例，倡导一线教师具备环保理念，即利用废旧材料、自制器械来丰富幼儿体育活动的内容。在第九个模块里，提供了丰富的自制运动器械的案例和图片（由广州市天河区第二实验幼儿园、广州市番禺区荣达幼儿学校、广州市荔湾区沙面实验幼儿园提供）。

本书的特点是从理论层面进一步明确了幼儿园体育教育的理念，指明幼儿体育教育的方向，融合了广东幼儿体育名师们在一线十几年的教学实践案例，图文并茂，配以早操、体育活动案例视频，起到了很好的示范作用，指导性强，易于实操。希望本书能成为广大一线幼儿教师在体育教育教学方面的好帮手，一本实用的案头工具书。

陶　宏

2017 年 10 月　于广州

目录

模块 1

幼儿园体育基础理论

模块 2

幼儿基本动作的要求和练习方法

目录

模块 6
幼儿园户外体育活动

模块 7
幼儿小篮球活动

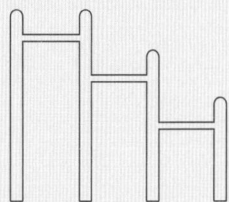

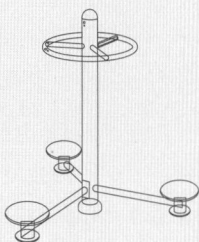

模块 1

幼儿园体育基础理论

　　幼儿园体育活动是幼儿园全面教育的重要组成部分，健康教育（包括运动和心理）作为五大领域之首，在幼儿教育中具有重要地位，因为幼儿健康的身体是幼儿园开展其他领域活动的基础。掌握幼儿园体育的基础理论，能帮助一线幼儿教师进一步明确幼儿体育教育的方向和目标，为幼儿园科学、合理地开展体育活动提供理论依据。

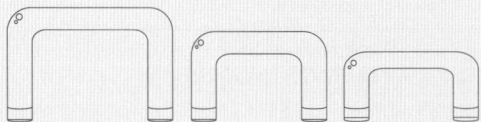

一 幼儿园体育教育教学中常用概念的界定

1. 体育

体育是以发展人的体力、增强人的体质为主要任务的教育。人们通过参加各种体育运动来实现锻炼身体的目的。体育可分为大众体育、专业体育、学校体育等，幼儿体育属于学校体育的一种。

2. 幼儿体育

幼儿体育是指在幼儿园中，教师遵循 3 至 6 岁幼儿的生长发育、发展的特点和规律，以身体练习为基本手段，通过科学、合理的方法，以增强幼儿的体质，发展幼儿的身心素质和初步的运动能力，提高幼儿的健康水平和健康意识为主要目的而进行的一系列锻炼身体的体育教育活动。

3. 体质

体质即人体的质量，它是在遗传性和获得性的基础上表现出来的人体的形态结构、生理机能和心理素质的综合的、相对稳定的特征。体质包括体格、体能、适应能力和心理素质。

4. 体格

体格是指人体形态、结构和生理机能的发育发达水平，主要包括人体生长发育水平、体型和身体姿势等。

（1）生长发育水平：通过人体的身高、体重、坐高、肩宽、头围、胸围、骨盆宽等测量值来体现。

（2）体型：是指人体各部分的比例。

（3）身体姿势：是指人的坐、立、行走等姿势。

5. 体能

体能指人体在从事身体运动时所表现出来的机能能力。它包括身体素质和身体基本活动能力这两方面的发展水平。

（1）身体素质：是指在人体活动中，在中枢神经系统指导下肌肉活动所表现的能力，如：力量、耐力、灵敏、速度、柔韧等。

（2）身体基本活动能力：是指人体最基本的活动能力，包括走、跑、跳跃、投掷、攀登、钻爬等动作。

6. 适应能力

适应能力指人体对内、外界环境变化的适应能力和抵抗疾病的能力。

7. 心理素质

心理素质是指人的个性、意志、情绪等方面的精神因素。

8. 小肌肉群运动与大肌肉群运动

（1）小肌肉群运动：是指指尖的动作、手指的屈伸、眼和手的协调动作等局部动作的运动。

（2）大肌肉群运动：是指走、跑、跳、投、攀登和上举等全身运动。

（二）幼儿园体育教育的任务

幼儿园体育教育的任务可以归纳为：

（1）锻炼幼儿的身体，促进其正常发育，提高他们对自然环境的适应能力，增强其体质。

（2）发展幼儿的基本动作，使他们动作灵敏、协调，姿势正确。

（3）培养他们机智、勇敢、遵守纪律等优良品德和活泼开朗的性格。

（三）幼儿园体育活动的目标

根据《幼儿园教育指导纲要（试行）》（以下简称《纲要》）中的相关内容，我们可以将体育活动的目标归纳为：

（1）使幼儿喜欢参加体育活动，动作协调、灵活。

（2）开展丰富多彩的户外游戏和体育活动，培养幼儿参加体育活动的兴趣和习惯，增强体质，提高对环境的适应能力。

（3）在体育活动中，培养幼儿坚强、勇敢、不怕困难的意志品质和主动、乐观、合作的态度。

根据《3—6岁儿童学习与发展指南》（以下简称《指南》）中的相关内容，我们可以将幼儿园体育活动的目标归纳为：

1. 幼儿的体态目标

幼儿的体态目标包括身高和体重以及坐、站、走的姿势，如表1-1所示。

表1-1　幼儿的体态目标

3~4岁	4~5岁	5~6岁
① 身高和体重适宜。 参考标准： ● 男孩： 身高：94.9~111.7厘米； 体重：12.7~21.2公斤。 ● 女孩： 身高：94.1~111.3厘米； 体重：12.3~21.5公斤。 ② 在提醒下能自然坐直、站立	① 身高和体重适宜。 参考标准： ● 男孩： 身高：100.7~119.2厘米； 体重：14.1~24.2公斤。 ● 女孩： 身高：99.9~118.9厘米； 体重：13.7~24.9公斤。 ② 在提醒下能保持正确的站、坐和行走姿势	① 身高和体重适宜。 参考标准： ● 男孩： 身高：106.1~125.8厘米； 体重：15.9~27.1公斤。 ● 女孩： 身高：104.9~125.4厘米； 体重：15.3~27.8公斤。 ② 经常保持正确的站、坐和行走姿势

2. 幼儿的身体素质目标

（1）幼儿具有一定的平衡能力，动作协调、灵敏，如表1-2所示。

表1-2　幼儿的身体素质目标（1）

3~4岁	4~5岁	5~6岁
● 能沿地面直线或在较窄的低矮物体上走一段距离。 ● 能双脚灵活交替上下楼梯。 ● 能身体平稳地双脚连续向前跳。 ● 分散跑时能躲避他人的碰撞。 ● 能双手向上抛球	● 能在较窄的低矮物体上平稳地走一段距离。 ● 能以匍匐、膝盖悬空等多种方式钻爬。 ● 能助跑跨跳过一定距离，或助跑跨跳过一定高度的物体。 ● 能与他人玩追逐、躲闪跑的游戏。 ● 能连续自抛自接球	● 能在斜坡、荡桥和有一定间隔的物体上较平稳地行走。 ● 能以手脚并用的方式安全地爬攀登架、网等。 ● 能连续跳绳。 ● 能躲避他人滚过来的球或扔过来的沙包。 ● 能连续拍球

（2）幼儿具有一定的力量和耐力，如表1-3所示。

表1-3　幼儿的身体素质目标（2）

3~4岁	4~5岁	5~6岁
● 能双手抓杠悬空吊起10秒左右。 ● 能单手将沙包向前投掷2米左右。 ● 能单脚连续向前跳2米左右。 ● 能快跑15米左右。 ● 能行走1公里左右（途中可适当停歇）	● 能双手抓杠悬空吊起15秒左右。 ● 能单手将沙包向前投掷4米左右。 ● 能单脚连续向前跳5米左右。 ● 能快跑20米左右。 ● 能连续行走1.5公里左右（途中可适当停歇）	● 能双手抓杠悬空吊起20秒左右。 ● 能单手将沙包向前投掷5米左右。 ● 能单脚连续向前跳8米左右。 ● 能快跑25米左右。 ● 能连续行走1.5公里以上（途中可适当停歇）

（四）幼儿园体育活动的内容

幼儿园体育活动的内容主要包括：

（1）基本动作：走、跑、跳跃、投掷、钻、爬、攀登、悬垂和平衡。

（2）基本体操：①徒手操（模仿操、韵律

操、武术操等）和轻器械操。②排队和队形变换。

（3）幼儿园体育游戏：它是以身体练习（各种基本动作等）为主要内容，以游戏为活动形式，伴有一定的角色、情节和规则，以锻炼幼儿身体为目的的一种有意识的活动。

1　徒手操
2　轻器械操

（五）幼儿园体育活动的组织形式

1. 幼儿园早操

早操是幼儿园在早晨开展的、以基本体操为主要内容的一种组织形式，是幼儿一天有组织的生活的开始，是早晨进行的身体锻炼活动的总称。它包括队列队形、律动、基本体操（徒手操、模仿操、武术操、韵律操、轻器械操、辅助器械操）、体能游戏等。

2. 幼儿园体育课

体育课是幼儿园体育教学的一种组织形式。它是在教师的指导下，以身体动作的练习为主要内容，有目的、有计划、有组织的教学活动。它注重幼儿身体的全面锻炼与发展，既提高幼儿的身体素质，发展幼儿的基本活动能力，增强幼儿的体质，同时还重视幼儿身体、智力以及社会性等方面的协调发展。

3. 幼儿园户外体育活动

户外体育活动是指在户外利用充足的阳光、新鲜的空气等自然因素，在教师的组织下，以基本动作类体育游戏、三浴锻炼、民间体育游戏、大中小型器械类体育游戏为活动内容的一种幼儿园体育活动的组织形式。

3　幼儿园早操　　　　　4　幼儿园体育课　　　　　5　幼儿园户外体育活动

六   幼儿园体育教学计划大纲

根据幼儿园体育活动的任务、目标和内容，我们需要制订科学的"幼儿园体育教学计划大纲"，这里以铜闸新苗幼儿园的计划为例（如表1-4所示），供参考。

表1-4   幼儿园体育教学计划大纲

年级	第一学期	第二学期
小班	● 会在指定范围内走、跑。 ● 会在 15~20 厘米长的斜坡上走上走下。 ● 会听口令：看齐、齐步走、跑步走、立定。 ● 初步学会拍皮球。 ● 会单脚站立	● 能根据信号向指定方向走，能一个跟着一个走。 ● 能沿着场地周围跑。 ● 在老师带领下，能交替进行跑、走动作。 ● 能互相滚接皮球，并学会拍大皮球。 ● 会做操（以模仿操为主），并学习徒手操
中班	● 能原地纵跳触物，物体距离幼儿高举的手指尖 15~20 厘米。 ● 双脚立定跳远，距离不少于 40 厘米。 ● 能原地转 1~3 圈，闭眼向前走 5~10 步。 ● 会左右手拍球。 ● 学习徒手操	● 能在一定范围内四散地追逐跑。 ● 快跑距离为 10~20 米。 ● 练习肩上挥臂投物（投小皮球、小沙包）。 ● 学会听口令：立正、稍息、看齐、原地踏步、齐步走、跑步走
大班	● 能听信号变换方向，一对一对整齐地走。 ● 快跑距离为 20~30 米。 ● 双脚立定跳远，距离不少于 70 厘米。 ● 练习跳绳或跳橡皮筋	● 能两臂侧平举并单腿站立 5~10 秒钟。 ● 能边走边拍球，边跑边拍球。 ● 会做操（以徒手操为主），并选学 1~2 套轻器械操（每套 6~8 节）

七   幼儿园体育教学活动的常用教学方法

1. 示范法

示范法是教师（或幼儿）以正确的动作为范例，使幼儿了解动作的形象、结构、要领等的一种方法。体育教学活动中的示范方向（示范面）一般有四种，即正面、镜面、侧面、背面。教师的示范位置应根据幼儿队形、动作的性质而定，示范方向可根据动作的结构、要求决定。

例如：教师在教授新动作时一般采用正面示范；在带领幼儿练习时常用镜面示范；动作路线复杂、方向变化大时，一般可采取侧面、背面示范。此外，示范的注意事项有：

（1）动作正确，姿态优美。

（2）示范要突出动作的重点。

（3）与讲解相结合或伴随语言提示。

2. 讲解法

幼儿园体育教学中的讲解应语言精练、准确，且能使幼儿听懂。具体要求有：

（1）重点突出，语言少而精。

（2）语言通俗易懂、生动形象，且有趣味。例如：腿直的像"棍子"，脚尖绷直的像"粽子"。

（3）讲解要富于启发性。

3. 练习法

练习法是根据教学任务，有目的地反复做某些动作的方法。幼儿园体育教学中常用的练习法有：

（1）完整练习法和分解练习法：完整练习法是把动作完整地进行练习的方法；分解练习法是把完整的动作分解成几个部分，按部分逐次地进行练习，最后再组合成完整的动作进行练习的方法。

（2）重复练习法：是指在不改变动作结构和练习条件的情况下反复做一个动作的方法。

（3）变换练习法：是指变换练习的环境、练习的条件或练习的动作组合来进行动作练习的方法。

1　示范法
2　讲解法
3　具体帮助法

4. 口头提示和具体帮助法

（1）口头提示法是指在幼儿练习时，教师用简明、明确的语言提示和指导幼儿活动的方法。例如幼儿在练习跳远时，教师提示"摆臂""腿蹬直"等。

（2）具体帮助法是指教师直接地、具体地帮助幼儿掌握动作的方法，多用于个别指导时。

八　3~6岁幼儿体质测试

《幼儿园工作规程》（以下简称《规程》）中明确要求："幼儿园应建立幼儿健康检查制度和幼儿健康卡或档案。每年体检一次，每半年测身高、视力一次，每季度量体重一次，并对幼儿身体健康发展状况定期进行分析、评价。"

　　幼儿体质测试的内容为制定幼儿健康活动的目的、内容和方法提供了科学依据，对促进幼儿体质发展有积极的指导作用。幼儿体质测试是检验幼儿体能发展的重要手段，同时对增强幼儿体质、提高幼儿在运动中的自我保护能力有促进作用。

1. 幼儿体质测试的指标

　　幼儿体质测试的指标包括身体形态和身体素质两类，如表1-5所示。

表1-5　幼儿体质测试的指标

类别	测试指标
身体形态	身高； 体重
身体素质	10米折返跑； 立定跳远； 网球掷远； 双脚连续跳； 坐位体前屈； 走平衡木

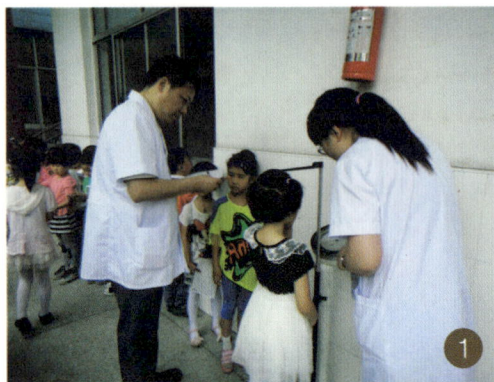

1　测量身高和体重

2. 幼儿体质测试各指标的意义

（1）10米折返跑：反映儿童的灵敏性。

（2）立定跳远：主要反映儿童下肢的爆发力。

（3）网球掷远：反映儿童上肢和腰腹肌肉的力量。

（4）双脚连续跳：反映儿童的协调性和下肢力量。

（5）坐位体前屈：反映儿童躯干和下肢的柔韧性。

（6）走平衡木：反映儿童的平衡能力。

2　10米折返跑
3　立定跳远
4　网球掷远
5　双脚连续跳
6　坐位体前屈
7　走平衡木

3. 幼儿体质测试的方法

1. 10米折返跑

幼儿至少2人一组，两腿前后分开，站立在起跑线后；当听到起跑信号后，立即起跑，直奔折返线，用手触摸到物体（木箱或墙壁）后返回，直奔目标线。

2. 立定跳远

幼儿两脚自然分开，站立在起跳线后，然后摆动双臂，双脚蹬地尽力向前跳。

3. 网球掷远

幼儿站在投掷线后，两脚前后分开，单手（右手）持球；将球从肩上方投出，球出手时，后脚可以向前迈出一步，但不能踩线或过线。

4. 双脚连续跳

幼儿两脚并拢站在起跳线后，听到"开始"的口令后，双脚起跳，连续跳过10个软方包停止。

5. 坐位体前屈

幼儿面向仪器坐在垫子上，双腿向前伸直；脚跟并拢，蹬在测试仪的挡板上，脚尖自然分开。测试时，幼儿双手并拢，掌心向下平伸，膝关节伸直，上体前屈，用双手中指指尖推动游标平滑前进，直到不能推动为止。

6. 走平衡木

幼儿站在起点线后的平台上，面向平衡木，双臂侧平举，当听到"开始"的口令后，两脚交替向终点线前进。

4. 幼儿体质测试的评分标准

（1）幼儿体质测量的评分标准。

不同年龄段的幼儿，其体质测试的评分标准也不同。根据《国民体质测定标准手册（幼儿部分）》，评分标准如表1-6至表1-19所示：

表1-6　3岁男童指标评分表

测试指标	1分	2分	3分	4分	5分
10米折返跑（秒）	15.8～12.9	12.8～10.3	10.2～9.1	9.0～8.0	<8.0
立定跳远（厘米）	21～29	30～42	43～58	59～76	>76
网球掷远（米）	1.5	2.0～2.5	3.0～3.5	4.0～5.5	>5.5
双脚连续跳（秒）	25.0～19.7	19.6～13.1	13.0～9.2	9.1～6.6	<6.6
坐位体前屈（厘米）	2.9～4.8	4.9～8.5	8.6～11.6	11.7～14.9	>14.9
走平衡木（秒）	48.5～30.1	30.0～16.9	16.8～10.6	10.5～6.6	<6.6

表1-7　3岁女童指标评分表

测试指标	1分	2分	3分	4分	5分
10米折返跑（秒）	16.8～13.5	13.4～10.6	10.5～9.4	9.3～8.2	<8.2
立定跳远（厘米）	21～28	29～39	40～54	55～71	>71
网球掷远（米）	1.0	1.5～2.0	2.5～3.0	3.5～5.0	>5.0
双脚连续跳（秒）	25.9～20.1	20.0～13.5	13.4～9.8	9.7～7.1	<7.1
坐位体前屈（厘米）	3.2～6.2	6.3～9.9	10.0～12.9	13.0～15.9	>15.9
走平衡木（秒）	49.8～32.5	32.4～17.4	17.3～10.8	10.7～6.9	<6.9

表1-8　3.5岁男童指标评分表

测试指标	1分	2分	3分	4分	5分
10米折返跑（秒）	14.0～11.4	11.3～9.5	9.4～8.4	8.3～7.5	<7.5
立定跳远（厘米）	27～34	35～52	53～69	70～84	>84
网球掷远（米）	1.5	2.0～2.5	3.0～4.0	4.5～5.5	>5.5
双脚连续跳（秒）	21.8～17.0	16.9～11.2	11.1～8.3	8.2～6.1	<6.1

续表

测试指标	1分	2分	3分	4分	5分
坐位体前屈（厘米）	2.7~4.6	4.7~8.4	8.5~11.5	11.6~14.9	>14.9
走平衡木（秒）	41.1~27.1	27.0~15.1	15.0~9.4	9.3~5.9	<5.9

表1-9　3.5岁女童指标评分表

测试指标	1分	2分	3分	4分	5分
10米折返跑	14.9~12.1	12.0~9.8	9.7~8.7	8.6~7.7	<7.7
立定跳远（厘米）	25~33	34~49	50~64	65~81	>81
网球掷远（米）	1.5	2.0~2.5	3.0~3.5	4.0~5.0	>5.0
双脚连续跳（秒）	21.9~17.1	17.0~11.3	11.2~8.5	8.4~6.2	<6.2
坐位体前屈（厘米）	3.5~6.2	6.3~9.9	10.0~12.9	13.0~15.9	>15.9
走平衡木	40.4~27.5	27.4~15.1	15.0~9.7	9.6~6.1	<6.1

表1-10　4岁男童指标评分表

测试指标	1分	2分	3分	4分	5分
10米折返跑（秒）	12.4~10.2	10.1~8.6	8.5~7.7	7.6~6.9	<6.9
立定跳远（厘米）	35~46	47~64	65~79	80~95	>95
网球掷远（米）	2.0~2.5	3.0~3.5	4.0~4.5	5.0~6.0	>6.0
双脚连续跳（秒）	17.0~13.2	13.1~9.2	9.1~7.1	7.0~5.6	<5.6
坐位体前屈（厘米）	2.4~4.4	4.5~8.4	8.5~11.4	11.5~14.9	>14.9
走平衡木（秒）	33.2~21.6	21.5~11.6	11.5~7.4	7.3~4.9	<4.9

表1-11　4岁女童指标评分表

测试指标	1分	2分	3分	4分	5分
10米折返跑（秒）	13.2~10.9	10.8~9.1	9.0~8.1	8.0~7.2	<7.2
立定跳远（厘米）	32~43	44~59	60~73	74~89	>89
网球掷远（米）	2.0	2.5~3.0	3.5~4.0	4.5~5.0	>5.0
双脚连续跳（秒）	17.2~13.5	13.4~9.6	9.5~7.4	7.3~5.9	<5.9

续表

测试指标	1分	2分	3分	4分	5分
坐位体前屈（厘米）	3.4~5.9	6.0~9.9	10.0~12.9	13.0~15.9	>15.9
走平衡木（秒）	32.2~22.6	22.5~12.3	12.2~8.2	8.1~5.3	<5.3

表1-12　4.5岁男童指标评分表

测试指标	1分	2分	3分	4分	5分
10米折返跑（秒）	11.8~9.8	9.7~8.1	8.0~7.3	7.2~6.7	<6.7
立定跳远（厘米）	40~54	55~72	73~88	89~102	>102
网球掷远（米）	2.5	3.0~4.0	4.5~6.0	6.5~8.0	>8.0
双脚连续跳（秒）	14.5~11.3	11.2~8.2	8.1~6.5	6.4~5.3	<5.3
坐位体前屈（厘米）	1.8~4.1	4.2~7.9	8.0~10.9	11.0~14.4	>14.4
走平衡木（秒）	28.4~17.9	17.8~9.7	9.6~6.3	6.2~4.3	<4.3

表1-13　4.5岁女童指标评分表

测试指标	1分	2分	3分	4分	5分
10米折返跑（秒）	12.4~10.3	10.2~8.6	8.5~7.7	7.6~7.0	<7.0
立定跳远（厘米）	40~49	50~67	68~80	81~96	>96
网球掷远（米）	2.0	2.5~3.0	3.5~4.0	4.5~5.5	>5.5
双脚连续跳（秒）	14.9~12.0	11.9~8.6	8.5~6.8	6.7~5.5	<5.5
坐位体前屈（厘米）	3.0~5.9	6.0~9.9	10.0~12.9	13.0~16.0	>16.0
走平衡木（秒）	26.5~18.7	18.6~10.2	10.1~7.0	6.9~4.7	<4.7

表1-14　5岁男童指标评分表

测试指标	1分	2分	3分	4分	5分
10米折返跑（秒）	10.3~9.0	8.9~7.7	7.6~7.0	6.9~6.4	<6.4
立定跳远（厘米）	50~64	65~79	80~95	96~110	>110
网球掷远（米）	3.0~3.5	4.0~5.0	5.5~7.0	7.5~9.0	>9.0
双脚连续跳（秒）	12.5~9.9	9.8~7.3	7.2~6.0	5.9~5.1	<5.1

测试指标	1分	2分	3分	4分	5分
坐位体前屈（厘米）	1.1~3.4	3.5~7.5	7.6~10.9	11.0~14.4	>14.4
走平衡木（秒）	22.2~14.1	14.0~7.9	7.8~5.3	5.2~3.7	<3.7

表1-15　5岁女童指标评分表

测试指标	1分	2分	3分	4分	5分
10米折返跑（秒）	11.2~9.7	9.6~8.1	8.0~7.3	7.2~6.7	<6.7
立定跳远（厘米）	50~59	60~74	75~88	89~102	>102
网球掷远（米）	2.5~3.0	3.5~4.0	4.5~5.5	6.0~8.5	>8.5
双脚连续跳（秒）	12.7~10.1	10.0~7.6	7.5~6.2	6.1~5.2	<5.2
坐位体前屈（厘米）	3.0~5.4	5.5~9.6	9.7~13.1	13.2~16.6	>16.6
走平衡木（秒）	23.7~14.1	14.0~8.3	8.2~5.8	5.7~4.1	<4.1

表1-16　5.5岁男童指标评分表

测试指标	1分	2分	3分	4分	5分
10米折返跑（秒）	10.0~8.6	8.5~7.4	7.3~6.8	6.7~6.2	<6.2
立定跳远（厘米）	56~69	70~89	90~102	103~119	>119
网球掷远（米）	3.0~3.5	4.0~5.5	6.0~7.5	8.0~10.0	>10.0
双脚连续跳（秒）	11.9~9.4	9.3~6.9	6.8~5.7	5.6~4.9	<4.9
坐位体前屈（厘米）	1.0~3.2	3.3~7.5	7.6~10.9	11.0~14.4	>14.4
走平衡木（秒）	19.2~12.1	12.0~6.8	6.7~4.6	4.5~3.3	<3.3

表1-17　5.5岁女童指标评分表

测试指标	1分	2分	3分	4分	5分
10米折返跑（秒）	10.5~9.1	9.0~7.7	7.6~7.0	6.9~6.4	<6.4
立定跳远（厘米）	54~65	66~81	82~95	96~109	>109
网球掷远（米）	3.0	3.5~4.5	5.0~6.0	6.5~8.5	>8.5
双脚连续跳（秒）	11.5~9.3	9.2~7.0	6.9~5.8	5.7~4.9	<4.9

测试指标	1分	2分	3分	4分	5分
坐位体前屈（厘米）	3.0~5.4	5.5~9.6	9.7~12.9	13.0~16.7	>16.7
走平衡木（秒）	20.1~12.6	12.5~7.5	7.4~5.1	5.0~3.6	<3.6

表 1-18   6岁男童指标评分表

测试指标	1分	2分	3分	4分	5分
10米折返跑（秒）	9.4~8.0	7.9~6.9	6.8~6.3	6.2~5.8	<5.8
立定跳远（厘米）	61~78	79~94	95~110	111~127	>127
网球掷远（米）	3.5~4.0	4.5~6.5	7.0~9.0	9.5~12.0	>12.0
双脚连续跳（秒）	10.4~8.3	8.2~6.2	6.1~5.2	5.1~4.4	<4.4
坐位体前屈（厘米）	1.0~3.1	3.2~7.0	7.1~10.4	10.5~14.4	>14.4
走平衡木（秒）	16.0~9.4	9.3~5.4	5.3~3.8	3.7~2.7	<2.7

表 1-19   6岁女童指标评分表

测试指标	1分	2分	3分	4分	5分
10米折返跑（秒）	10.2~8.6	8.5~7.3	7.2~6.6	6.5~6.1	<6.1
立定跳远（厘米）	60~70	71~86	87~100	101~116	>116
网球掷远（米）	3.0	3.5~4.5	5.0~6.0	6.5~8.0	>8.0
双脚连续跳（秒）	10.5~8.4	8.3~6.3	6.2~5.3	5.2~4.6	<4.6
坐位体前屈（厘米）	3.0~5.3	5.4~9.5	9.6~12.9	13.0~16.7	>16.7
走平衡木（秒）	17.0~10.8	10.7~6.2	6.1~4.3	4.2~3.0	<3.0

（2）幼儿体质测量评定。

① 采用单项评分和综合评级进行评定。

② 单项评分包括身高、体重评分和其他单项指标评分，采用5分制。

③ 综合评级是根据受试者各单项得分之和确定的，共分四个等级：一级（优秀）、二级（良好）、三级（合格）、四级（不合格）。任意一项指标无分者，不进行综合评级。

表 1–20　综合评级表

等　级	得　分
一级（优秀）	>31 分
二级（良好）	28~31 分
三级（合格）	20~27 分
四级（不合格）	<20 分

（九）幼儿体育活动的运动量及其测定

运动量也称"运动负荷"，指人体在体育活动中所承受的生理负荷量，主要受运动强度、运动时间和运动密度的影响。运动负荷是否适宜是评价幼儿体育活动科学开展的重要指标。

1. 运动强度

（1）运动强度：是指人的身体完成练习所用力量的大小和机体的紧张程度。

（2）我国幼儿在体育课或一次体育锻炼中的最佳运动强度为：①幼儿的平均心率应在140~170 次 / 分左右；②最低不宜低于 130 次 / 分；③最高一般不宜超过 170 次 / 分（平均）。

2. 运动时间

（1）运动时间：是指一堂体育课或一次体育锻炼练习的总时间。

（2）不同年龄段的幼儿，其最佳的运动时间也不同：① 2~3 岁，一次活动总时间不宜超过 15 分钟；② 3~4 岁，一次活动总时间不宜超过 15~20 分钟；③ 4~5 岁，一次活动总时间不宜超过 25~30 分钟。

3. 运动密度

运动密度也称为练习密度，是指幼儿在课中做练习的时间与课的总时间的比例，计算公式为：

$$运动密度（练习密度）= \frac{幼儿实际（活动）练习的时间}{活动（课）的总时间} \times 100\%$$

4. 幼儿运动量的判断方法

（1）观察法。

这种方法主要是通过观察幼儿的脸色、出汗量、呼吸、动作完成的质量、注意力和情绪等方面来判断运动量是否合理。观察法的判断标准如表 1–21 所示。

表 1-21　观察法的判断标准

观察方面（活动中）	轻度疲劳	中度疲劳	高度疲劳
脸色	稍红	相当红	十分红或苍白
出汗量	不多	较多	大量出汗
呼吸	中速较快	显著加大	呼吸急促、表浅、节律紊乱
动作完成的质量	动作准确，步态轻盈	动作摇摆不定	动作失调，步态不稳，反应迟钝
注意力	注意力集中	能集中注意力	注意力分散或已经转移

（2）脉搏生理测定法。

脉搏生理测定法是指用食指和中指轻轻搭在被测试幼儿手腕的桡动脉处，测量脉搏 1 分钟。经研究数据得出，幼儿在进行体育活动时的平均心率应在 140～170 次 / 分。

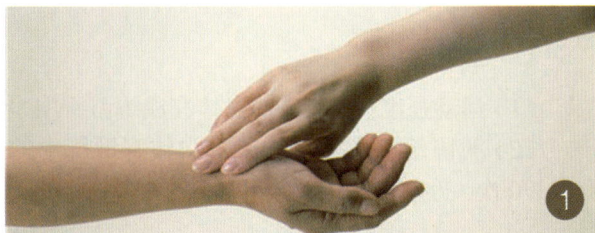

1　脉搏生理测定法

幼儿和成人在安静时，每分钟的脉搏频率如表 1-22 所示：

表 1-22　安静时的脉搏频率

年龄段	脉搏频率（次 / 分钟）
2 岁幼儿	110～120
3 岁幼儿	100～110
4 岁幼儿	95～105
5 岁幼儿	90～100
成人	60～70

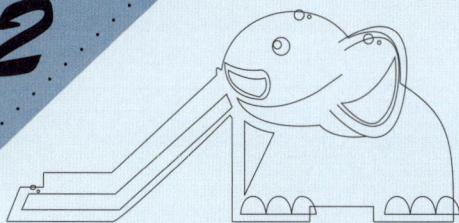

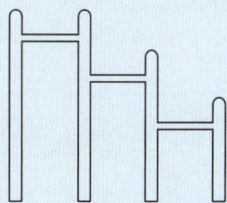

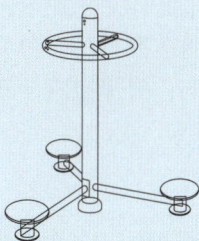

模块 2

幼儿基本动作的要求和练习方法

基本动作是人们日常生活当中不可缺少的最基本的活动技能，它是体育活动中锻炼幼儿身体全面发展的重要手段。基本动作包括走、跑、跳跃、投掷、钻、爬、攀登、平衡、滚翻和悬垂，其中悬垂是《指南》中新增加的动作。

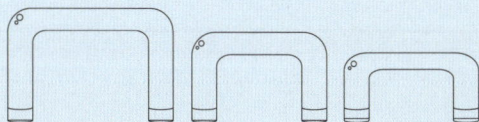

一 基本动作的要领

1. 走

上体正直,自然挺胸,肩部肌肉放松,眼看前方;两臂前后自然、轻松摆动,向前摆臂时,肘关节稍弯曲;步幅大小适宜、均匀;精神饱满,节奏感强。

2. 跑

上体正直,稍向前倾;积极向前抬腿,用力后蹬,落地轻而稳;两手半握拳,两臂曲肘前后自然摆动,用鼻子或口鼻同时呼吸,自然而有节奏。

3. 跳跃

蹬(地)、伸(腿)、摆动(臂)的动作要协调,落地屈膝缓冲,保持平衡,如图1所示。

跳跃包括四个阶段:预备、起跳、腾空和落地。

1　跳跃

4. 投掷

蹬(腿)、转(体)、挺(身)、翻(肘)、挥(臂)、甩(腕)的动作协调、用力,速度要快,可进行双手或单手的抛接、正面或侧面的投掷(投远、投准)。单手肩上挥臂投掷分为正面投掷和侧面投掷,具体动作要领为:

(1)正面投掷:两脚前后开立,重心在后脚,上体稍后仰,肩上曲肘高举臂(肘关节向前),眼看前方,通过蹬腿、挥臂、甩腕这几个动作将物体投出。

(2)侧面投掷:身体侧对投掷方向,两脚左右开立,重心在一侧腿上,投掷臂远伸,通过蹬腿、转体、挥臂、甩腕等动作(协调用力),迅速将物体投出。

5. 钻

钻是紧缩身体从较低的障碍物下通过的一种动作。钻的方法一般有两种:正面钻和侧面钻。

(1)正面钻:面向障碍物,屈膝下蹲,低头弯腰,紧缩身体,两脚交替向前移动,从障碍物下面钻过。

(2)侧面钻:身体侧向障碍物,屈膝下蹲,一侧腿从障碍物下伸过,然后低头、弯腰,同时蹬腿移动重心从障碍物下钻过。

6. 爬

爬行动作强调上肢（肩、肘、手等）与下肢（膝、脚等）之间各关节的相互协调配合。爬的动作主要包括手脚（手膝）着地爬、仰爬和匍匐爬等，如图2至图5所示。

7. 攀登

攀登是一种运用上下肢力量，手脚协调地攀缘而上或下的动作，如攀登梯子。

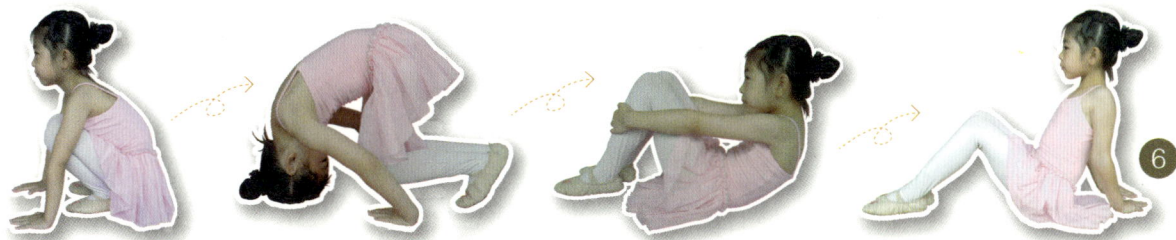

2　手脚着地爬
3　手膝着地爬
4　仰爬
5　匍匐爬

8. 滚翻

滚翻是一种头部和身体其他部位能接触或依次接触地面（垫子）的翻转动作，它包括前滚翻、侧滚翻等动作，如图6、图7所示。

9. 悬垂

悬垂是一种人体肩轴低于器械轴并对握点产生压力的动作，如图8所示。

10. 平衡

发展幼儿平衡能力的练习有两种：一是动力性平衡练习，二是静力性平衡练习。动力性平衡练习包括原地转圈、走窄路、过窄桥、在平衡木上走或小跑、走竹（木）梯、走梅花桩、走轮胎、荡秋千等。静力性平衡练习包括单脚站立（原地、平衡木上、轮胎上、梅花桩上等）、提踵站立、闭目站立。

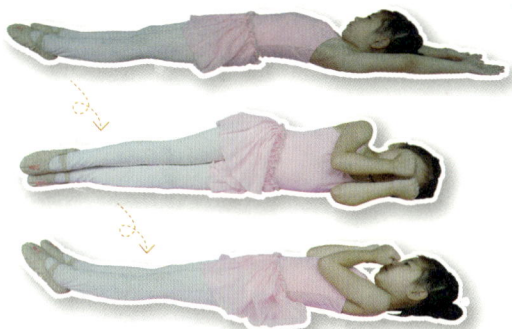

6　前滚翻
7　侧滚翻
8　悬垂

（二.）各年龄段基本动作的要求和练习方法

1. 走

（1）走的动作要求和练习方法，如表 2-1 所示。

表 2-1　走的动作要求和练习方法

年龄段	走的动作要求	走的练习方法
小班	● 上体正直自然走； ● 一个跟着一个走（最初可不按身高）； ● 听信号向指定方向走等	● 直线走； ● 曲线走； ● 绕圆圈走； ● 走斜坡； ● 在较低的平衡木上走； ● 高人走（提踵走）、矮人走（蹲走）
中班	● 上体正直、上下肢协调地走； ● 按身高听信号有节奏地走； ● 听信号变速走等	● 快走、慢走； ● 绕障碍物走； ● 大步走； ● 简单队列走（如：一列横队变二列横队走，反之亦然；一路纵队变二路纵队走，反之亦然）； ● 在较高的平衡木上走； ● 合作走（如：二人三足走）
大班	● 听信号变换方向走； ● 步伐均匀、有精神地走； ● 有节奏地走：一拍落左脚，二拍落右脚； ● 一对一对整齐地走	● 蛇形走； ● 螺旋形走； ● 负重走； ● 左右转弯走、分队合队走； ● 合作走（如：二人或三人挽臂走）； ● 迅速变队走

（2）教学建议。

① 幼儿在走的过程中容易出现左右摆臂和全脚落地的错误动作，正确动作是两臂前后自然摆动（前摆臂的高度不超过胸），抬头，挺胸，两脚依次由后脚跟迅速过渡到前脚掌。

② 走的过程强调挺胸抬头，避免两脚走成内、外"八字脚"。

2. 跑

（1）跑的动作要求和练习方法，如表 2-2 所示。

表 2-2　跑的动作要求和练习方法

年龄段	跑的动作要求	跑的练习方法
小班	● 沿着场地周围自然跑； ● 一个跟着一个跑； ● 听信号向指定方向跑或沿着规定路线跑； ● 在规定范围内四散跑； ● 跑走交替（100 米左右）	● 直线跑； ● 圆圈跑； ● 听信号自由跑； ● 沿斜坡向上跑
中班	● 上下肢协调、轻松地跑； ● 绕障碍物跑； ● 在一定范围内四散地追逐跑； ● 10～20 米快跑； ● 跑走交替（100～200 米左右）	● 排成一路纵队，一个跟着一个跑； ● 曲线跑； ● 往返沿斜坡跑； ● 接力跑； ● 高抬腿跑
大班	● 以正确的动作要求跑（上体稍前倾、手握半拳、双臂摆动协调、前脚掌着地跑）； ● 听信号变速跑或变方向跑； ● 四散追逐跑、躲闪跑； ● 20～30 米快跑； ● 跑走交替（200～300 米）	● 接力比赛跑； ● 二人三足合作跑； ● 折返跑； ● 大步跑； ● 交叉跑； ● 后踢小腿跑； ● 在窄道上跑

（2）教学建议。

① 跑的运动量比较大，教师在教学中要注意运动量的安排应适宜幼儿。剧烈跑后不能立即停下来，要适当做一些律动、简单游戏，以调整幼儿呼吸及身体的其他机能。

② 在跑的运动中，应避免幼儿张大嘴巴呼吸，教师要教会幼儿在跑时用鼻子或口鼻呼吸。

③ 帮助幼儿克服跑步过程中常出现的错误动作，如：低头、弓腰、挺腰腹、仰头、手臂不会前后摆、身体左右摇晃等。

④ 跑步的教学重点是先练习屈臂摆臂，然后练习前脚掌发力，最后练习呼吸方法。

3. 跳跃

（1）跳跃的动作要求和练习方法，如表 2-3 所示。

表 2-3　跳跃的动作要求和练习方法

年龄段	跳跃的动作要求	跳跃的练习方法
小班	● 自然跳起，轻轻落地； ● 双脚连续向前跳； ● 原地纵跳的同时用头触物； ● 由一定的高度往下跳； ● 双脚跳过一定的远度等	● 双脚原地跳； ● 单脚原地跳； ● 连续行进跳 1 ~ 2 米； ● 向上跳； ● 直线跳
中班	● 屈膝，前脚掌蹬地跳起，轻轻落地且保持身体平衡； ● 原地向上纵跳触物； ● 单脚连续跳； ● 两脚交替跳； ● 助跑跨跳； ● 立定跳远； ● 由一定高度往下跳等	● 连续单脚跳； ● 连续双脚跳； ● 助跑跨跳过 40 厘米的两条平行线； ● 连续开足跳； ● 立定跳远（40 厘米）； ● 纵向跳下（15 厘米高度）； ● 曲线跳
大班	● 屈膝摆臂，四肢协调，用力蹬地跳起，轻轻落地； ● 直线两侧行进跳； ● 向前、后、左、右变换跳（转身跳）； ● 助跑跨跳或跳过一定高度； ● 跳绳； ● 跳皮筋； ● 跳蹦床等	● 双臂支撑跳； ● 助跑跨跳过 50 厘米的两条平行线； ● 助跑屈膝跳过 30~40 厘米的高度； ● 立定跳远（70 厘米）； ● 纵向跳下（20 厘米高度）

（2）教学建议。

① 跳跃分为四个阶段：预备阶段、起跳阶段、腾空阶段和落地阶段。教师教授跳跃动作的教学重点是先让幼儿学会跳跃后的落地是屈膝落地（缓冲），因为人直腿落地时，地面会对人体产生较大的反作用力。

② 跳跃动作包括跳高和跳远。在跳跃动作的教学中，教师教会幼儿用力摆臂、双脚用力蹬地助跑，是幼儿完成跳高、跳远目标的关键因素。

③ 跳跃练习的顺序：a. 练习摆臂；b. 练习起跳动作；c. 练习空中控制动作；d. 练习落地缓冲动作；e. 练习衔接动作。

4. 投掷

（1）投掷的动作要求和练习方法，如表 2-4 所示。

表 2-4　投掷的动作要求和练习方法

年龄段	投掷的动作要求	投掷的练习方法
小班	● 双手或单手自然向前上方或远处抛轻物； ● 双手或单手自然向前上方或远处挥臂投掷	● 在地面上互相滚接大皮球； ● 双手向上自抛自接大皮球； ● 近距离面对投掷目标投掷； ● 原地拍皮球； ● 单双手自然向远处投沙包
中班	● 正面肩上投远； ● 滚球击物； ● 投中前方投掷架上的"物体"	● 双手接住向上自抛的高球； ● 学会单手肩上挥臂正面投； ● 单手肩上挥臂投准目标； ● 左右手拍球
大班	● 侧面肩上投远； ● 将物体投进固定目标（小网兜、篮筐等）； ● 投活动目标； ● 投圈套物等	● 学会单手肩上挥臂侧面投； ● 在 2~4 米的距离相互面对面抛接大皮球； ● 正面投准练习（距离 2 米）； ● 单手肩上挥臂投远（距离 3 米左右）； ● 左右手连续交替拍球

（2）教学建议。

① 建议中班的沙包重量约为 150 克左右，大班的沙包重量约为 200 克左右。

② 在投掷时，幼儿经常会出现不会挥臂、手腕抖动、以全身助力等问题，教师必须及时加以纠正，同时增加挥臂动作的辅助练习，如：手腕的"鞭打"动作。

③ 为了幼儿身体的全面发展，投掷教学中要练习幼儿的左、右手投掷动作。

④ 投掷练习的顺序：a. 练习挥臂动作（或发力加速动作）；b. 练习出手角度；c. 练习手形；d. 练习动作的运行线路；e. 练习衔接动作。

5. 钻

（1）钻的动作要求和练习方法，如表 2-5 所示。

表 2-5　钻的动作要求和练习方法

年龄段	钻的动作要求	钻的练习方法
小班	● 正面钻过障碍物等	● 钻过高悬挂的绳子、橡皮筋或搭起的竹竿（70 厘米高）； ● 手持轻物钻
中班	● 侧面钻过障碍物； ● 连续钻过几个障碍物等	● 钻过 60 厘米高的拱门； ● 连续钻
大班	● 灵活钻过各种障碍物	● 不碰障碍物钻； ● 钻不规则的山洞

（2）教学建议。

① 钻的教学重点是幼儿在钻之前要学会低头、弯腰、双腿弯曲。幼儿往往不会低头，教师可以启发幼儿用眼睛看肚脐，这样就很容易让幼儿学会低头。

② 在钻的过程中，无论正面钻还是侧面钻，教师都要提醒幼儿身体不能触碰障碍物。

6. 爬

（1）爬的动作要求和练习方法，如表 2-6 所示。

表 2-6　爬的动作要求和练习方法

年龄段	爬的动作要求	爬的练习方法
小班	● 手膝着地协调地爬； ● 手脚着地爬； ● 爬越障碍物等	● 直线向前爬； ● 爬斜坡； ● 手脚着地爬越离地面 20 厘米高的竹竿、橡皮筋或横绳等
中班	● 手脚着地协调地爬； ● 爬越障碍物等	● 手脚着地协调地快速爬； ● 多种形式地爬（10 米左右）
大班	● 爬越障碍物（不触障碍物）等	● 在平网下匍匐爬； ● 侧身爬； ● 手脚抓握单杠仰身爬

（2）教学建议。

① 爬的动作主要是依靠四肢和躯干的协调用力，为增加在运动中全身的负荷，教师可以结合跑跳游戏进行练习，一是起到调节运动量的作用，二是提高幼儿参与运动的兴趣。

② 建议大班课采用地面仰卧、双手握绳仰爬的动作，这有助于增加幼儿的全身协调运动能力。

7. 攀登、滚翻、悬垂、平衡

（1）攀登、滚翻、悬垂、平衡动作的练习方法，如表 2-7 所示。

表 2-7　攀登、滚翻、悬垂、平衡动作的练习方法

攀登	滚翻	悬垂	平衡
手脚并用地在攀登架或肋木架上爬上爬下	前滚翻、侧滚翻、后滚翻	在单杠上双手握杠、两脚离地，做悬垂动作	走窄道、走斜坡、走平衡木、迈过间隔的物体走、提踵站立、单脚站立、旋转、闭目行走

（2）教学建议。

① 小班的攀登应选择较低的攀登器械，大班可适当增加攀登高度（攀爬 2 米高度），也可进行曲线攀登。攀爬区的场地设施、器材摆放要安全合理，避免伤害事故。

② 在滚翻动作的教学中，建议小班学习前滚翻，中班学习侧滚翻，大班学习后滚翻。另外，教师应正确掌握滚翻的保护方法。

③ 幼儿在单杠上做悬垂运动时，教师应控制各年龄班每次悬垂的时间，小班一次不超过 10 秒钟，中班一次不超过 15 秒钟，大班一次不超过 20 秒钟，注意落地的安全保护。

④ 在平衡的练习中，教师要注意幼儿动作的准确性。此外，教师还应注意动力性平衡动作与静力性平衡动作的交替，避免让幼儿长时间做静止的平衡动作。

三　基本动作的活动案例

1. 走

开动小火车（小班）

广州市第一幼儿园　辛小勇

【活动目标】

（1）能模仿小动物走路的姿态，积极参加体育活动。

（2）能排成一路纵队整齐地向前行进。

（3）能在提醒下与同伴合作。

【活动准备】

长绳、音乐。

【活动过程】

一、准备部分

（1）集合整队，师幼问好。

（2）小动物模仿操。

二、基本部分

1. 探索活动

玩法：带领幼儿趣味模仿各种小动物的行走姿态，例如：小鸡、长颈鹿、鸭子、大象、青蛙、小鱼、袋鼠等。

师：我们来模仿小动物，先想一想小鸡是怎样走的？我们一起来学一下吧。

2. 集体活动

游戏 1：开火车。

玩法：将幼儿分成4组，每组大约8名幼儿，各组排成一路纵队并各拿一条长绳。幼儿右手握绳在腰间右侧，变成小火车状。听到指令后向前行进，到终点后停止。

师：小火车出发时，要先迈出左脚，前后要保持距离，听着口令"一二一"的节奏，自然地向前行进。

游戏 2：走轨道。

玩法：将两根绳子平行放置变成轨道状。4组幼儿排好队伍，依次走过轨道，教师将轨道变成弯曲状，请孩子排队依次走过。

师：小火车要跟着火车头，不要掉队，顺着火车轨道走，不要踩到绳子。在行进时，大家可以尝试一起喊着"一二一"的口令，迈着整齐的步子向前走。

1 开火车

三、结束部分

1. 放松活动：保养火车

师：小火车跑了长途，太累了，我们来保养一下小火车，拧一拧螺丝，加点油，吹一吹灰尘，扫扫火车上的垃圾，将车窗抹干净。

2. 小结

师：今天的小火车都很棒，希望下一次我们的小火车能飞速地跑起来，请大家把长绳子收回去，下次再玩，再见。

小鸭子过桥（小班）

广州市第一幼儿园　何浩锋

【活动目标】

（1）能够探索走平衡木的各种方法。

（2）能积极参与体育活动。

【活动准备】

平衡木（6条）、小沙包（若干）。

【活动过程】

一、准备部分

（1）带领幼儿模仿各种小动物的行走姿态，例如：大象、老鼠、老虎、鸭子等。

（2）热身游戏：老狼老狼做什么。

玩法：带领幼儿一边走一边唱着："老狼老狼做什么？"教师说："请老狼摸摸大树跑回来。"幼儿马上跑去摸大树然后回到教师身边。要求：幼儿有序、迅速地进行游戏。

二、基本部分

1. 探索过桥的方法

玩法：分成3组，每组排成一路纵队，请幼儿用自己的方法依次走过平衡木，到终点后从平衡木上走下来。要求：幼儿安全地上下平衡木，并在平衡木上保持前后距离。

2. 侧身走过桥

玩法：3组幼儿排好队伍依次侧身走过平衡木。要求：幼儿安全地上下平衡木，并在平衡木上保持前后距离。

3. 游戏：桥上过障碍

玩法：在平衡木上放若干沙包（障碍物）。3组幼儿排好队伍依次走平衡木，小脚迈过障碍物（小沙包）。要求：幼儿安全地上下平衡木，迈过障碍物时要保持身体平衡。

三、结束部分

1. 放松活动：气球漏气了

玩法：幼儿一起做打气球的动作，一边打气，一边将双手慢慢抬起（超过头顶），教师假装把气球扎破一个洞，全体幼儿慢慢地从上往下放松身体。

2. 小结

师幼道别。

一二三红绿灯（中班）

广州市第一幼儿园　何浩锋

【活动目标】

（1）能听口令进行走、跑、停动作的交替变换。

（2）提高动作的敏捷性、协调性和快速反应、随机应变的能力。

（3）能够积极参与体育活动。

【活动准备】

长绳子（两条）、音乐。

【活动过程】

一、准备部分

（1）集合整队，师幼问好。

（2）热身操（听着音乐从上到下、从左到右地活动各个关节）。

二、基本部分

1. 游戏：开车郊游

师：请小朋友拿起"方向盘"，我们一起开车去郊游了！（假装开车的样子）

玩法：教师发出口令"顺时针绕场地跑""逆时针绕场地大步走""踮脚小步自由走""半蹲自由走""倒后走"等，幼儿进行相应的动作锻炼。要求：相互之间保持一定的距离。

2. 游戏：一二三红绿灯

玩法1：将两条绳子间隔3米平放在地面上，一条作为起点绳子，另一条作为终点绳子。教师背对着幼儿站在终点绳子前，全体幼儿面对教师站在起点绳子后准备向前走或跑。教师喊"一二三红绿灯"，然后回头看谁在移动（移动的视为犯规），请犯规的幼儿回到起点。要求：幼儿相互之间保持一定的距离。

玩法2：教师背对着幼儿站在终点绳子前，全体幼儿背对着教师站在起点绳子后准备倒后走，教师喊"一二三红绿灯"，然后回头看谁在移动（移动的视为犯规），请犯规的幼儿回到起点。要求：幼儿倒后走时，相互之间保持一定距离，速度不能太快。

玩法3：教师用双手遮掩双眼面对着幼儿站在终点绳子前，全体幼儿面对教师站在起点绳子后准备向前走或跑，教师双手放下时看谁在移动（移动的视为犯规），请犯规的幼儿回到起点。要求：幼儿相互之间保持一定的距离，一边向前走一边注意教师的动作变化。

玩法4：请两名幼儿背对着其他幼儿站在终点绳子前，其他幼儿站在起点绳子后准备向前走或跑，两名幼儿互相商量谁扮红灯、谁扮绿灯。当扮红灯的幼儿转身回头看时，在移动的幼儿视为犯规，请犯规的幼儿回到起点；当扮绿灯的幼儿转身回头看时，其他幼儿可以向前走或跑。要求：当扮红灯的幼儿转身时，扮绿灯的幼儿不能转身，反之亦然。两名幼儿要互相配合。

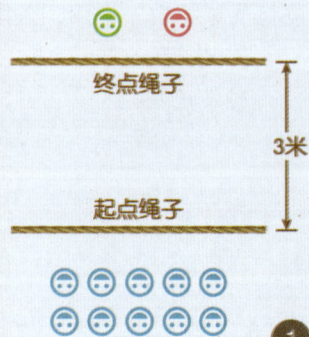

1　一二三红绿灯（玩法4）

三、结束部分

（1）幼儿跟随教师在音乐声中进行摇头、点头、摆臂、扭腰、甩腿、转圈、下蹲等身体放松动作。

（2）小结，师幼道别。

小猴子灵活走（中班）

广州市第一幼儿园　辛小勇

【活动目标】

（1）积极探索各种行走的方法，感受趣味行走的乐趣。

（2）能灵活、安全地走过多种障碍物。

（3）能分组行进走。

【活动准备】

画一个大圈、小跨栏（4个）、小拱门（4个）、呼啦圈（4个）、小凳子（4把）。

【活动过程】

一、准备部分

（1）集合整队，师幼问好。

（2）韵律操热身。

二、基本部分

1. 探索活动

玩法：带领幼儿对各种走的动作进行探索，例如：高人走（提踵走）、矮人走（蹲走）、侧身走、倒后走、拉手走等。

师：我们今天是小猴子，大家都很聪明，想一想有哪些行走的方法呢？我们一起来练习一下吧。

2. 集体活动

游戏1：圈内开车走。

玩法：分成6组，每组大约5名幼儿。每一组选好车头，小车头要选好路线，不能与其他小车相撞，小车队成员要跟紧车头，不要掉队，所有的小车在老师规定的大圈内行进。

师：所有的小车在行进的过程中要步伐一致，跟紧队伍走整齐。当哨声响起，大家就马上转身，换

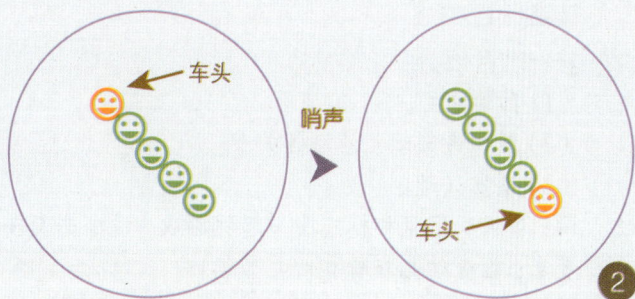

2 圈内开车走（游戏1）

成最后一名幼儿来做车头，然后继续跟着走起来。

　　游戏2：圈内障碍走。

　　玩法：在圈内放置4个小跨栏、4个小拱门、4个呼啦圈、4把小凳子，引导小车队走过这些障碍物，自主选择，避免相撞，不掉队。

　　师：请大家将准备好的器械摆进大圈内，一起听着音乐走过障碍物，请大家注意安全，不要翻车了，如果听到哨声，就请首尾交换来做车头。

　　三、结束部分

　　1. 放松活动：大风吹

　　师：小猴子都玩累了，有一阵大风吹来了，听到"吹鼻子"，快把鼻子捂住别给吹跑了。（还可以吹头发、吹小手等）

　　2. 小结道别

　　师：今天的小猴子很灵活，能够走过不同的障碍物，队伍也很整齐，希望下次你们做得更加好，再见。

远足活动——跟着标志走（大班）

广州市第一幼儿园　何浩锋

【活动目标】

（1）喜欢远足活动，喜欢学习新本领。

（2）学习制作并看得懂简单的拐弯、向前标志。

（3）有一定的规则意识。

【活动准备】

（1）幼儿书包：一条汗巾、一瓶小支装矿泉水。

（2）幼儿自制的各种指向标志牌；教师把标志牌设置在适当的位置。

（3）路线规划：全程1000米（可根据幼儿园的实际环境创设安全路线）。

（4）铲子和小玩具。

【活动过程】

　　一、准备部分

（1）师幼问好。

（2）教师带领幼儿活动各关节。

（3）激发兴趣。

　　师：今天我们就和标志图一起玩游戏，请小朋友按照标志指示的方向和行进方法出发。

　　要求：检查幼儿衣着和幼儿书包。

二、基本部分

按照标志的指示方向和行进方式走。

(1) 从起点出发，跟着指示标志走200米到达蛇形小路。

(2) 走过蛇形小路后，跟着指示标志再走200米到达休息区喝水休息。

(3) 休息5分钟后，跟着指示标志再走200米到达游戏区进行捡树叶活动。

(4) 捡树叶活动后，跟着指示标志再走200米到达沙池寻宝活动区。

(5) 寻宝活动后(清洗双手)，跟着指示标志再走200米到达终点。

注意事项：教师在放置标志时要考虑幼儿的视线，同时也要注意趣味性，可以把标志挂在小朋友平常不太注意的地方，这样既能吸引小朋友的注意力，又能发展幼儿的观察能力。另外，路线规划要安全，在远足过程中要注意幼儿的身体状态和卫生习惯。

三、结束部分

(1) 游戏：冰雪融化。

玩法：请幼儿变成一个雪人，教师说："太阳出来了，冰雪开始融化了。"幼儿全身放松地扭动并慢慢蹲下做出融化的样子。

(2) 休息喝水。

(3) 师幼道别。

两人三足走（大班）

广州市第一幼儿园　辛小勇

【活动目标】

(1) 积极探索各种行走的方法，感受趣味行走的乐趣。

(2) 能灵活、安全地走过多种障碍物。

(3) 能分组行进走。

【活动准备】

布条、篮球、篮子、纸球、呼啦圈。

【活动过程】

一、准备部分

(1) 集合整队，师幼问好。

(2) 韵律操热身。

二、基本部分

1. 探索活动

玩法：两个小朋友为一组，在老师的帮助下将两人的腿在膝盖处绑好。两人尝试向前走，探索最协调的行进方法。

师：两个小伙伴要一起动脑筋想一想、试一试，怎样才能安全地走到终点。

2. 集体活动

游戏1：运球走。

玩法：两人合作，尝试两人三足走，每组拿一个篮球，通过协作将球运到终点的篮子里。

师：请两个小伙伴相互合作，将球运送到指定位置，在运球的过程中可以停一停，但是如果球不小心脱手了就算失败，重新开始。

游戏2：踢纸球。

玩法：两人合作，尝试踢着纸球走，将球踢到指定的圈（呼啦圈）内即算成功。

师：请小伙伴合作踢纸球，将纸球踢到指定的圆圈内，要控制好踢球的力量，两人合作时如果失误倒下了，要站起身继续踢球。

三、结束部分

放松活动；整理道别。

2. 跑

好玩的海绵棒（小班）

广州市第二幼儿园　陈苍

【活动目标】

（1）能自主玩海绵棒，会四散跑，能成功躲避他人。

（2）锻炼身体的协调性、灵敏性，加强下肢力量。

（3）提升对体育运动的兴趣和自我保护的意识。

【活动准备】

海绵棒（30根）、开阔的场地。

【活动过程】

一、准备部分

（1）师幼问好，通过问题引出海绵棒并介绍其功能。师：小朋友们，你们想不想知道我背后背的是什么啊？想到的小朋友请举起你的右（左）脚。活跃气氛，提升小朋友们的活动热情。

（2）热身活动：慢跑、拉伸。

（3）拿海绵棒：老师把海绵棒投射出去，让孩子一个一个地跑过去拿。

二、基本部分

1. 探索部分

小朋友拿到海绵棒，自主玩。老师引出老虎尾巴，创设老虎找吃的、捕猎的故事情境。

2. 集体游戏

（1）模仿老虎进森林找食物吃（追猎物）。

（2）摸老虎尾巴。两两组合，相互摸老虎尾巴，摸到的获胜。

（3）把海绵棒变成红旗，举着红旗跑。

三、结束部分

（1）整理：海绵棒玩了这么久，它需要休息了，请小朋友们把海绵棒一根一根地送回我这来。

（2）鼓励：今天和海绵棒一起玩了这么多的游戏，觉得自己棒不棒啊？鼓励一下自己，棒！棒！我最棒！耶！

（3）放松活动：吹树叶。拍拍手臂和大腿，学习鼻子吸气，嘴巴吐气。

（4）活动结束，师幼道别。

五彩缤纷波波球（小班）

广州市第二幼儿园　陈苍

【活动目标】

（1）认识波波球；学习"立正"口令。

（2）能积极地四散跑去捡球，锻炼下肢力量。

（3）在轻松、开心的氛围中体验活动的快乐，激发运动兴趣。

【活动准备】

布袋（一个）、波波球（若干）、开阔的场地。

【活动过程】

一、准备部分

师幼问好并互动。师：小一班在哪里？幼：在这里。师：再大声地告诉我，小一班在哪里？幼：在这里！师：好棒！

现在，请小朋友们跟着老师一起做，这是头，点点头……这是肩，转转肩，慢速地转……快速地转（还可转腰、膝、脚等部位）。

二、基本部分

1. 学习立正

师：立——正，1——2。请小朋友们跟我一起做，双手五指并拢，贴住大腿两边，双脚并拢，抬头挺胸，像解放军叔叔一样站好，站得真棒！我们站好的同时嘴巴要大声喊1——2——小朋友们能不能做到？

师：立——正，1——2。真棒，声音好响亮！

要求：复习一两遍。

2. 拣波波球

（教师指着装满波波球的袋子）师：有没有小朋友知道这里面是什么？我请一个小朋友过来摸一下，有谁敢来？但是要小心哦，它有可能会咬你的（装作惊恐状，制造点紧张的氛围）。请一个小朋友摸摸。幼：是圆圆的球。

师：请小朋友们退后，我把它们放出来好不好啊？但我有个要求，放它们出来后你们要等我口令才能出去拣，先原地不动，看到它们不动了你再去拣，能不能做到？（教师打开袋口，把波波球全部抛向空中，落一地的五彩波波球）

师：请小朋友们拣球，注意别撞到人啦！

小朋友们捡球回来时不断地表扬和鼓励他们："这么多啊，真棒，加油！"

拣完球后集中小朋友，表扬他们并介绍波波球（再玩一次捡球）。

三、结束部分

（1）表扬。师：今天你们真能干，一下子就把球全部拣回来了，我们来表扬一下自己吧！棒！棒！我最棒！

（2）整理放松：吹树叶。拍拍手臂和大腿，学习鼻子吸气，嘴巴吐气。

（3）活动结束，师幼道别。

挑战大灰狼（中班）

广州市第二幼儿园　邓伟

【活动目标】

（1）能直线加速跑，增强跑步能力。

（2）感受多种趣味游戏，积极参与。

（3）了解快跑游戏的玩法，懂得自我保护。

【活动准备】

雪糕筒（6个）、小软球（50个）、小筐（4个）、凳子。

【活动过程】

一、准备部分

（1）放音乐让幼儿自由跑动。要求：跑步速度要慢，不撞人，不讲话，调整好呼吸。

（2）跟音乐做两分钟的热身操。

（3）听节奏在原地进行高抬腿练习。要求：腿要抬高，能跟着节奏。

二、基本部分

1. 沿基本路线跑

幼儿集中排成二路纵队，依次从雪糕筒设置的起点跑至终点，然后返回队伍后面。要求：按顺序依次出发，跑动路线正确，不摔跤。

2. 游戏

游戏 1：老狼睡着了。

玩法：在终点处的小筐里面放把凳子，凳子垫高至 1 米，以防止幼儿拿软球时因身体姿态太低而摔跤。幼儿从起点跑到终点后，在大灰狼的家里（筐里）取一个食物（小软球）跑回来，不要被大灰狼发现。

教师指导：第一次向前跑动不要求速度，路线正确即可。

游戏 2：老狼快醒了。

玩法：告诉孩子，大灰狼快睡醒了，它会随时追过来，要求孩子跑快点。

教师指导：第二次要求加快速度，重复一次游戏；指导孩子快跑的动作技能，包括快速摆臂、抬高腿等。

游戏 3：抓住"会动的食物"。

玩法：教师将筐里的食物（小软球）一个一个丢向远处，幼儿将其抓住并带回。

教师指导：大灰狼有一些会跑的食物，需要小朋友将它们也一起抓回来。

游戏 4：大灰狼找食物。（巩固提高）

玩法：将小软球散开放于地面上。游戏开始，幼儿四散跑动找食物。听到"大灰狼来了"，所有幼儿原地变成一棵树不动，如果不幸被大灰狼发现（被摸到头），要迅速跑开，再重新找食物。

三、结束部分

1. 放松整理（4分钟）

（1）调整呼吸：教会幼儿用鼻子深吸气，然后慢慢吐出来。

（2）调整身体：抖动双手，轻轻拍打全身，放松肌肉。

（3）调整心理：引导幼儿微笑、笑出声音等。

2. 讲评

表扬在活动中表现积极的幼儿，正面引导不遵守纪律、活动积极性差的幼儿。请幼儿收回器械。

赛车总动员（中班）

广州市第二幼儿园　陈苍

【活动目标】

（1）学习跨障碍跑。

（2）锻炼身体的协调性、灵活性，增强下肢力量。

（3）在轻松、开心的氛围中体验活动的快乐，激发运动兴趣，增强战胜困难的信心。

【活动准备】

雪糕桶（若干）、海绵棒（若干）、开阔场地。

【活动过程】

一、准备部分

集合，师幼问好。引入开车旅行的情境（幼儿把自己变成喜欢的一种车），跟着老师一起开车旅行。路上遇见障碍时，要停车检修、改装汽车（进行拉伸活动，重点活动肩、膝、踝关节）。

二、基本部分

1. 体验跨障碍跑

将海绵棒随意散落在地上（障碍）。幼儿检修完汽车后，开始穿过障碍路面。请幼儿用自己的方法（双脚跳过、跨过等）通过障碍，不能碰到障碍物（教师观察幼儿通过障碍的方法并关注能力相对较弱的孩子）。顺利通过障碍后奖励孩子（两人一组自由玩海绵棒，如一人拿海绵棒抬离地面做障碍，另一人跨过）。教师提炼动作并示范，引出跨障碍的动作要领。

2. 学习跨障碍跑

集体学习跨障碍跑的动作（提膝、伸腿跨、收后脚），分两组练习跨障碍跑（海绵棒与雪糕筒组合摆出两条路，中等高度）。

通过缩短障碍距离、错开障碍、边绕边跨等方式加大强度。（提醒幼儿要摆臂和抬腿，鼓励其勇往直前）

3. 游戏：障碍赛

玩法：将海绵棒连接在雪糕筒上，分组进行跨障碍跑比赛（激发团队热情）。

1　障碍赛

三、结束部分

（1）通过重重障碍，我们来到了美丽的目的地；肯定幼儿的表现。

（2）整理放松，师幼道别。

快乐向前（大班）

广州市第二幼儿园　陈苍

【活动目标】

（1）锻炼身体的协调性、灵活性，加强下肢力量，增强自我保护的意识和能力。

（2）在轻松、快乐的氛围中体验活动的乐趣，激发运动兴趣，增强战胜困难的信心。

【活动准备】

泡沫跳箱（4套）、海绵棒（若干）、小垫子（4块）、大垫子（2块）、开阔场地。

【活动过程】

一、准备部分

（1）集合，师幼问好。老师介绍场地布置，引出"田野"（将泡沫跳箱、海绵棒、垫子四散摆开，当作水沟和田埂）。

（2）慢跑3圈（创设在"田野"里奔跑玩耍的情境），按要求通过水沟、田埂。

（3）安全通过后，引出更难的水沟和田埂；先练好本领再去挑战（进行拉伸活动，重点活动膝、踝关节）。

2　海绵棒竖插在跳箱上
3　按难易程度练习跨跑、跳

二、基本部分

1. 体验跨跳

热身完后让小朋友们自由去玩，感受动作，体验不同难度的障碍（老师将泡沫跳箱组合成不同高度的障碍让孩子们尝试）。集体讨论，找出最难和最简单的地方。注意：提醒幼儿听到集合口令时以最快速度回来集合。

请本领好的小朋友示范怎么越过大障碍，强调动作要求和自我保护的方法。

2. 按难易程度练习跨跑、跳

（1）按难度拼接跳箱，即用跳箱摆出低、中、高三种难度的障碍路。老师让幼儿进行跨走、跨跑结合、跨跑跳（分难易）。

（2）加大跳箱之间的距离，将海绵棒竖插在跳箱上（利用跳箱独有的4个孔，插上海绵棒），制造视觉障碍，鼓励孩子连续跨跑跳下，跨过大垫子。

3. 分组挑战赛

分组进行跨跑、爬上跳下比赛（激发团队热情）。

三、结束部分

（1）总结动作，表扬优胜队伍，表扬没摔倒的孩子。

（2）整理放松，一起收器械。活动结束，师幼道别。

小飞人（大班）

广州市第二幼儿园　陈苍

【活动目标】

（1）学会站立式起跑，会尝试用前脚掌跑步。

（2）练习摆臂动作，锻炼身体的协调性，发展下肢力量。

（3）为同伴鼓劲加油，增强团队协作意识。

【活动准备】

田径跑道、大的垫子（两块）。

【活动过程】

一、准备部分

（1）集合（四路纵队），师幼问好。

（2）队形不变，散开做准备活动，比如头、手、肩、腰、膝、脚踝的简单运动，以及原地并腿跳、并腿蹲下等动作练习。

二、基本部分

1. 摆臂练习

要求：脚前后分开，身体前倾，双手半握拳，屈臂成90度，腿稍微弯曲，以身体中线为中轴，双手前摆到中轴即可，前后摆动。

幼儿按教师的节拍摆动，肩膀放松。

2. 起跑练习

（1）教师讲解起跑线的位置、起跑规则、起跑姿势和起跑动作。

（2）教师示范动作，幼儿模仿。

要求：站立式起跑，左脚在前，右脚在后，右脚尖与左脚后跟齐平，中间相距10厘米，右脚前脚掌着地。双手自然弯曲，右手在前，左手在后，听见预备后弯腰，眼睛看地面，集中精神听口令。

1　折回接力赛

3. 跑步练习

四路纵队，一排为一组，练习跑步。

4. 折回接力赛

在距离跑道起点10米处放两块垫子，竖起来放，变成一堵墙。幼儿以最快速度跑到墙边，双手推墙后转身折回。每一路纵队为一组，四组进行比赛，哪组先完成即获胜。

三、结束部分

（1）放松活动：深呼吸，双脚并拢，蹲下抱腿。

（2）活动结束，师幼道别。

3. 跳跃

大灰狼与小白兔（小班）

广州市番禺区北城幼儿园　李玉泉

【活动目标】

（1）全面发展幼儿的身体素质，促进幼儿的弹跳与协调能力。

（2）培养幼儿的自我保护意识。

【活动准备】

纸条棒、纸球、红萝卜、拱门（4个）。

【活动过程】

一、准备部分

师幼问好。随着音乐，小朋友和老师齐做运动。

师：小朋友，老师做个动作，你们跟着做一下，然后猜猜这是什么动物好吗？（有小白兔、小鸟、毛毛虫、大象、老虎、大灰狼、飞机、超人等）

师：小朋友，小白兔是用几只脚跳的？我们来学学好不好？（小朋友学小白兔四处蹦跳）

师：小朋友们，我们来一场拔萝卜比赛好不好？

小朋友学着小白兔四处蹦跳地去拔萝卜。突然间，有个扮演大灰狼的人从树的后面窜了出来，把所有的小白兔都吓得跑回了家。大灰狼没得手便走了。

二、基本部分

1. 学习跳跃

师：小朋友们，我们为了保护自己，要变得强大和勇敢好不好？老师现在有纸条棒、纸球、红萝卜、拱门等道具和器械给小朋友做跳跃运动锻炼，看谁跳得远、跳得高、跑得快好吗？（小朋友独自或相互合作地运动起来）小朋友跟随老师学习立定跳远的动作，然后每人拿两根纸条棒间隔地放置在地面上练习立定跳远。

2. 游戏：大灰狼与小白兔

玩法：老师扮演大灰狼，小朋友扮演小白兔，小白兔开心地蹦跳玩，当大灰狼窜出来时，小白兔就快速跑回房子（拱门）。大灰狼没得手走了，小白兔又继续跳跃和玩。（玩3～4次）

三、活动结束

（1）随着音乐，师幼齐做放松运动：抖抖手、拍拍脚、拉伸腰、轻轻摆动身姿等。

（2）活动延伸。小朋友回到家与爸爸妈妈说说今天老师带着你们玩了什么游戏，你们在游戏中表现得勇敢吗？

青蛙学本领（小班）

广州市番禺区北城幼儿园　李玉泉

【活动目标】

（1）全面发展幼儿的身体素质。

（2）促进幼儿双脚的弹跳能力。

（3）培养幼儿良好的运动心态和环保意识。

【活动准备】

自制虫、纸棒、纸球、纸箱。

【活动过程】

一、准备部分

1. 热身

师幼问好，小朋友随着音乐和老师齐做运动。

2. 情境引入

师：小朋友，你们最喜欢的动物有哪些？青蛙是用几只脚跳的呀？我们变成小青蛙跳着去玩好吗？（小朋友随着老师跳着去玩了）小青蛙们，在玩的时候你们有没有发现什么呀？青蛙喜欢吃的食物有哪些？能否自己找食物呀？（小朋友自己开心地去寻找食物）

二、基本部分

1. 青蛙搬食物

玩法：老师把自制虫藏在树上、树后或草丛里，小朋友手拿着纸箱学青蛙的样子跳着去找食物，找到食物就把它搬回家，再跳着去找其他食物。在老师发出集合口令时，小朋友都要到老师身边，并把自己寻找到的收获与大家分享。

2. 青蛙学本领

玩法：将小朋友分成男、女两组，散开并保持好距离，跟随老师学习立定跳远的动作。（练习 3~4 次）

分组：男孩子先做，女孩子当老师看哪个男孩跳得最远，反之亦然。

3. 青蛙抛接球

玩法：两人一组，一人拿纸球，一人拿纸箱，一个抛一个接。（老师奖励进球的小朋友）

三、活动结束

（1）随着音乐，师幼齐做放松韵律操，如：拍拍手、拍拍脚、转转圈。师：小朋友自己变成了青蛙，学会了青蛙双脚跳，下次老师要看看谁跳得更远。（2）师幼道别。

1　青蛙抛接球

机智的小马（中班）

广州市番禺区北城幼儿园　李玉泉

【活动目标】

（1）全面发展幼儿的身体素质。

（2）提高幼儿弹跳、跨越的能力。

（3）培养幼儿良好的运动心态。

【活动准备】

纸箱盒、纸接棒、大纸球。

【活动过程】

一、准备部分

1. 热身

师幼问好，小朋友随着音乐和老师齐做运动。

2. 情境引入

师：小朋友，老师提个问题，在草原上奔跑又吃草的动物是什么？（幼：马）回答正确，小朋友，我们也学学马儿顺着前方一直奔跑吧。（小朋友以散开的形式向前方直线奔跑，到达终点后，随老师的指引再奔跑回来）

二、基本部分

1. 学本领

师：小朋友，我们现在遇到河沟了，我们来学学马儿跨越河沟的本领好吗？以纸箱盒作为障碍进行单脚跨跳与助跑跨越的练习。小朋友的练习可以以个人或组合的形式，互相探讨，结束后分享并展示自己的跨越玩法。师引导：快速助跑，提膝蹬地跨跳，下地连续延伸慢跑。

2. 跨越比赛

小朋友以队列形式，将纸箱盒间隔摆好，以助跑的形式进行跨越，一个跟着一个，老师在旁引导。练习过后，跨越比赛正式开始，每队5人，分4队，以纸接棒为接力物，哪一队最快完成接力跨越且没有违规为获胜队，获胜队分1、2、3、4名。

3. 游戏：马儿踢足球

玩法：分成人数相等的红、黄两队，设两个足球门（纸箱盒），小朋友以滑步的动作用脚踢球，在限定的时间内哪一队先踢进，哪一队就是获胜队。（玩3次）

三、活动结束

（1）随着音乐，师幼齐做放松韵律操：抖抖手、拍拍脚等。师：小朋友自己变成了机智的马儿了吗？你们比马儿跨跳得更远了吗？我们在游戏中学的本领是——跨越跳，师幼道别。

（2）活动延伸：小朋友想想还可以用什么障碍提高自己的跨跳能力？

跳橡皮筋（中班）

广州市番禺区北城幼儿园　李玉泉

【活动目标】

（1）全面发展幼儿的身体素质。

（2）提高幼儿的弹跳和协调能力。

（3）培养幼儿良好的运动心态。

【活动准备】

橡皮筋。

【活动过程】

一、准备部分

1. 热身

师幼问好！小朋友随着音乐和老师齐做运动。

2. 教学引入

师：小朋友，今天我们一起来玩玩橡皮筋吧！说到橡皮筋，小朋友想到如何玩了吗？我们以小组形式尝试玩，每个小组一条橡皮筋，玩后大家分享自己的玩法，以跳的玩法为主好吗？

二、基本部分

1. 游戏：直线单、双脚速跳

玩法：将橡皮筋拉长至8米，高度为20厘米。以小组形式，小朋友从右至左地跳过橡皮筋，到终点返回，一个跟着一个，看谁跳得最协调和有节奏（双脚跳过橡皮筋3次，再单脚跳3次，玩6次）。完成游戏后，老师针对游戏中出现的问题进行讲解与示范，小朋友再次进入跳的实践运动。

2. 拓展游戏

在进行以跳为重点的活动后，小朋友可根据自己探讨的玩法和想法运动起来，随着音乐跳、跑、钻、跨跳等。但音乐停下时，所有小朋友到老师身边，分享自己运动后的喜悦。

三、活动结束

（1）随着音乐，师幼齐做放松韵律操：抖抖手、拍拍脚等；以动作表现花儿慢慢飘。

师：小朋友今天都很棒，在橡皮筋教具上想出很多好玩的方法并在玩中锻炼了自己，体现了自己跳跃的能力和协调性。

（2）活动延伸：小朋友回到家也可以跟家人分享橡皮筋的玩法，与家长和好朋友一起玩。

野战小部队（大班）

广州市番禺区北城幼儿园   李玉泉

【活动目标】

(1) 全面发展幼儿的身体素质。

(2) 促进幼儿的学习交流和合作意识，提高幼儿的弹跳能力。

(3) 培养幼儿良好的运动心态和自我保护意识。

【活动准备】

纸条、纸箱、纸球、轮胎、竹梯。

【活动过程】

一、准备部分

1. 热身

师幼问好，小朋友随着音乐和老师齐做准备运动。

2. 情境引入

师：小朋友，你们怕疼怕累吗？你们勇敢吗？想不想当一名勇敢优秀的小战士？我们是一支部队，还是一支勇敢的小部队，号称野战小部队。

二、基本部分

1. 游戏：炸弹来了

玩法：小朋友自由地站在老师身边；老师是发令员。当老师发令说"炸弹"时，小朋友迅速反应并快速躲避，躲避到老师规定的范围内隐藏好。如老师发令说的不是炸弹时，小朋友无须躲避，看谁专注谁就是勇敢优秀的战士。（可玩3次）

2. 齐心协力

师：小朋友刚才在游戏中的表现很棒,老师奖励你们好吗？教师拿出纸条、纸箱、纸球、轮胎、竹梯。师：小朋友可自由选择器械进行跳跃运动，看谁的玩法多。来吧战士们，我们来玩跳跃，我跳跃我快乐。小朋友可以跳纸条、纸箱、轮胎、竹梯等，可以连续跳、速跳、跨跳、单双脚跳等，在轮胎重叠时可以从上往下跳，老师在旁指导和引导。老师发出集合口令，小朋友分享各自的跳跃玩法。

3. 完成任务

师：小朋友，我接到命令，你们要运用现有的运动器械搭建一个运动舞台来挑战自己的运动能力，包括跑、跳、投、拉、抬、搬、平衡等动作，在老师鸣哨前完成。

三、结束部分

(1) 随着音乐，师幼齐做放松韵律操。师：小朋友们，今天通过运动和努力都学到了什么本领？反应快了吗？跑得快了吗？跳得远了吗？自己的双手有力了吗？老师表扬大胆、勇敢、积极参与活动的小朋友。

(2) 活动延伸：通过野战小部队的活动，小朋友长大后的愿望是什么？我们的活动口号：我们是野战小部队。

快乐跳绳（大班）

广州市番禺区北城幼儿园　李玉泉

【活动目标】

（1）全面发展幼儿的身体素质。

（2）提高幼儿的跳绳能力和协调性。

（3）培养幼儿良好的运动心态。

【活动准备】

跳绳。

【活动过程】

一、准备部分

1. 热身

师幼问好，小朋友随着音乐和老师齐做准备运动。

2. 情境引入

师：小朋友，老师手上拿着的是什么？你们会玩绳吗？每人一根跳绳，自由散开地探讨跳绳的玩法，音乐停时，小朋友便集中分享。

二、基本部分

1. 学习双脚绕绳跳

动作讲解：小朋友双手抓绳两端，绳放至身后自然站好，双手绕绳至前面，双脚起跳将绳绕至后面。一起学习跳绳绕口令：绕绳、起跳、继续跳。小朋友分小组练习跳绳，老师进行引导与示范讲解。

1　学习双脚绕绳跳

2. 游戏：快乐玩绳

玩法：分成人数相等的4组，以跳绳为运动器械，自由摆放与操作，包括跑、跳、钻、爬、平衡等动作，看哪一组的玩法又多又好玩，被最多小朋友喜欢的组将获得最佳玩绳组称号。

三、结束部分

（1）随着音乐，师幼齐做放松韵律操。师：小朋友学会跳绳了吗？如还没学会跳，我们可以接着学和练习，在家也可以与爸爸妈妈一起学学，看谁学得好、学得快。

（2）活动延伸：通过学习、练习跳绳，加强了小朋友的协调性，小朋友在户外活动时间也可以拿着跳绳做运动。

4. 投掷

打怪兽（小班）

南部战区空军直属机关幼儿园　余伟权

【活动目标】

（1）通过练习肩上挥臂投物的动作，增强幼儿上肢肌肉的力量。

（2）提高幼儿身体的灵活性和协调性。

（3）培养幼儿活泼开朗的个性品质。

【活动准备】

（1）小皮球若干，将其做成流星球（装在废旧的丝袜中打上结）。

（2）在树上、墙上或一定高度的绳子上布置好有各种野兽图像的活动场景。

（3）将大老鹰图片系在竹竿上，做成可以操作摆动的大老鹰。

2　打怪兽

【活动过程】

一、准备部分

师：小朋友真聪明，做了许多流星球，今天我们就来做杂技演员，听着音乐玩流星球好吗？

全体幼儿跟着老师玩流星球，听着音乐进行身体的预备活动：向前和身体两边甩球；抛接球；从头顶和胯下传球；两人分别蹦跳过对方从自己脚底下甩过来的球。

二、基本部分

1. 提供材料，自由练习

师：这里挂着几根绳子，你们一定要想办法把手中的流星球投过绳子，投得越远越好。

幼儿选择各种高度和距离的绳子练习投掷，老师观察不同发展水平幼儿的活动状况。

2. 难点练习，重点指导

（1）幼儿站在起点线上，对着挂在绳子上的各种野兽图片进行目标投掷练习。老师讲解动作要领：眼看前方，手臂抬起，对准目标用力投。

（2）幼儿自由地选择挂在树上、墙上和绳子上的目标进行打野兽的练习，老师观察指导。

3. 游戏：打老鹰

玩法：老师出示系在长竹竿上的"大老鹰"，忽高忽低，四处奔跑，幼儿根据这一活动目标的位置和方向，调准自己的位置和方向，对准"大老鹰"投掷手中的流星球。

三、结束部分

在音乐中带领幼儿进行放松的模仿动作，可做蝴蝶飞、小猫走、螃蟹走等动作，同时一边模仿一边有意识地引导孩子做出不同的脚部动作。

小蝌蚪（小班）

南部战区空军直属机关幼儿园　余伟权

【活动目标】

（1）幼儿练习并掌握肩上挥臂投准的正确方法。

（2）锻炼幼儿的手臂力量，激发其对投掷活动的兴趣。

【活动准备】

沙包（人手一个）、红布（一条）、纸球（若干）、怪兽面具。

【活动过程】

一、准备部分

游戏：蝌蚪伙伴玩玩玩。两个幼儿一组，逐步将身体各个部位活动开（重点放在手部和肩部）。

二、基本部分

1. 游戏：蝌蚪游泳

师：蝌蚪只能在水里面生活，所以我们要把手里面的蝌蚪（沙包）送到水里面去。

玩法：用红布条设立标志，布条另外一边是池塘，幼儿把沙包投过红布条。

2. 徒手练习投掷动作

（将幼儿带到攀爬墙前）师：前面来了一群恐龙怪兽，我们将变身成为小小超人，把它们打败！不过在这之前我们要先学好本领。

老师讲解动作要领并进行分解动作的示范。

（1）手部动作：手举高，然后弯曲放在肩胛骨处，接着用力向上抛，身体不动（练习2～3遍）。

（2）连贯动作：两脚打开，与肩同宽，身体面向右前方，手放肩部成预备姿势，然后转体投向攀爬墙（练习2～3遍）。

3. 手持沙包投掷

师：小朋友们都认真学好了本领，现在请每个人去拿一个炸弹（沙包），然后变身！（做几个超人变身的动作）

师：攀爬墙的恐龙正向我们走来，我们赶紧发射！预备——投！（小朋友将沙包投向攀爬墙，练习2～3遍）

4. 游戏：打怪兽

师：就在我们赶走恐龙的同时，又来了两位蒙面怪兽（老师戴上面具扮演），它们在我们的领地跑来跑去，请你们把它们赶走。（幼儿用准备好的两大筐纸球对准怪兽投）

三、结束部分

跟随老师的口令做放松运动：抖抖手、抖抖脚、深呼吸。

幸运沙包（中班）

南部战区空军直属机关幼儿园　余伟权

【活动目标】

（1）能按正确的方法投掷，提高投掷的距离。

（2）在游戏中体验投掷的乐趣，喜欢参与投掷活动。

【活动准备】

（1）沙包（分开藏在几棵树后面）、呼啦圈、幸运星（若干）。

（2）音乐：《吉米，来吧！》《快乐老家》《莎啦啦》。

【活动过程】

一、准备部分

指导语：今天我们要跟着吉米去吉祥岛，听说那里有很多幸运沙包，找到幸运沙包，把它投进魔法圈，就会带来更多的幸运。听《吉米，来吧！》做律动。

二、基础部分

1. 寻找幸运沙包

指导语：音乐响起的时候，我们就出发，到树丛中、草地上找幸运沙包，每人找一个。音乐结束时，就要回到指定的黄线后面。

2. 投掷幸运沙包

指导语：投掷仪式准备开始，当听到摇铃声，就做好动作准备，听到铃鼓拍打三下，开始投沙包。不管投到哪里，都要等下一次摇铃声响起才能跑去捡沙包，然后进行下一轮尝试。

（1）幼儿自由听信号练习投掷。

（2）教师示范肩上投掷动作，指导动作要点。

指导语：昨天晚上，我偷看魔法师投掷沙包，原来是有方法的。他念了三句口诀，一下就投中了，现在我把三句口诀教给你们，祝你们都能投中，口诀是：右手抓住沙包，放在肩上——瞄准目标——用力投出去。

1 投掷幸运沙包

（3）集体练习（听铃鼓拍打三下的信号，一边念口诀，一边分步骤投掷）。

（4）集体听信号投掷。

（5）调整投掷的距离，进行第二轮投掷。

指导语：魔法师听说小朋友都很能干，能把沙包投进魔法圈（呼拉圈），心里很不服气，把投掷的起点拉远了，我们还能不能投进去呢？（投完后，请能投进去的小朋友介绍经验，帮助其他小伙伴）

（6）再次调整投掷的距离，进行第三轮投掷。

指导语：魔法师气得快不行了，决定用尽全力，把投掷的距离变到最远的地方，看小朋友还能不能投进去？（投不进的幼儿可以自己"偷偷"选择投掷的起点线）

三、结束部分

放松运动：莎啦啦；收拾器械，给小朋友发幸运星。

指导语：魔法师再也没有办法了，他夸我们的小朋友真能干！魔法师施展了幸运魔法，他将送给能听摇铃把幸运沙包收到箩筐里的小朋友每人一颗幸运星。

勇敢的小兵（中班）

南部战区空军直属机关幼儿园　余伟权

【活动目标】

（1）在情境中练习用纸球对准目标投掷的动作，体验成功的快乐。

（2）培养幼儿对投掷活动的兴趣，以及与同伴合作的意识。

（3）养成勇敢、大胆、勇于接受挑战的品质。

【活动准备】

绳子、纸球（若干）、一个老鼠的头饰、音乐、遥控的小汽车。

【活动过程】

一、准备部分

老师带领幼儿做热身运动。

二、基本部分

1. 练习投掷的本领

（1）师：有只坏老鼠，总喜欢偷别人的东西，怎么办呢？（幼儿：把它赶走！）

师：这主意不错，现在让我们先练好本领，再去打老鼠。

（2）幼儿集体练习投掷。老师把绳子绑在两棵树上。

师：我们要把这些纸球从前面的绳上投过去，看看谁投得最远。（幼儿集体练习投掷）

2. 游戏：消灭老鼠

师：老鼠出来偷东西了，我们赶紧去把它们赶走！

玩法：把老鼠头饰戴在遥控小汽车上，将其扮成老鼠（在绿色场地的圆圈里面），其余的幼儿站在红色的场地上。绿色的圆圈代表老鼠的洞。音乐开始时，老师遥控的老鼠从洞里跑出来，幼儿用手中的纸球投向老鼠，如果老鼠跑回洞里时，幼儿就不能再把纸球投到老鼠那里。此外，幼儿可以在红色的场地上来回奔跑，但不能跑到绿色场地上。

三、活动结束

（1）让幼儿把纸球收拾好。

（2）听音乐做放松运动。

躲避流星雨（大班）

南部战区空军直属机关幼儿园　余伟权

【活动目标】

（1）学习肩上挥臂投掷的动作。

（2）培养幼儿对投掷活动的兴趣，以及与同伴合作的意识。

（3）养成勇敢、大胆、勇于接受挑战的品质。

【活动准备】

纸球、音乐。

【活动过程】

一、准备部分

老师带领幼儿做热身运动。

二、基本部分

1. 探索扔纸球的方法

（1）出示纸球，引发幼儿的活动兴趣。

师：今天我们把纸球当成"手榴弹"，请大家把它投出去试一试。

（2）幼儿自由探索，老师个别指导。

老师重点观察幼儿是怎么投"手榴弹"的，引导幼儿尝试用不同的方法扔。

（3）总结投"手榴弹"的方法，在区别投、挥、抛三个不同动作的基础上练习投"手榴弹"。

师：请你说说刚才你是怎么扔"手榴弹"的，请到前面来做一做。

师：我们一起来练习投"手榴弹"吧，将"手榴弹"放在肩上，向前上方投掷出去。

2. 游戏：躲避流星雨

师：太空中有许多美丽的星星，我们一起去看看吧。

玩法：把幼儿分成两组。5名幼儿伸开两臂扮演飞船，听音乐在安全区自由飞翔，其余幼儿扮演流星。当听到"飞船飞船请注意，马上要过流星区，当心流星碰着你"，飞船组的幼儿则架起双臂在流星区快速飞行。其余幼儿将"流星"（纸球）连续掷向飞船，飞船要不断躲避流星的袭击。被击中者自觉退出场外。当听到"星星回家啦"，飞船飞回安全区。

规则：（1）投掷的幼儿只能站在流星位置上。（2）被"流星"投中的"飞船"应自觉退出，进行角色互换。

三、结束部分

（1）把纸球收拾好。

（2）听音乐做放松运动。

1　躲避流星雨（区域划分）

小猎人（大班）

南部战区空军直属机关幼儿园　余伟权

【活动目标】

（1）学习侧身肩上挥臂投远的完整技术，要求动作正确有力。

（2）培养身体的协调性、灵活性。

（3）养成良好的体育卫生习惯。

重点：投远挥臂动作正确有力；难点：侧身肩上挥臂投远的出手时机及角度。

【活动准备】

高度不同的网（3张）、怪兽若干（在纸箱、网上贴着幼儿画的怪兽图案）、沙包若干（幼儿人数的3~4倍）、障碍物若干、海绵垫、拱门（2个）、印第安舞蹈音乐。

【活动过程】

一、准备部分

幼儿扮演印第安小猎人，听音乐做热身运动。

二、基本部分

1. 练习

（1）幼儿自由地站在网前做挥臂投掷的动作，边投掷边摸索怎样才能使沙包投过网，教师一旁巡回观察。观察要点：哪些幼儿能投得又远又高，哪些幼儿投不远，哪些幼儿投的动作不正确、不协调。

（2）针对幼儿的错误动作，教师示范并强调动作要领：侧身向投掷方向，双脚开立，投掷手臂向上向后引，经肩上用力挥臂向上向远投出。

（3）全体幼儿按动作要领，自由进行练习，教师重点辅导能力差的幼儿。

（4）幼儿根据自己的能力选择不同高度、距离的网进行练习。

2. 游戏：看谁投得准

玩法：幼儿排成两路纵队，每一队的第一个小猎人出发，爬过草地（海绵垫），钻过山洞（拱门），快跑至小河（障碍物）边，用力挥臂向怪物投出炸弹（沙包），然后快跑回来，第二个小猎人再出发，看哪队投得准。

三、结束部分

（1）放音乐，跟着音乐做放松运动。

（2）教师与幼儿一起收拾器械。

5. 钻

运炮弹（小班）

广州军区司令部幼儿园　伍华春

【活动目标】

（1）锻炼幼儿在狭窄的通道里控制身体、迅速爬行的能力。

（2）引导幼儿感受钻爬运动带来的乐趣，并鼓励幼儿思考钻爬的方法（姿势、动作）。

（3）培养幼儿勇敢探索的精神。

【活动准备】

篮球（炮弹）、垫子4块（阳光隧道）、拱门8个（山洞）、呼啦圈4个（老鼠洞）、音乐。

【活动过程】

一、准备部分

做律动《小动物们做运动》，活动全身关节。

（安全提示：做准备运动时须活动全身关节，重点是活动下肢，避免因准备活动不足导致幼儿在运动中受伤）

二、基本部分

创设"运炮弹"的游戏情境，引导幼儿在游戏中学习，在游戏中锻炼。

1. 情境导入

指导语：家里的娃娃都被可恶的老鼠偷到前方老鼠洞里去了，怎么办呢？现在这里有什么？对，要想办法把炮弹运过去，速度要快。

2. 游戏：运炮弹（复习钻爬的动作）

玩法：全班幼儿排成4路纵队，流水作业，要爬过垫子（隧道），钻过拱门（山洞），然后拿起一个篮球（炮弹）放在呼啦圈（老鼠洞）里，按原路返回。

（安全提示：让幼儿熟悉规则，排队一个一个过隧道，避免争抢拥挤）

3. 游戏：补炮弹（增加钻爬难度）

玩法：活动方式和之前相同，增加一个拱门，幼儿需要连续钻爬过两个拱门。

（安全提示：在玩第二个游戏时，器具的摆放要合理，教师要控制好参与人数，以免发生不必要的碰撞）

三、结束部分

（1）放松活动。

（2）战斗结束，开庆功大会。幼儿听着音乐，带着娃娃，找好朋友跳"快乐邀请舞"，让紧张和兴奋的活动状态慢慢得到舒缓。

蚕宝宝（小班）

广州军区司令部幼儿园　伍华春

【活动目标】

（1）学习弓身、直身钻爬过一定高度的皮筋。

（2）锻炼动作的灵活性和身体的协调性。

（3）乐于与同伴合作完成游戏，并感受其中的快乐。

【活动准备】

挂有"桑叶"的皮筋（四根）、大软垫（两张）、音乐。

【活动过程】

一、准备部分

热身运动，活动全身关节。

（安全提示：做准备运动时须活动全身关节，避免因准备活动不足导致幼儿在运动中受伤）

（1）放音乐，引导幼儿做身体模仿动作，即头部——上肢——腰部——全身（蹲起或伸展）——团身滚——放松。

（2）教师提醒幼儿找个空位置，重点进行伸展和团身的准备动作。

二、基本部分

1. 引导幼儿模仿蚕宝宝走路

请个别幼儿模仿蚕爬的动作，引出两种不同的爬行动作：弓身爬、直身爬。

2. 练习两种爬的动作

（1）教师讲解动作要领，幼儿练习。

请个别幼儿示范动作，注意动作的规范性，引导幼儿正确练习弓身爬（直身爬）。

（2）用和第一次不一样的爬行动作练习一次。

（安全提示：幼儿在完成弓身爬和直身爬时，教师要关注每个幼儿，做好安全防护工作）

3. 游戏：蚕宝宝在长大

（1）蚕宝宝第一次长大。教师引导幼儿用弓身爬的方法钻爬过四条"桑叶"。

（2）蚕宝宝第二次长大。引导幼儿用直身爬的方法钻爬过"桑叶"。

（3）蚕宝宝第三次长大。降低四条"桑叶"的高度，引导幼儿用不同的方法钻爬。

（4）蚕宝宝第四次长大。引导幼儿再次练习两种钻爬动作（放欢快的音乐）。

（安全提示：提醒幼儿注意爬行的前后距离，避免离得太远或太近；提醒幼儿接龙的速度，即前面的幼儿爬过一块垫子后，下一个才能开始爬，以免发生不必要的碰撞）

三、结束部分

幼儿把用到的材料分类摆好；听音乐，一起做飞的动作，放松身体。

小熊过桥（中班）

广州军区司令部幼儿园　伍华春

【活动目标】

（1）练习平衡、钻爬、推拉的基本技能，发展幼儿的上肢动作和力量。

（2）享受玩轮胎的乐趣，发展动作的协调性和灵活性。

（3）在活动中培养幼儿的创造性及发散性思维，培养幼儿对体育活动的兴趣。

【活动准备】

轮胎（人手一个）、音乐、录音机一台。

【活动过程】

一、准备部分

幼儿做律动。教师喊口令：摇摇头、扭扭腰、伸伸手等。

（安全提示：准备活动要有针对各关节的动作，重点活动上肢，避免因准备活动不足导致幼儿在运动中受伤）

二、基本部分

创设"小熊过桥"的游戏情境，引导幼儿在游戏中学习，在游戏中锻炼。

1. 情境导入

我们都是小熊宝宝，今天要去外婆家，开着小汽车（轮胎）出发，到了小河边我们过不去，该怎么办呢？

2. 游戏：滚动的练习

幼儿听音乐，自由滚轮胎沿着跑道转一圈。滚动轮胎时，要保持平衡，不要撞别人，控制好轮胎的速度。

（安全提示：在滚动练习的过程中，要注意幼儿与幼儿之间的活动空间，提醒幼儿控制好滚动时的速度，避免幼儿在推滚轮胎时发生碰撞）

3. 游戏：平衡练习

指导语：（1）我们要一起摆一座小桥，请你们自由地把轮胎摆成一长条，注意过小桥时不拽、不推别人，从轮胎掉下（摔倒）时请重新排队。（2）现在小熊宝宝可以经过这条小河到外婆家了，可是注意不要摔下来，不然会被鳄鱼吃掉的。万一掉下来，要马上游到岸上重新来。

（安全提示：在本游戏中，幼儿需要在轮胎上面行走，教师必须提醒幼儿互相之间要保持距离，同时不要用手推或碰在行走中的同伴，避免摔伤）

4. 游戏：钻爬练习

小熊去外婆家时，如果遇到障碍物（把几个轮胎竖起来放在原来平放的轮胎上面）时，我们要学着钻过去。身体尽量不要碰到障碍物，注意安全，不然山洞会压下来的。

（安全提示：在本游戏中，因为幼儿需要钻轮胎，教师要注意轮胎摆放得是否平稳，提醒幼儿不要用手去推轮胎，避免轮胎倒下压伤）

三、结束部分

放松活动。幼儿自由地选择一个轮胎，站在轮胎里面做放松操，让紧张和兴奋的活动状态慢慢得到舒缓。

蚂蚁钻洞（中班）

广州军区司令部幼儿园　伍华春

【活动目标】

（1）尝试选用不同的方法进行钻爬运动。

（2）感受用身体造型参与运动的快乐。

【活动准备】

垫子（若干）、不同高度的拱桥（三个）、幼儿活动中的背景音乐、蚂蚁头饰（按幼儿人数）。

【活动过程】

一、准备部分

教师带领幼儿随音乐做热身运动，如狮子爬、蜗牛走、小兔跳等动作。

（安全提示：准备活动要有针对性，重点活动四肢，避免因准备活动不足导致幼儿在运动中受伤）

指导语：随着音乐与老师共同做热身运动吧。（要求精神饱满，注意有节奏感，活动要有序）

二、基本部分

1. 情境导入

教师出示蚂蚁头饰引发幼儿兴趣，启发幼儿用身体摆出不同造型的洞。

（安全提示：注意幼儿活动的空间，避免幼儿在活动时发生碰撞）

指导语：小朋友，我是蚁王！那你们是谁呀？你们住在什么地方？蚁洞是什么样的呢？请你们用身体做成蚁洞的样子。

2. 游戏：练习摆蚂蚁洞造型

指导语：我们除了可以摆出圆形的洞，还可以摆出什么形状的洞呢？

幼儿练习用身体摆出各种造型的洞。教师引导幼儿认真观察同伴的身体造型示范，讨论并尝试不同洞的不同钻爬方法。

（安全提示：在玩蚂蚁钻洞这个环节时，一定要让幼儿熟悉规则，避免幼儿因为兴奋而发生碰撞、踩伤等情况）

3. 游戏：百变造型王

指导语：蚂蚁用什么方法过这个洞呢？你觉得哪种爬的方法好呢？为什么？

教师巡回观察幼儿的身体造型，与幼儿共同讨论。教师引导幼儿尝试用三种不同方法钻一钻这些有趣的洞。

4. 闯关游戏：蚂蚁钻洞

指导语：我们第一关闯中洞,用什么方法好呢? 请你们动脑筋想一想;第二关闯低洞,用什么方法呢? 请你们动脑筋想一想;第三关是混合洞,请你注意身体的动作。蚁王宣布闯关结果。

游戏开始时,三队小蚂蚁从排头开始依次钻爬蚁洞,排尾先钻出洞口的队伍获胜。

(安全提示：在挑战环节,教师要注意进行正确的引导,针对个体差异个别指导或提示;除了要让幼儿全身心投入活动外,也要避免幼儿打击、嘲笑能力弱的同伴)

三、结束部分

放松活动：教师结合音乐配以语言提示,与幼儿一起坐在地上做四肢舒展放松运动,然后站立做有节奏的四肢拍打放松运动。

钻圈游戏（大班）

广州军区司令部幼儿园　伍华春

【活动目标】

(1)练习手脚着地钻爬过呼啦圈的动作技能,复习一圈多玩的方法。

(2)在游戏中发展幼儿动作的协调能力,锻炼身体的灵敏性。

(3)提高合作意识,获得成功的喜悦。

【活动准备】

呼啦圈（按幼儿人数）、音乐。

【活动过程】

一、准备部分

指导语：用一种能使你动起来的方法玩圈。

自由玩圈,活动全身关节。幼儿人手一个呼啦圈,进行一圈多玩的游戏。

(安全提示：要做好充分的准备活动,避免因活动不足导致幼儿在运动中受伤;在自由玩圈的活动中,注意幼儿活动的空间,避免幼儿在活动时发生碰撞)

二、基本部分

创设钻圈的游戏情境,引导幼儿在游戏中学习,在游戏中锻炼。

1　合作玩钻圈

1. 游戏：钻圈（探索钻过呼啦圈的动作）

指导语：两人一组轮流玩钻圈的游戏。

老师提供幼儿人数一半的圈,让幼儿两人一组合作玩钻圈的游戏。玩法：一个人把圈竖起来,另一个人从圈中钻过去。

（安全提示：在玩钻圈游戏时，拿圈的幼儿和钻圈的幼儿要互相配合好，拿圈的幼儿要注意不能让圈离地或移动，钻圈的幼儿要弯腰低头钻过去）

2. 游戏：钻过隧道（学习钻爬过呼啦圈的动作）

指导语：你们两人一组轮流玩钻圈的游戏玩得很好，现在玩过隧道的游戏。

幼儿分成两组玩钻过隧道的游戏。玩法：一组人把圈竖起来排成一行，另一组人从圈里钻过去。

在老师讲解游戏规则后，请个别能力强的幼儿示范钻圈动作要领：弯腰低头，双手双脚着地钻爬过呼啦圈。（幼儿轮流练习两次）

（安全提示：在两组幼儿合作玩过隧道的游戏时，拿圈的一组幼儿要双手固定好自己的圈，过隧道的一组幼儿互相之间要拉开一定的距离，避免前面的幼儿踢到后面的幼儿）

3. 游戏：钻圈接力赛

指导语：现在两组玩钻圈接力赛的游戏，看哪一组合作得最好，最先完成。

这是复习快跑和钻过呼啦圈的合作游戏。每组选出两名幼儿，面对面站着，用手握住呼啦圈的两边，让其余幼儿一个接一个跑到圈的位置钻过去，拿圈的幼儿和钻圈的幼儿要互相配合，拿圈的幼儿不参加接力赛。

（安全提示：在玩钻圈接力赛时，提醒幼儿快跑到呼啦圈时要减速，等钻过呼啦圈后再加速）

三、结束部分

放松活动：幼儿把呼啦圈摆回初始地方，一起听音乐做放松操，让身体和心理都得到放松。

老鼠钻山洞（大班）

广州军区司令部幼儿园　伍华春

【活动目标】

（1）能动作灵敏、协调地从木梯踏脚棍间钻爬过去。

（2）能遵守活动规则，听口令进行游戏。

（3）能积极主动地参与活动。

【活动准备】

（1）木梯两把、垫子若干、轮胎若干。

（2）背景音乐一段、录放机一台。

（3）活动场地：篮球场。

【活动过程】

一、准备部分

教师带领幼儿进行热身，做准备操节，并导入游戏角色与活动

1　钻梯子

内容。（幼儿在垫子上学老鼠钻洞的本领）

二、基本部分

1. 钻梯子

教师讲解规则，幼儿进行练习，熟悉游戏玩法与活动路线。

玩法：幼儿排成三路纵队，流水作业，每个幼儿从梯子下钻爬过一次。要求：钻入后不得在中间停留，用最快的速度从另一侧钻出。

（安全提示：控制幼儿活动间隙，避免拥挤，防止出现因幼儿推倒木梯而发生的碰撞）

2. 老鼠钻山洞（一）

玩法：幼儿在游戏过程中如果听到"猫来了"，就要跑回指定地点躲避猫（梯子横放，幼儿从踏脚棍间爬过去）。

3. 老鼠钻山洞（二）

玩法：改变游戏方式，提高幼儿的活动兴趣。两把梯子前后摆放，幼儿要连续钻爬两次才算完成游戏。

三、放松部分

教师带领幼儿进行放松运动，让幼儿紧张和兴奋的活动状态慢慢恢复到平静。

2　老鼠钻山洞（一）
3　老鼠钻山洞（二）

6. 爬

猫捉老鼠（小班）

广州市番禺区祈福新邨学校幼儿园　黎耿

【活动目标】

（1）学习听信号手膝着地爬行，从而增强幼儿四肢的肌肉力量。

（2）提高幼儿动作的协调性和灵活性。

【活动准备】

（1）供幼儿爬行的塑胶场地。

（2）贴上小鸭、小狗、小兔、小猪图片的小椅子（小动物的家，放置于场地四周）。

（3）小鼓一只、小猫头饰一个，两边贴有老鼠图片的遥控车三辆。

（4）录音机、磁带若干。

【活动过程】

一、准备部分

扮演角色，活动身体。师：老师和你们一起做游戏。你们看这是谁呀？（出示小猫头饰）我做猫爸爸（妈妈），你们做谁呀？我们小猫听着音乐活动下身体吧！

二、基本部分

1. 变换方式朝指定目标爬行

（1）手膝着地向前爬行。师：宝宝，我们小猫家附近有哪些好朋友？（引导幼儿说出小狗、小兔）我们到他们家做客吧！幼儿手膝着地朝小狗、小兔家爬。

（2）手膝着地后退爬行。师：宝宝，小鸭、小猪喜欢我们用另一种爬行的方法去它们家，我们怎么去呢？① 幼儿自由探索。② 看着小猫爸爸（妈妈）示范倒爬，提醒幼儿倒爬时不要碰到同伴。

2. 练习听信号变换方向爬

（1）出示小鼓，引导幼儿叫出名称。咚咚咚，这是什么？

（2）提出游戏要求：爸爸（妈妈）要小猫听着鼓声来学本领，鼓声"咚咚咚"，小猫就往前爬，鼓声"嗒嗒嗒"，小猫就倒退着爬。

3. 游戏：猫捉老鼠

师：我们小猫肚子饿时，最喜欢捉什么吃呀？你们要跟着老鼠，老鼠前进了，就往前爬着追，老鼠后退了，就后退爬着追，我看哪只小猫最聪明，能捉到老鼠。

玩法： 老师操控贴有老鼠图片的遥控车，幼儿四散爬着追。

三、结束部分

放松活动"小猫洗澡"。师：小猫宝宝玩累了，出了很多汗，我们洗个澡，冲一冲，抖一抖，摇一摇，小猫小猫真快活。全体幼儿"洗完澡"，扮演小猫排好队，轻手轻脚地"喵喵"叫着回家。

可爱的小乌龟（小班）

广州市番禺区祈福新邨学校幼儿园　黎耿

【活动目标】

（1）练习手膝着地爬的动作，从而提高幼儿身体的协调性和灵敏性。

（2）通过各种（如：平地、钻、负重等）爬行动作的练习，激发幼儿对爬行活动的兴趣，体验体育活动的快乐。

【活动准备】

较大的地垫（隧道），钻布笼（山洞），大块玩具、沙包、玩具鱼等相关材料（食物），录音机及磁带。

【活动过程】

一、准备部分

（1）幼儿走跑交替进入场地。师：我们学一学小乌龟慢慢爬、大步走和快快跑，天气真晴朗，小乌龟们，我们一起来模仿小动物活动活动吧！

（2）跟着音乐做热身运动，如：伸伸臂、踢踢腿等。

二、基本部分

1. 练习手膝着地向前爬

（1）师：小乌龟们，我们一起到沙滩上散步吧。幼儿自由探索爬的动作，伴随着音乐，在垫子上有序爬行。

（2）教师示范，重点强调手膝着地爬的动作要领。

（3）幼儿集体练习爬的动作，教师纠正动作不准确的幼儿。

2. 游戏：送粮食

师：爷爷年纪大了，没办法找食物，我们找些粮食送给爷爷吧！

（1）寻找粮食。① 钻爬：引导小乌龟一起钻爬过"山洞"（钻布笼）、"隧道"（大地垫）去寻找食物。② 障碍爬行：带领小乌龟爬过弯弯曲曲的小道（用地垫摆成 S 形）去取食物。

（2）送食物（负重爬行）：小乌龟背上"食物"，送到爷爷家。教师鼓励幼儿在爬行中保持身体平衡。

三、结束部分

（1）师：今天你们送了很多食物到爷爷家，爷爷很高兴，要谢谢你们，给你们点赞。教师给每个幼儿竖一个鼓励的拇指。

（2）教师小结，放松，师幼道别。

1 "山洞"（钻布笼）

猴子摘桃（中班）

广州市番禺区祈福新邨学校幼儿园　黎耿

【活动目标】

（1）练习手脚着地屈膝爬行及跑、跳等动作，提高幼儿动作的协调性和灵敏性。

（2）探索爬的不同方法，发展幼儿的想象力和创造性。

【活动准备】

（1）幼儿经验准备：已有手脚着地爬和纵跳的动作基础。

（2）物质准备：红、黄、蓝、紫四色贴片，垫子，竹梯，轮胎，悬挂幼儿自制的纸制桃子，音乐等。

【活动过程】

一、准备部分

（1）集合整队，师幼问好。

（2）热身运动。师：猴宝宝们，今天天气真好，太阳照得大地暖洋洋的，和猴大王一起去做运动吧。（上肢、下肢、肩、腰、膝、脚部都要锻炼到位，为下面的活动做好身体准备）

二、基本部分

1. 探索不同的爬行方法

（1）自由探索多种爬行方法。师：哇，这里有好多漂亮的垫子呀，猴宝宝们会在垫子上爬吗？你会怎么爬呢？看哪个宝宝能想出和别人不一样的爬行方法。

（2）请几名小朋友示范，比一比哪种爬行方法最快。

（3）请几名手脚着地屈膝爬行的小朋友再次示范，并说说自己是怎么爬的。

（4）播放音乐，猴宝宝自由选择不同颜色的垫子练习手脚着地屈膝爬行，然后从垫子旁的小路跑回来，找猴大王（老师）贴四色贴片，自然地把幼儿分成了四组。

2. 爬行比赛

师：猴宝宝们今天又多学了一种爬行方法，不知道哪组爬得又好又快呢？

幼儿分四组进行接力比赛（用手脚爬行的方式）。第一名幼儿爬完垫子后，从垫子旁的小路跑回来拍第二名幼儿的手，第二名接着出发，以此类推，最先完成的一组胜出。

3. 游戏：猴子摘桃

（1）师：我们小猴肚子饿了，去摘桃子吃吧，你们从垫子爬过去后，跑到桃子树下，跳起来摘桃子，看看哪组摘得多。（玩两到三次）

（2）师：低的桃子都被我们摘完了，只剩下高的，怎样才能摘得到呢？

幼儿用轮胎把竹梯垫高，用手脚爬的方式爬上竹梯摘桃子。（玩两到三次）

三、结束部分

（1）幼儿随着轻松的音乐模仿"孙悟空"，做各种放松动作。

（2）小结，有序回班。

快乐蚕宝宝（中班）

广州市番禺区祈福新邨学校幼儿园　黎耿

【活动目标】

（1）提高幼儿手脚着地爬、平衡等能力，发展其灵敏、协调、力量等素质。

（2）鼓励幼儿创造性地玩竹梯，培养幼儿的创造性思维和勇敢、乐观、合群等良好品质。

【活动准备】

（1）布袋人手一个、羊角球若干、竹梯、轮胎、滑道、用海棉纸做的桑叶。

（2）了解蚕的生长过程等有关蚕的知识。

【活动过程】

一、准备部分

（1）出示布袋，引起幼儿兴趣，引导幼儿把布袋变成一条绳子。

（2）幼儿手拿"布袋绳"随音乐做绳操。

二、基本部分

（1）幼儿把身体套进布袋，头在外面，躺下来变成蚕卵，随着音乐中的风声慢慢滚动。

（2）幼儿扮演小蚕从蚕卵（布袋）里出来，然后用手脚爬的动作向前自由爬行。

（3）小蚕饿了，爬向梯田（竹梯）找桑叶吃（幼儿尝试各种方法玩竹梯）。

① 小蚕分成四组，在四把平放在地上的竹梯上爬、钻等。

② 教师提供轮胎，让小蚕在各种高度的竹梯（用轮胎垫起）上练习手脚着地爬。

③ 把羊角球放在轮胎上，再把竹梯放在羊角球上，这样竹梯会晃动，增加了难度。小蚕用手脚着地爬的方式继续游戏，寻找桑叶。

（4）小蚕成熟了，开始吐丝结茧。

玩法：幼儿边模仿蚕吐丝状（发出"唑唑"的声音），边用手脚着地爬的动作爬回起点，然后想办法钻进布袋，把身体藏好，变成茧。

三、结束部分

（1）随着欢快的音乐，茧里的小蚕变成了飞蛾展翅飞翔（幼儿从袋里出来，把布袋披在身上绕场飞舞）。

（2）小结，放松，有序离场。

神勇小特警（大班）

广州市番禺区祈福新邨学校幼儿园　黎耿

【活动目标】

（1）通过练习匍匐爬的动作，提高幼儿动作的协调性。

（2）探索并尝试翻越1米高的"高墙"，促进幼儿力量和灵敏素质的发展。

【活动准备】

跳箱、软垫、沙包、自制"碉堡"、录音机、磁带、场地布置（如图1、图2、图3所示）。

【活动过程】

一、准备部分

（1）幼儿成四路纵队站立，师幼问好。

（2）在音乐的伴奏下，师幼一起做热身操。

二、基本部分

1. 游戏：穿越电网

师：小朋友们，今天我们来扮演小特警，现在特警们要进行训练了，我们第一项任务是"穿越电网"。

（1）铺上软垫，垫子上方架有绳网。幼儿扮演小特警，依次排队，用手脚着地爬的动作从绳网下面爬过去，触碰到绳网的幼儿退出游戏。

（2）降低绳网离地的高度，幼儿扮演小特警，依次排队，用匍匐爬的动作从绳网下面爬过去，触碰到绳网的幼儿退出游戏。

2. 翻越"高墙"

师：小特警们在刚才"穿越电网"的任务中表现得非常出色，今天我们还有一项更具挑战性的任务，你们想进行挑战吗？

（1）出示跳箱，幼儿们自由尝试和探索翻墙（跳箱）的方法（如图1所示）。

（2）集中讨论：我们怎样才能翻越"高墙"？你用的是什么方法？请跳得好的小特警示范，分享好的方法。

（3）教师讲解翻越"高墙"的动作技巧。在相互学习的基础上，幼儿再次练习翻越"高墙"的动作。

（4）教师将跳箱改成更高的墙（如图2所示），鼓励小特警翻越，讨论并示范翻越的方法。

3. 游戏：解救乐羊羊

师：我们接到一个紧急任务——乐羊羊被坏人抓到对面的城堡里了，我们小特警要去营救她。

（1）介绍演习内容和步骤：穿越坏人的电网（匍匐爬）——→翻越坏人的"高墙"——→拿起"炸弹"（沙包）投向围困乐羊羊的城堡。（场地如图3所示）

（2）游戏循环两到三遍。

（3）增加游戏难度，激发幼儿挑战的欲望。

师：敌人那么高的围墙都被我们翻过了，他们现在要把围墙建得更高了，你们能翻过去吗？

（4）增加游戏趣味性，体验游戏的快乐。

师：敌人开始还击了，现在开始有炸弹从城堡中发射出来，我们要注意躲闪炮弹。（教师扮演敌人扔沙包）

三、结束部分

（1）小结，对幼儿在活动中细致观察、积极思考、努力尝试、相互合作的学习过程给予充分的肯定，表扬幼儿的勇敢精神。

（2）幼儿四散站立，在教师的带动下做放松活动。

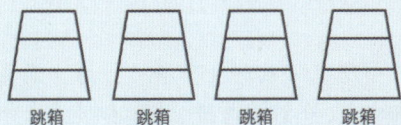

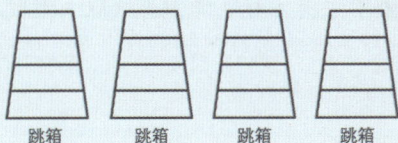

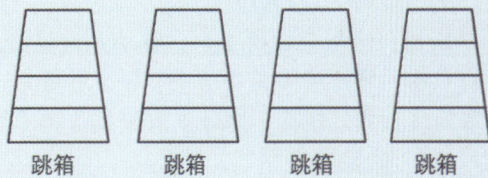

1   翻越"高墙"（1）
2   翻越"高墙"（2）
3   解救乐羊羊

士兵突击（大班）

广州市番禺区祈福新邨学校幼儿园   黎耿

【活动目标】

（1）学会三种爬行方式（匍匐爬、手膝着地爬、手脚着地爬），运用爬的动作进行游戏。

（2）体验游戏的快乐，乐于参与活动。

【活动准备】

垫子、障碍物（桌子等）、水枪、纸球（炸弹）。

【活动过程】

一、准备部分

（1）集合队伍，师幼问好。

（2）准备运动。

（3）热身游戏：动物爬。模仿各种动物的爬行动作，当老师喊到动物的名称时，小朋友即模仿这种动物爬行的样子，如：狮子、乌龟、蚕等。

二、基本部分

1. 分别练习

布置场地，铺好垫子，小朋友分别练习手脚着地爬、手膝着地爬和匍匐爬。

2. 实弹练习

场地布置同上，练习内容相同，分两次进行，要求小朋友一次带上炸弹（纸球）匍匐前进，然后在离终点3米处扔炸弹，并迅速返回起点。另一次背上水枪匍匐前进，在离终点5米处开枪。

3. 对战演习

场地布置同上，幼儿分成面对面两组进行游戏，完成同"实弹练习"的动作。

4. 游戏：士兵突击

玩法：幼儿分成两组，一组幼儿设置战壕，在战壕中手持水枪、炸弹（纸球）阻截，另一组幼儿在不同高度障碍物的掩护下，用匍匐、手膝着地、手脚着地等爬行动作，穿过防守火线，夺取对方红旗。规则：被对方水枪或炸弹（纸球）击中者退出本轮游戏。

三、结束部分

（1）放松活动。
（2）师幼道别，回收器材。

7. 攀

运送炮弹（小班）

广州市第二幼儿园　邓伟

【活动目标】

（1）通过练习走台阶和滑滑索，锻炼幼儿的上肢和下肢力量。
（2）通过练习提高幼儿身体的协调和平衡能力。
（3）在游戏过程中，培养幼儿勇敢坚强的意志品质和规则意识。

【活动准备】

大型攀登架和滑索、海绵垫（若干）、箩筐（五个）、波波球（若干）、音乐播放器。

【活动过程】

一、准备部分

1. 带领幼儿慢跑

要求幼儿做到：一个跟着一个跑，不讲话，脚步声轻，不插队，不推人，要跟着老师喊口令如"一二一"。要求教师做到：注意观察幼儿状况，控制好跑步的快慢节奏，提醒幼儿注意安全，并激励其热情投入。

2. 带领幼儿做热身操

要求幼儿做到：跟上教师的动作，注意力集中。

要求教师做到：想办法吸引幼儿的注意力，将手脚及腰腹关节肌肉活动开。

二、基本部分

分两组进行游戏，完成"勇闯台阶山"和"勇士下山"两个游戏。

1. 勇闯台阶山（攀登架）

第一组幼儿完成上台阶的任务。

第一次：安全登顶，需完成两次。要求幼儿做到：手不扶栏杆，按指定路线安全到达，安全返回。要求教师做到：观察幼儿登台阶过程中的动作，及时提醒，适当调整，并提醒幼儿按正确的路线完成。

第二次：幼儿安全、快速地完成上台阶任务，需完成两次。要求幼儿做到：手不扶栏杆，按指定路线安全快速到达，安全快速返回。要求教师做到：观察幼儿登台阶过程中的动作，及时提醒，适当调整，提醒幼儿集中注意力，并按正确的路线完成。

2. 勇士下山（滑索）

第二组幼儿完成滑索滑行任务。

第一次：安全滑行至终点，完成两次。要求幼儿做到：幼儿握紧滑索，中途尽量不掉下来，滑至终点后等双脚回摆时才松手安全落地。要求教师做到：做好安全防护措施，在索道下方铺好海绵垫，在幼儿即将到达终点时进行保护。

第二次：基本玩法一样，动作难度增加，完成两次。要求幼儿做到：握紧滑索，中途并拢双腿，尽量不要分开，滑行中尽量不掉下来，滑至终点后等双脚回摆时才松手安全落地。要求教师做到：做好安全防护措施，在索道下方铺好海绵垫，在幼儿即将到达终点时进行保护。

3. 交换游戏

两组进行交换，规则和要求一样。

4. 游戏：运送炮弹（巩固提高）

玩法：将幼儿分成"投弹手"和"运输队"。游戏开始，"运输队"把"炸弹"（波波球）放到口袋藏好，别掉出来，通过滑索运至"仓库"（两个箩筐），然后返回，再继续运；"投弹手"在仓库拿到炸弹跑上台阶，站在投弹区，将炸弹投向"大灰狼的家"（两个箩筐），投完再继续去仓库取。以此类推，直至游戏结束。

三、结束部分

（1）放松活动。① 调整呼吸：教会幼儿用鼻子深吸气，然后慢慢吐出来。② 调整身体：抖动双手，轻轻拍打全身，放松肌肉。③ 调整心理：引导幼儿微笑、笑出声音来等。

（2）讲评：表扬在活动中表现积极的幼儿，正面引导不遵守纪律、活动积极性差的幼儿。引导幼儿在玩游戏时要听要求，遵守游戏规则。

穿越火线（大班）

广州市第二幼儿园　邓伟

【活动目标】

（1）能以手脚并用的方式安全地钻攀爬网。

（2）通过活动使幼儿的上下肢力量和腰腹力量得到锻炼。

（3）培养幼儿勇敢坚强的意志品质和规则意识。

【活动准备】

钻洞攀爬网、海绵垫（若干）、箩筐（五个）、波波球（若干）、音乐播放器。

【活动过程】

一、准备部分

热身活动：带领幼儿慢跑。要求幼儿做到：一个跟着一个跑，不讲话，脚步声轻，不插队，不推人，要跟随老师喊口令如"一二一"。要求教师做到：注意观察幼儿状况，控制好跑步的快慢节奏，提醒幼儿注意安全，并激励其热情投入。

带领幼儿做热身操。要求幼儿做到：跟上教师的动作，注意力集中。要求教师做到：想办法吸引幼儿的注意力，将幼儿手脚及腰腹关节肌肉活动开。

二、基本部分

1. 游戏：翻山越岭（分组练习）

"翻山越岭"分为"上山"和"下山"。

第一组幼儿进行"上山"练习（从攀爬网钻洞爬上）：从起点处爬至最高点，然后从梯子下来回到起点，完成两次。要求幼儿做到：前进时站稳抓紧，手快脚慢，眼睛尽量看前面，调整呼吸，手脚协调配合，坚持到达终点。要求教师做到：提醒幼儿注意安全，做好保护工作，根据幼儿不同能力适时做出调整，激励幼儿坚持完成任务。

第二组幼儿进行"下山"练习（从攀爬网钻洞爬下）：爬梯子上到爬网最高处，再从攀爬网钻洞"下山"，回到起点，完成两次。要求幼儿做到：前进时站稳抓紧，手快脚慢，眼睛尽量看前面，调整呼吸，手脚协调配合，坚持到达终点。要求教师做到：提醒幼儿注意安全，做好保护工作，根据幼儿不同能力适时做出调整，激励幼儿坚持完成任务。（两组交换练习）

2. 游戏：穿越火线（巩固提高）

玩法：以游戏竞赛形式进行，快的队伍获胜。游戏开始，男孩子钻攀爬网，女孩子在下面投炸弹（波波球），男孩要在不被炸弹砸中的情况下尽可能快地通过钻洞，女孩要尽可能投中钻洞中的人，直到全部男孩子通过钻洞。交换角色，女孩钻，男孩投。最后看哪一组用时最少，用时少的一组获胜。

三、结束部分

（1）放松活动。① 调整呼吸：教会幼儿用鼻子深吸气，然后慢慢吐出来。② 调整身体：抖动双手，轻轻拍打全身，放松肌肉。③ 调整心理：引导幼儿微笑、笑出声音来等。

（2）讲评：表扬在活动中表现积极的幼儿，正面引导不遵守纪律、活动积极性差的幼儿。引导幼儿在玩游戏时要听要求，遵守游戏规则。

翻山越岭（大班）

广州市第二幼儿园　邓伟

【活动目标】

(1) 学习翻越动作，练习跳、撑、挂等动作。

(2) 锻炼幼儿上下肢力量和腰腹力量，学会协调发力。

(3) 激发幼儿挑战自我的勇气。

1　薄体操垫
2　1.2米高体操垫
3　1.3米高体操垫

【活动准备】

厚体操垫两张（折叠为高 1.2 米、1.3 米）、薄体操垫。

【活动过程】

一、准备部分

(1) 热身活动：带领幼儿慢跑。

(2) 带领幼儿做热身操。

二、基本部分

1. 尝试阶段

第一次练习：幼儿可安全通过（不要求通过的动作）平铺的薄体操垫（如图 1 所示），回到起点，每人完成两次即可。

第二次练习：幼儿用自己的方式安全翻越折叠的厚垫（高 1.2 米，如图 2 所示），回到起点，每人完成两次。（教师注意观察幼儿的完成情况，准备请完成情况好的幼儿做示范）

2. 教学阶段

(1) 教——引导幼儿探讨动作要领。请几个大胆自信的幼儿出来示范给大家看。让幼儿自己来评价，探讨哪些动作比较好，利于完成翻越动作，引导幼儿观察"跳、撑、挂"等动作要点；教师示范"前跳、撑手、挂腿"等动作。

(2) 学——分阶段练习。

第一阶段：请幼儿练习"跳撑动作"。注意扶垫跳起，手臂支撑两秒钟，完成两次。（教师注意保护幼儿，扶其大臂，防止幼儿后仰）

第二阶段：请幼儿练习"跳撑挂腿"。注意跳撑后挂腿两秒钟，完成两次。（教师注意保护幼儿，扶其大臂，防止幼儿后仰）

第三阶段：请幼儿练习完整的翻越动作"跳撑挂腿翻越"。注意动作干净利索，安全下垫，返回起点。（教师注意保护幼儿，扶其大臂，防止幼儿后仰）

3. 提高巩固阶段

加高体操垫（高 1.3 米，如图 3 所示），激励幼儿完成挑战。

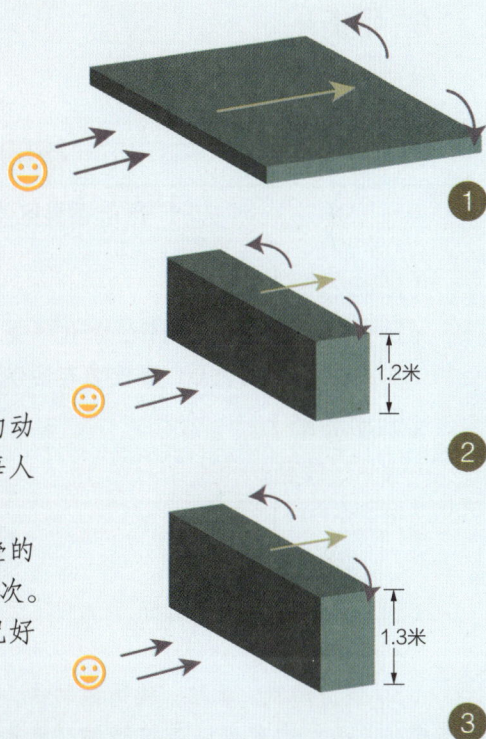

三、结束部分

（1）放松活动。① 调整呼吸：教会幼儿用鼻子深吸气，然后慢慢吐出来。② 调整身体：抖动双手，轻轻拍打全身，放松肌肉。③ 调整心理：引导幼儿微笑、笑出声音来等。

（2）讲评：表扬在活动中表现积极的幼儿，正面引导不遵守纪律、活动积极性差的幼儿。引导幼儿在玩游戏时要听要求，遵守游戏规则。

8. 平衡

找朋友（小班）

广州市番禺区直属机关幼儿园　韩晓志

【活动目标】

（1）掌握简单的平衡动作，加强平衡感。

（2）体验游戏的快乐，喜爱参与活动。

【活动准备】

平衡木、沙包。

【活动过程】

一、准备部分

（1）集合整队，师幼问好。

（2）准备运动。

（3）模仿游戏。玩法：教师做动作，请小朋友模仿，动作内容可以是单脚站、单脚跳、足尖站、足尖走、脚跟站、脚跟走等，方向可以是左右、前后。

1　走"小桥"（玩法2）

二、基本部分：走"小桥"

玩法1：两路纵队，走过"小桥"（平衡木）。

玩法2：四路纵队，两组分别在小桥两边站立，一次四名幼儿面对面走上平衡木，击掌后下平衡木，返回本队。

玩法3：在走桥时头顶沙包，其他同玩法1。

玩法4：在走桥时头顶沙包，其他同玩法2。

三、结束部分

（1）放松活动。

（2）小结，师幼道别。

小熊猫过河（小班）

广州市番禺区直属机关幼儿园   韩晓志

【活动目标】

（1）学会挑着东西过平衡木，掌握平衡的基本动作。

（2）体验游戏的快乐，喜欢参与活动。

【活动准备】

平衡木（两组）、自制挑水扁担、波波球（若干）。

【活动过程】

一、准备部分

（1）集合队伍，师幼问好。

（2）准备运动。

（3）热身游戏：陀螺变变变。玩法：教师带领幼儿学陀螺转，边转边说"陀螺转转转转转转，陀螺变成一个大青蛙"，转完之后，小朋友就学着青蛙的样子，之后可模仿4~8种其他的动物形象。

二、基本部分：小熊猫过河

玩法1：搭起两组平衡木，平衡木另一头放些果子（波波球）。小熊猫过河（过平衡木），帮妈妈摘果子（波波球），分两组一个接一个进行。果子拿完，大家假装美美地吃一顿，然后再拿过去种果子。

玩法2：小熊猫挑水（挑扁担）过河，帮果子浇水、施肥。

玩法3：果子熟了，小熊猫过河（过平衡木），把果子全部摘下来，用担子挑回来。

三、结束部分

（1）放松活动。

（2）师幼道别，回收器材。

平衡板（中班）

广州市番禺区直属机关幼儿园   韩晓志

【活动目标】

（1）发展幼儿快速的反应能力，锻炼幼儿的平衡感。

（2）体验团结合作的快乐。

【活动准备】

平衡板（人手一个）。

【活动过程】

一、准备部分

（1）集合整队，师幼问好。

（2）准备运动。

（3）摇摆船游戏。

玩法1：个体站在平衡板上玩摇摆船游戏。

玩法2：小朋友排成一路纵队，后面小朋友的双手搭在前面小朋友的肩膀上，踩在平衡板上，做摇龙舟游戏。

二、基本部分：鲨鱼来了

玩法1：老师假扮鲨鱼，小朋友自由游泳（小朋友在规定场地自由玩耍），等鲨鱼来了，立刻站到小岛上（平衡板上）。

玩法2：老师减少一半的平衡板，两名幼儿站在一个小岛（平衡板）上，其他同玩法1。

玩法3：保留三分之一的平衡板，三名幼儿站在一个小岛（平衡板）上，其他同玩法1。

三、结束部分

（1）放松活动。

（2）小结，师幼道别。

平衡木（中班）

广州市番禺区直属机关幼儿园　韩晓志

【活动目标】

（1）学会保持平衡的基本动作。

（2）体验团结合作的快乐。

【活动准备】

平衡木4条（无腿）、轮胎8个。

【活动过程】

一、准备部分

（1）集合整队，师幼问好。

（2）准备运动。

（3）热身游戏：变速跑。

玩法：幼儿排成一路纵队，一个接一个跑动，听到"红色"时快速跑，听到"绿色"时放松跑。

二、基本部分：过桥

玩法1：将2个轮胎、1条平衡木板组成一座桥，幼儿分4组正面通过。

玩法2：同玩法1摆放器材，侧身横向通过。

玩法3：同玩法1摆放器材，后退通过。

玩法4：将1条平衡木板放在1个轮胎上（放在中间），单个幼儿通过。

玩法5：同玩法4摆放，幼儿依次通过。（要求幼儿统一前进速度）

玩法6：其他同玩法5的形式，幼儿动作变为侧身横向通过。

玩法7：其他同玩法5的形式，幼儿后退通过。（可根据幼儿情况调整）

三、结束部分

（1）放松活动。

（2）小结，师幼道别。

旋转游戏（大班）

广州市番禺区直属机关幼儿园　韩晓志

【活动目标】

（1）学会几个练习平衡的动作，练习旋转后平衡。

（2）积极参与游戏，体验快乐，培养热爱体育的情感。

【活动准备】

小凳子（供幼儿站立，每人一个）、垫子（安全防摔用）、椅子。

【活动过程】

一、准备部分

（1）集合整队，师幼问好。

（2）准备运动。

（3）热身游戏"稻草人"。

玩法：幼儿成体操队形站好。游戏开始，幼儿在规定区域四处玩耍，听到"妖怪来了"便迅速跑回指定位置，变成稻草人，待妖怪走了，就继续玩耍。要求：稻草人动作依次为单脚站、闭眼双脚前脚掌站、闭眼双脚脚跟站、单脚踩凳子站。注意：在跑动过程中不要碰撞。

1　大象转

二、基本部分：大象转

玩法1：大象转。左手轻捏右耳垂，右手伸过左臂与身体围成环形，弯腰90度，右手指向地面，眼睛看手指，同一方向旋转3圈，转好做教师的指定动作，例如：立正、单脚站、前脚掌站、向前跨一步、向前跳等。

玩法2：大象转3~5圈（视幼儿水平选择圈数），走直线（3~5米）后坐在小凳子上。要求：转速要快，走直线速度不能快。

玩法3：大象转同上，走直线后站在小凳子上。（视幼儿水平选择双脚站、单脚站）

玩法4：教师在通往凳子的这段路上画圈。大象转同上，要求幼儿踏着圈走到凳子处，然后站在凳子上。（同样视幼儿水平选择双脚站、单脚站）

玩法5：其他同玩法4，将地面上的圈换成凳子，地上添加垫子保护。（此活动可选择优秀幼儿展示，教师注意安全保护）

三、结束部分

（1）放松活动。

（2）小结，师幼道别。

梯子游戏（大班）

广州市番禺区直属机关幼儿园　韩晓志

【活动目标】

（1）学习并练习在梯子上保持平衡的方法。

（2）积极参与游戏，体验快乐，培养热爱体育的情感。

【活动准备】

轮胎（8个）、梯子（4把）。

【活动过程】

一、准备部分

（1）集合整队，师幼问好。

（2）准备运动。

（3）探索搭桥的方法。

玩法：分两组小朋友进行。教师设计情境：现在有一条大河，你们想一下怎样才能渡过前面的大河。（引导幼儿用梯子和轮胎组合的方式，同时引导幼儿合作搬动器材）

二、基本部分：过河游戏

玩法1：幼儿利用自己搭的桥过河，分两组进行游戏。（玩2~3次）

玩法2：现在河水变宽了。引导幼儿在原来搭的桥中间设立断桥，跨越过去。（跨越宽度可根据幼儿水平进行设置）

玩法3：河水变深了。引导幼儿用两个轮胎架桥，提升梯子的离地高度。（离地高度可根据幼儿的水平设置）

玩法4：河水变宽变深了。将玩法2、玩法3合并。（教师注意安全保护）

三、结束部分

（1）放松活动。

（2）小结，师幼道别。

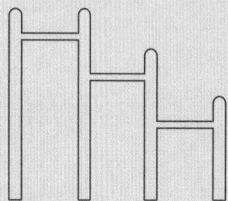

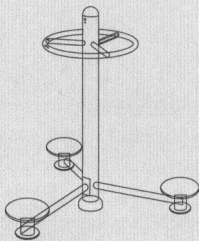

模块 3

幼儿园常用队列队形

队列队形也称排队和变换队形，它是指在教师的口令指挥下，幼儿做整齐划一、协调一致的动作。无论是幼儿园体育课的开始部分、准备部分、基本部分、结束部分，还是早操、户外体育活动、幼儿园集会等都离不开队列队形的组织和变化，它贯穿整个幼儿体育活动的组织。队列队形能很好地培养幼儿的组织纪律性，促进幼儿正确身体姿态的形成，提高幼儿在运动中身体的方位知觉能力，但在练习中应避免过多的军事化、成人化动作。此外，队列队形不作为一个单项的体育活动进行练习。

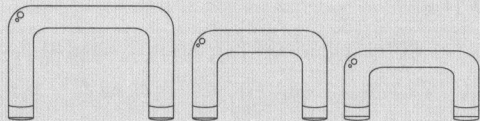

一　幼儿园常用的队列

1. 队列的基本术语

（1）列：幼儿左右排成一条直线叫列，是组成横队的要素，几排称"几列横队"。

（2）路：幼儿前后重叠成一行叫路，是组成纵队的要素，几行称"几路纵队"。

（3）横队：按列排成的队形称为横队，横队宽度大于纵深。

（4）纵队：按路排成的队形称为纵队，纵队纵深通常大于横宽。

2. 口令的要求与方法

口令是队列训练和日常列队时指挥员下达的口头命令，包括：预令、动令。

预令是口令的前部分，使听口令者注意并准备做动作。动令是口令的后部分，使听口令者立即做动作。例如："向前看（预令）——齐（动令）"。在队列练习中，不是每个队列动作的口令都有预令和动令，比如立正、稍息的口令就没有预令。

喊口令时，要声音洪亮、有力、短促、清晰。注意音阶与强弱的变化，一般口令均由低音向高音发展，如"向右看——齐！"（231–5）

1　幼儿园队列队形
2　二列横队
3　四路纵队

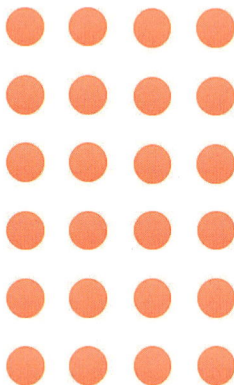

口令根据下达方法不同，可以分为以下四种：

（1）短促口令。其特点是：只有动令，不论几个字，中间不拖音、不停顿，通常按照音节（字数）平均分配时间，有时最后一个字稍长，发音短促而有力，如："立正""稍息"等。

（2）断续口令。其特点是：预令和动令之间有停顿（微吸口气），如："第一名，出列"等。

（3）连续口令。其特点是：预令的拖音与动令相连，有时预令与动令之间微歇。预令拖音稍长，其长短视分队大小而定，动令短促有力，如："立——定""向右——转"等。有的口令，预令和动令都有拖音，如："面向国旗——敬礼"等。

（4）复合口令，兼有断续口令和连续口令的特点，如："以某某为准，向中看——齐""右转弯，齐步——走"等。

3. 幼儿园常用的队列动作

（1）立正。两脚跟靠拢并齐，两脚尖向外分开约60度；两腿挺直；小腹微收，自然挺胸；上体正直，微向前倾；两肩要平，稍向后张；两臂下垂，自然伸直，手指并拢，自然微曲；拇指

4　立正　　　　5　稍息　　　　　　　　　　　　　　　　　　　6　看齐

尖贴于食指第二节，中指贴于裤缝；头要正，颈要直，口要闭，下颌微收，两眼平视前方，如图4所示。

口令：立正！

（2）**稍息**。左脚顺脚尖方向伸出约全脚的三分之二，两脚自然伸直，上体保持立正姿势，身体重心大部分落于右脚，如图5所示。

口令：稍息！

（3）**看齐（向前看齐、两臂放下）**。纵队排头（第一排）幼儿成两臂侧平举，后排幼儿两臂前平举（掌心相对），同时看前面幼儿的颈部。看齐后，教师下达口令"两臂放——下"，如图6所示。

口令：向前看——齐！两臂放——下！

（4）**转体（向左右转体、向后转体）**。① 向右（左）——转：以右（左）脚跟为轴，右（左）脚跟和左（右）脚掌前部同时用力，使身体协调一致向右（左）转90度，重心落在右（左）脚，左（右）脚取捷径迅速靠拢右（左）脚，成立正姿势。转动和靠脚时，两脚挺直，上体保持立正姿势。② 向后——转：按照向右转的要领向后转180度。

口令：向右（左）——转！向后——转！

（5）**原地踏步走**。左脚开始，两脚在原地依次上下起落，上体正直；抬腿时，脚尖自然下垂；脚落地时要轻，两臂前后自然摆动，眼向前看，如图7所示。

口令：原地踏步——走！

（6）**齐步走**。左脚向正前方迈出，按照先脚跟后脚掌的顺序着地，同时身体重心前移，右脚动作相同；上体保持正直，手指轻轻握拢，拇指贴于食指第二节，两臂

前后自然摆动；向前摆臂时，肘部弯曲，小臂自然向里合，手心向内稍向下；向后摆臂时，手臂自然伸直。

　　口令：齐步——走！

　　（7）**便步走**。自然走步，不统一节奏，不要求全体步伐整齐一致，走得轻松自然即可。

　　口令：便步——走！

　　（8）**跑步走**。听到预令（跑步），两手迅速半握拳提到腰际，约与腰带同高，拳心向内，肘部稍向里合。听到动令，上体微向前倾，两腿微弯，同时左脚利用右脚掌的蹬力越出，前脚掌先着地，身体重心前移，右脚动作相同；两臂前后自然摆动；向前摆臂时，大臂略直，肘部贴于腰际，小臂略平，稍向里合；向后摆臂时，拳贴于腰际。

　　口令：跑步——走！

　　（9）**左右转向走**。向右（左）转走：听到动令后，左（右）脚向前迈半步，脚尖向右（左）约45度，上体向右（左）转90度；左（右）脚不转动，同时右（左）脚向新的方向前进。（用两拍完成）

　　口令：向右（左）——走！

　　（10）**左右转弯走**。向右（左）转弯走：听到动令后，左脚向前迈半步，脚尖向右（左）约45度，上体向右（左）转弯；左（右）脚不转动，同时右（左）脚向新的方向前进。（用两拍完成）

　　口令：向右（左）转弯——走！

　　（11）**立定**。齐步和正步时，听到口令，左脚再向前迈大半步着地（脚尖向外约30度），两腿挺直，右脚取捷径迅速靠拢左脚，成立正姿势。跑步时，听到口令后再跑2步，然后左脚向前迈大半步（两拳收于腰际，停止摆动）着地，右脚靠拢左脚，同时将手放下，成立正姿势。

　　口令：立——定！

　　（12）**向右（左）看齐**。基准幼儿不动，其他幼儿向右（左）转头，眼睛看右（左）邻幼儿腮部，前四名能通视基准幼儿，自第五名起，以能通视到本人以右（左）第三名为度，后列幼儿先向前对正，后向右（左）对齐。

　　口令：向右（左）看——齐！

4. 各年龄阶段队列练习的内容和要求

　　各年龄阶段队列练习的内容和要求，如表3-1、3-2、3-3所示。

表3-1　小班队列练习的内容和要求

动　作	要　求
立正	立正时只要求上体能正直、头正，两臂在体侧自然下垂
稍息	能自然站立
看齐	能两臂前平举，一个跟着一个站成纵队
齐步走	能随着口令抬腿向前迈步，不要求左右脚能踩上节奏

动　作	要　求
跑步走	听到预令后，能两臂屈肘于体侧；听到动令后，能自然跑
立定	听到口令，会自然停下，成立正姿势

表 3-2　中班队列练习的内容和要求

动　作	要　求
立正	要脚跟靠拢，脚尖分开，上体正直，头要正，两臂自然下垂于体侧，眼看前方
稍息	听到口令后，两脚侧开立，两臂可自然下垂于体侧，也可两手背后相握
看齐	站纵队时，排头两臂侧平举，后排幼儿两臂前平举（掌心相对），眼看前面幼儿的颈部。幼儿看齐后，教师下达口令："两臂放——下！"
原地踏步	听到口令后，能上体正直，上下肢协调地按节奏在原地依次上下起落
齐步走	听到口令后，能上体正直，上下肢协调地按节奏走；眼看前方，两臂前后自然摆动
跑步走	听到预令后，能两臂屈肘于体侧；听到动令后，能上下肢协调地按节奏跑
立定	听到动令后，减速停下，上体成立正姿势

表 3-3　大班队列练习的内容和要求

动　作	要　求
立正	要脚跟靠拢，脚尖分开，上体正直，头要正，两臂自然下垂于体侧，眼看前方
稍息	听到口令后，左脚向左侧跨出半步，两臂可自然下垂于体侧，也可两手背后相握；身体重心落在两脚之间

动　作	要　求
看齐	站纵队时，排头两臂侧平举，后排幼儿两臂前平举（掌心相对），眼看前面幼儿的颈部。幼儿看齐后，教师下达口令："两臂放——下！"
原地踏步	听到动令后，从左脚开始，两脚在原地按节奏上下起落，上体正直，两臂前后自然摆动，眼向前看
便步走	自然走步，不要求统一步伐和节奏
齐步走	听到动令后，从左脚开始向前迈步，步伐均匀一致，上体正直，两臂前后自然摆动，有精神地走
跑步走	听到预令后，能两臂屈肘于体侧；听到动令后，左脚先迈，两脚前脚掌着地跑，同时上体稍前倾，两臂前后自然摆动
向左（右）转	身体向左（右）转90度，同时左（右）脚原地移动，右（左）脚跟上
向左（右）转弯走	排头在指定地点向左（右）转弯走，其余幼儿逐一跟随前进
立定	听到动令后，两拍停下，身体成立正姿势

注意：幼儿阶段不做跑步走中的立定，只做齐步走中的立定。

（二）幼儿园常用的队形

1. 上课集合队形

口令：成一（二、三）列横队——集合，或按教师所指定的队形集合。

要求：若干列横队站立，教师面向幼儿站在第一横排两端连线呈等腰三角形处。

建议：小班幼儿面对教师能自然站成几列横排即可；中大班站队要求整齐。

2. 做操队形

口令：前排两臂侧平举，后排两臂前平举（掌心相对）"向前看——齐"。幼儿看齐后，教师喊口令："两臂放——下"。

要求：若干路纵队站立，教师面向幼儿站在队伍的前端，这有利于全体幼儿看清教师的动作。

建议：（1）幼儿做操时站位应背阳背风，这有利于他们看清教师领操（示范）。（2）小班做操时，可以围着教师站成半圆形或散点站立。

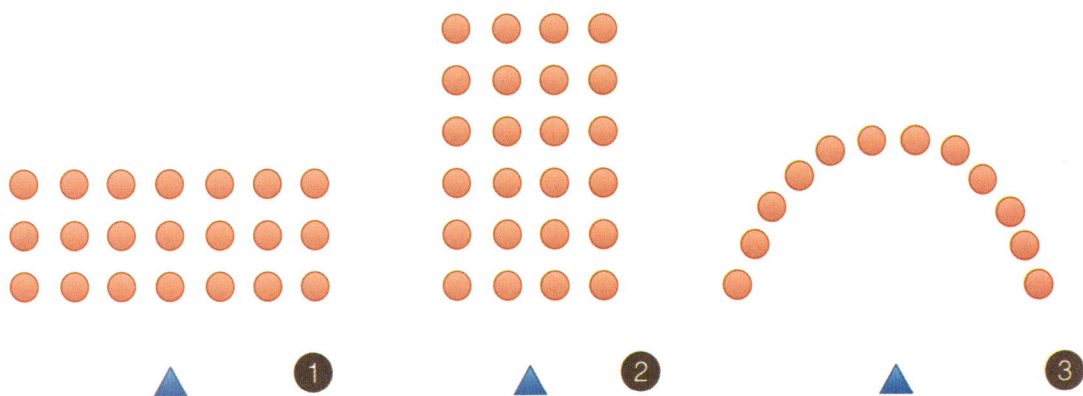

1　上课集合队形
2　纵队站立
3　半圆形站立

3. 走成圆形队

口令：成圆形队——走!

要求：由一路纵队沿着场地边缘走，或者按照场地画好的圆圈走（建议逐渐取消画线）。

建议：（1）小班由教师带领走，中大班由幼儿带队走。（2）以逆时针方向练习走成圈圈。

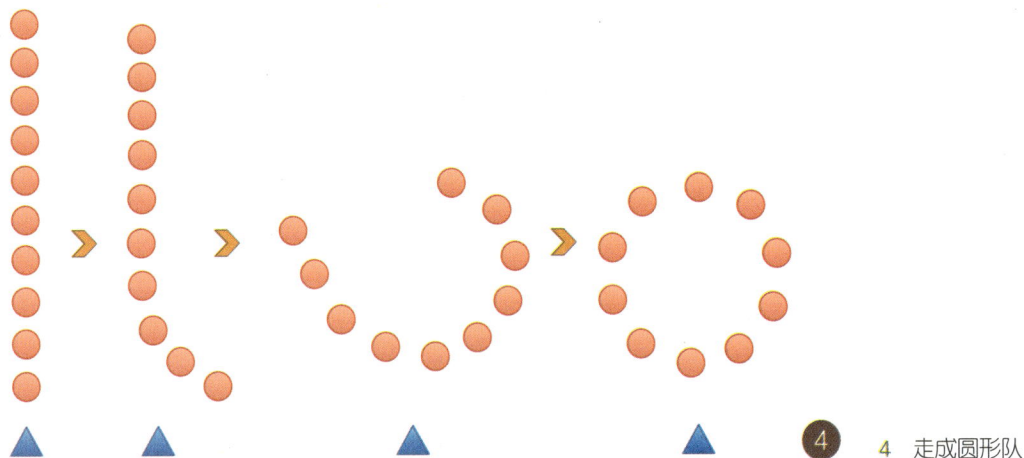

4　走成圆形队

4. 螺旋形走

口令：成螺旋形——走!

要求：幼儿听到口令后由一路纵队（或一个圆形队）成螺旋形行进。

建议：（1）走成螺旋形的关键是排头的带领，初学时一般由教师做排头，逐渐缩小圆圈；成螺旋形后还原成圆形的关键还是排头，方法是排头向后转向，往相反方向走。（2）螺旋形走适合大班幼儿。

5　螺旋形走

5. 蛇形走（S形走）

口令：成蛇形——走！

要求：地面画S形线或放置可乐瓶、雪糕筒等器具，让幼儿绕S形走。

建议：在地面画上圆形，在圆形上间隙放置器具或让一组幼儿间隙站成点，全部或其他幼儿从间隙中穿绕行进。

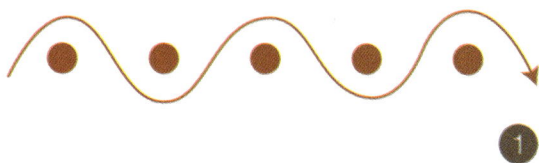

1   S形走

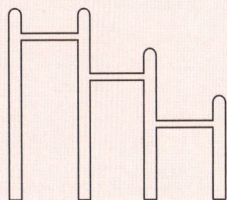

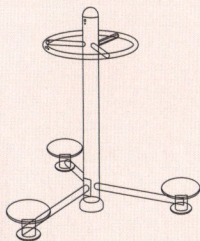

04

模块 4

幼儿园早操活动的组织

幼儿早操活动是幼儿园体育活动的一种基本的组织形式，是幼儿一日活动的重要环节，是增强幼儿体质的有效手段。幼儿早操活动是在幼儿一日生活的开始阶段进行的体育活动，因此它不能简单地被看成是幼儿在早晨做的一些基本体操，而是应该把它理解为幼儿在早晨进行的身体锻炼活动的总称。科学地编排早操并不断地对其进行创新，对处于身体迅速生长阶段的3至6岁幼儿来说，意义极为深远。

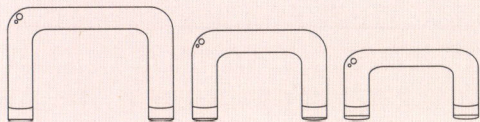

一　幼儿早操活动的概念和内容

　　幼儿早操活动是指幼儿园在早晨开展的、以基本体操为主要内容的一种锻炼活动。幼儿早操的内容包括队列队形、律动、基本体操（如：徒手操、模仿操、武术操、韵律操、轻器械操、辅助器械操）、体能游戏等。不同年龄段的幼儿，其早操活动的持续时间也不同：小班以 8 ~ 10 分钟为宜；中班以 10 ~ 12 分钟为宜；大班以 12 ~ 15 分钟为宜。

二　幼儿早操活动的结构

　　早操活动不仅能塑造幼儿正确的身姿，培养其身体方位知觉和良好的身体肌肉控制能力，更能锻炼幼儿的体能，促进幼儿身体素质的发展。考虑到早操与幼儿体能之间的关系、早操与幼儿身体发展的关系等，我们一般将幼儿早操活动分成五个环节，即热身运动、队列队形练习、基本体操、体能活动和放松活动。

1　热身运动环节

1. 热身运动环节

　　热身运动是早操活动的起始环节，目的在于集中幼儿的注意力，诱发幼儿身体各器官组织的机能由较安静状态进入活动状态。具体方法为：

　　（1）选择 2/4 拍节奏的音乐，教师带领全班幼儿随着音乐的节拍，从教室齐步走到操场。

　　（2）采用直线走、圆圈走、圆心走等方式。

　　（3）采用直线跑、圆圈跑、飞机起飞（升、降）、S 形跑、小鱼游 S 形跑等方式。

　　（4）采用走跑交替、变速走、变速跑等方式。

　　建议：早操的热身运动有别于体育课和户外体育活动，运动量不宜过大，否则会影响早操的其他四个环节。

2. 队列队形练习环节

　　幼儿早操不等同团体操，在队列队形变化上不要求复杂。早操的目的是锻炼身体，因此采用简单的队列队形变化即可。团体操用于比赛、表演，因此所采用的队列队形变化力求艺术化且具观赏性，其变化比较复杂，更具层次性。

　　（1）做操队形。做操时的队形一般是站成多路纵队，但也要根据年龄进行调整。小班第一学期可不按孩子个子的大小站队，可让孩子一个跟着一个站成纵队，也可面对老师站成半圆形。小班第二学期及中大班要求能按孩子个子的高矮整齐地站成纵队。

　　（2）队列队形变化。小班不要求有过多的队列队形变化。中大班可进行一些简单的队列

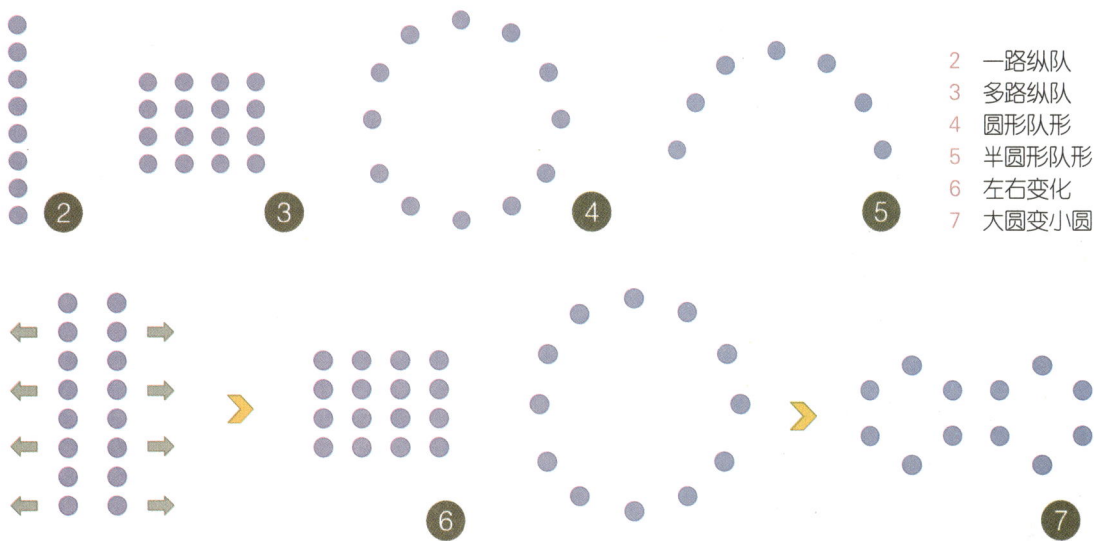

2　一路纵队
3　多路纵队
4　圆形队形
5　半圆形队形
6　左右变化
7　大圆变小圆

队形变化。例如：

① 左右变化：四路纵队变成二路纵队、二路纵队变成四路纵队。

② 上下变化：单数纵队 4 拍站立且两臂向上；双数纵队 4 拍全蹲且两臂向下。

③ 局部与整体变化：例如大班级组有 6 个班，3 个班 4 拍先全蹲，另 3 个班 4 拍先站立。

④ 一个大圆变成两个同心圆或变成几个小圆；几个小圆变成一个大圆。

（3）幼儿做早操的手形有：① 拳，如实心拳、空心拳；② 掌，如合并掌、分掌（五指用力张开）。

3. 基本体操环节

（1）基本体操的类型。

基本体操环节是幼儿早操的主要部分，它包括徒手操、轻器械操、韵律操、模仿操等。

操节编排是否科学合理，将直接影响幼儿身体锻炼的效果。

① 徒手操：是指幼儿通过身体的颈部、上肢、下肢、躯干等部位的动作配合，根据人体各部位运动的特点，按照一定的程序，有目的、有节奏地进行举、摆、绕、振、踢、屈伸、绕环、跳跃等系列单一或组合动作的身体练习。

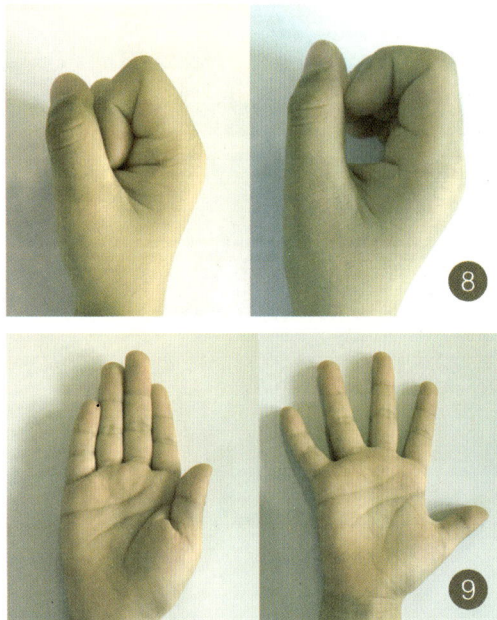

8　实心拳和空心拳
9　合并掌和分掌

1　徒手操
2　模仿操
3　轻器械操

② 模仿操：是指将日常生活中常见到的各种活动、自然界的各种现象、动物的动作与姿态或是军事训练中的动作等挑选出来，编成很形象的体操动作，以促进幼儿身体发展的操节练习，适合年龄较小的幼儿。

③ 韵律操：是将简单的舞蹈动作或律动动作与徒手体操的动作有机地组合在一起的动作练习。

④ 轻器械操：是指在幼儿徒手操的基础上，手持较轻的器械所做的各种体操动作。它有两类：一是有创意地使用日常生活中的一些物品作为运动早操的器材，可遵循废物利用与一物多用相结合的原则，如使用日常生活中常见的方盒、瓶子、拉力器、草袋等物品，这些均可用于操节的编排与练习之中；二是直接购买一些早操运动器材，如：哑铃、红旗、棍棒、球、绳子或其他运动器材。

（2）基本体操的编排原则。

① 一套操节应包含大肌肉群工作的徒手动作，如：举、摆、绕、振、踢、屈伸、绕环、跳跃等动作。

② 操节选编的合理性：动作要简单、优美、轻快、活泼并富有模仿性和表现力，突出动作的形象化和幼儿化，具有一定的锻炼价值，易于幼儿接受。

③ 操节顺序的科学性：踏步（预备）—头部—扩胸—体侧屈—体转—踢腿—腹背—全身—跳跃—整理。

④ 操节编排的全面性：整套动作应包括上肢、下肢、躯干和全身等不同方向变化的动作。

⑤ 不同年龄段的操节安排：a. 在操节长度方面，早操一般由 6 ~ 10 个运动小节组成，小班通常为 6 个运动小节，时长一般为 2 ~ 3 分钟；中班为 6 ~ 8 个运动小节，大班为 8 ~ 10 个运动小节，时长一般为 3 ~ 4 分钟。b. 在操节类别方面，小班以模仿操为主、徒手操为辅；中班以徒手操为主，模仿操、轻器械操为辅；大班以轻器械操为主，模仿操、徒手操为辅。

⑥ 操节音乐的选择：音乐是操节表现形式的灵魂，对幼儿做操运动的情绪有着直接的影响，美的旋律可以激发幼儿做操的兴趣和美感，因此音乐的选择需要被重视。一般在早操中选择活泼的、明快的音乐较为合适，音乐速度适中，强拍和弱拍对比度大，易于幼儿踩在节奏节点上。小班使用 2/8 拍，中、大班使用 4/8 拍。此外，音乐选择的方法是先有操，再选择音乐，即音乐配操，而不是操配音乐。

（3）幼儿操节的基本动作。

① 颈（头）部动作。

屈：颈椎关节的弯曲。它包括前屈（低头）、后屈（抬头）、侧屈（左、右屈）。

4　侧上举、前平举、侧下举、后下举
5　上体前屈、上体后屈、腰侧屈

转：颈的转动动作。它包括向左转头和向右转头。

绕旋：头部的旋转动作。它包括向左旋转和向右旋转。

编排注意要点：幼儿颈部的毛细血管非常丰富，肌纤维稚嫩，颈部动作的强度不易过大，节奏不易过快，一般以2拍或4拍一个动作为宜，尽量避免头部的绕旋动作。

② 上肢动作。

举：以肩为轴，臂的活动范围在180度以内的动作。它包括平举（前平举、侧平举）、上举（侧上举、前上举）、下举（侧下举、后下举），如图4所示。

振：以肩为轴，臂所做的弹性动作。它包括上后振、下后振、侧后振、平屈后振等。

屈伸：屈是指肘关节的弯曲动作；伸是由屈开始，做伸直肘关节的动作。它包括肩侧屈、胸前平屈、头后屈、背后屈。

绕和绕环：绕是指臂的活动范围在180度以上，360度以内的弧形摆动动作。绕环是臂的活动范围等于或大于360度以上的弧形动作。它包括向前、向后、向左、向右、向内、向外绕环。

③ 躯干动作。这类动作可以增强胸部、腹部、背部及腰部的肌肉力量，发展脊柱弹性，提高腰椎关节的灵活性。

屈：指腰椎关节的弯曲，使上体与下肢形成一定的夹角。它包括上体前屈、上体后屈和腰侧屈（向左或向右），如图5所示。

转：上体的体转动作。它包括向左转、向右转。

绕环：以腰椎关节为轴，上体向左或向右做的回环动作。它包括向左或向右绕环。

编排注意要点：由于幼儿身体的控制能力较弱，一般不编排躯干的绕环动作。

④ 下肢动作。这类动作可增强腿部、腹部和背部的肌肉力量，提高下肢关节的灵活性。

蹲：包括全蹲（大小腿夹角小于 90 度）、半蹲（大小腿夹角大于 90 度）。

踢腿：包括向前踢、向后踢和侧踢。

弓步：两腿开立，一腿弯曲，一腿伸直。它包括前弓步、侧弓步和后弓步，如图 1、图 2 所示。

跳跃：它包括双足跳、单足跳、开合跳（前后开合跳、左右开合跳）、变换跳、向上跳、向下跳和移动跳。

编排注意要点：由于幼儿身体的控制能力较弱，一般不编排全蹲动作，尤其是在小班年龄段。

1　前弓步
2　侧弓步
3　教师站位

（4）幼儿操节教学的组织。

① 站位。幼儿背风背阳站立，教师面对幼儿站在队伍的前端，能让每一个幼儿看清楚，如图 3 所示。

② 示范面。操节教学的示范面有四种：正面示范、镜面示范、侧面示范和背面示范。

正面示范：师生面对面，幼儿观看教师新授动作的示范。教师在做示范时要求先从左脚或左手开始。教师教授新动作时一般采用正面示范。

镜面示范：师生面对面，所做的动作、方向是一致的，要求教师先从右脚或右手开始。教师带领幼儿练习操节时常用镜面示范。

侧面示范：示范身体的前后动作时一般用侧面示范。比如：双臂做前摆和后摆的动作，或前弓步、后弓步等动作，采用侧面示范可让幼儿清晰看到完整的动作。

背面示范：在示范动作路线复杂、方向变化大的动作时，一般采用背面示范。由于教师做背面示范时，不能很好地兼顾幼儿，故在实际教学中，背面示范很少被采用。

③ 操节内容定期更换。幼儿园应每学期更换一次操节内容，一学年最好做两套操，如第

一学期是徒手操，那第二学期就安排轻器械操。

4. 体能活动环节

　　体能活动环节主要是让幼儿通过基本动作（如：走、跑、跳跃、投掷、钻、爬、滚翻、攀登、平衡等）进行游戏性的练习，从而增加幼儿的运动负荷，提高其身体素质，达到锻炼身体的效果。必须注意的是，早操中的体能环节运动量不宜过大，否则将影响幼儿的一日生活。

　　（1）时间：小班一般在 3 分钟左右，中大班一般在 5 分钟左右。

　　（2）形式：① 分班设置基本动作的练习区域，每次可投放 2 至 3 个基本动作练习的运动材料。② 分年级组，循环练习基本动作。注意合理安排循环练习基本动作的顺序，运动量动静交替。运动量较大的动作不能集中安排，如：跑、跳等动作。③ 自制器械（如：废物、环保材料、本土资源的利用），或一物多练、一物多玩。例如：

4　走轮胎

5　跳轮胎

　　a. 利用废旧轮胎进行走、跑、平衡、钻、跳等动作的练习，如图 4、图 5 所示。

　　b. 利用竹梯进行走、跑、跨越、平衡、钻、跳、爬、攀登等动作的练习。

　　c. 利用绳做绳操，再进行平衡走、助跑跨跳等动作的练习。

　　（3）音乐的选择：体能环节可以选播节奏强劲、旋律欢快的音乐作为背景，以激发幼儿运动的兴趣。

5. 放松活动环节

　　放松活动能使幼儿更好地由紧张的运动状态恢复到相对安静的状态，从而消除运动后的疲劳。

　　（1）时间：小班 2 ~ 3 分钟，中大班 3 ~ 4 分钟。

　　（2）形式：简单的律动或游戏。注意放松动作尽可能采用手臂与身体的摆动动作。

　　（3）音乐的选择：可选择节奏舒缓、旋律优美的音乐（可采用 3/4 拍或 4/4 拍）。

三 幼儿操节实例

最炫毛巾操（小班）

音乐前奏：1×8拍

双手持毛巾，如图1所示。

第一节：上肢运动（4×8拍）

第一个八拍：1～2拍，左脚向左开立，同时两臂上举毛巾。

3～4拍，两臂前平举毛巾。

5～6拍，两臂前平举向前绕环毛巾，7～8拍还原，如图2所示。

第二个八拍动作同第一个八拍，但方向相反。

第三个八拍：1～2拍，右手单独持毛巾在体侧由前至上摆动。

3～4拍，右手单独持毛巾在体侧由上至下摆动。

5～6拍同1～2拍，7～8拍同3～4拍，如图3所示。

第四个八拍：左脚向左开立，左手前平举似骑马动作，同时右手单独持毛巾在头上做绕旋动作，二拍绕一圈，如图4所示。

第二节：体侧运动（4×8拍）

第一个八拍：1～2拍，左脚向左开立，同时两臂前平举手持毛巾。

3～4拍，向左体侧一次，同时两臂前平举向左转90度（毛巾和地面垂直），如图5所示。

5～6拍还原至前平举手持毛巾，7～8拍站直。

第二个八拍同第一个八拍，但方向相反。

第三个八拍：1～2拍，两臂前平举手持毛巾。

3～4拍，两臂胸前平屈。

5～6拍，左脚向左做侧弓步，同时两臂向左伸（成体侧），如图6所示。

7～8拍，还原。

第四个八拍同第三个八拍，但方向相反。

第三节：扩胸运动（4×8拍）

第一个八拍：1～4拍，左脚开始踏步，同时两臂手持毛巾经下举至前平举。

5～8拍，继续踏步，两臂手持毛巾经头部将毛巾挂在脖子上，如图7所示。

第二个八拍：1～6拍，左脚向左转90度做扩胸运动三次，如图8所示。

7～8拍，还原。

1	音乐前奏	6	第二节（2）
2	第一节（1）	7	第三节（1）
3	第一节（2）	8	第三节（2）
4	第一节（3）	9	第三节（3）
5	第二节（1）		

第三个八拍同第二个八拍，但方向相反。

第四个八拍：1～4拍，左脚开始踏步，两手头后抓毛巾。

　　　　　　5～8拍，继续踏步，两手持毛巾由头后举至前平举，如图9所示。

第四节：体转运动（4×8拍）

第一个八拍：1～2拍，左脚向左开立，同时两臂手持毛巾经前至头后部。

　　　　　　3～4拍，两腿半蹲，同时两臂手持毛巾在头后躯干转90度，如图10所示。

　　　　　　5～6拍直立，7～8拍还原。

第二个八拍同第一个八拍，但方向相反。

第三个八拍：1～2拍，左脚向左开立，同时两臂手持毛巾成前平举。

　　　　　　3～4拍，脚不动，躯干向左转90度，同时两臂手持毛巾于胸前交叉，如图11所示。

　　　　　　5～6拍还原至前平举手持毛巾，7～8拍两手放下。

第四个八拍同第三个八拍，但方向相反。

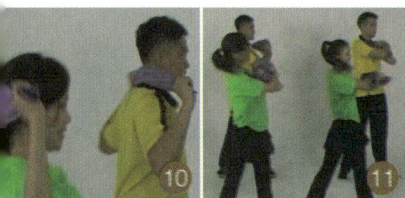

第五节：踢腿运动（4×8拍）

第一个八拍：1～2拍，踢左腿的同时，两臂手持毛巾由腿部向前擦，如图12所示。

　　　　　　3～4拍，两臂手持毛巾于腹前。

　　　　　　5～6拍，踢右腿的同时，两臂手持毛巾由腿部向前擦。

　　　　　　7～8拍同3～4拍。

第二个八拍：1～2拍，左脚向左迈，脚尖点地，同时手持毛巾两臂上举。

　　　　　　3～4拍，两臂手持毛巾上举向左做体侧屈一次，如图13所示。

　　　　　　5～8拍同1～4拍，但方向相反。

第三个八拍同第一个八拍，第四个八拍同第二个八拍。

第六节：腹背运动（4×8拍）

第一个八拍：1～2拍，左脚向左开立的同时，躯干向左转90度，两臂手持毛巾上举。

　　　　　　3～6拍，体前屈的同时，两臂手持毛巾在左脚上做来回擦脚动作，如图14所示。

　　　　　　7～8拍，还原。

第二个八拍同第一个八拍，但方向相反。

第三个八拍同第一个八拍，第四个八拍同第二个八拍。

第七节：跳跃运动（4×8拍）

第一个八拍：1～4拍，左脚开始踏步，同时两臂手持毛巾由左经上向右绕环一周。

10	第四节（1）	13	第五节（2）
11	第四节（2）	14	第六节
12	第五节（1）		

1　第七节
2　第八节
3　第一节
4　第二节（1）
5　第二节（2）
6　第三节

5～8拍，两脚并拢，向左跳三步。

第二个八拍同第一个八拍，但方向相反。

第三个八拍同第一个八拍，第四个八拍同第二个八拍，如图1所示。

第八节：整理运动（2×8拍）

第一个八拍：1～4拍，毛巾甩至身后，做搓澡的动作，如图2所示。

5～8拍，连续在背后搓澡。

第二个八拍自胸前向下至脚搓澡，再从脚至胸前搓澡，最后两拍手持毛巾于腹前。

红绸操（中班）

第一节：头部运动（4×8拍）

第一个八拍：1～4拍，左脚开始踏步，两臂手持彩带在头顶上做手腕抖动动作。

5～6拍，两臂手持彩带在胸前交叉。

7～8拍，两臂向上打开至侧上举，如图3所示。

四个八拍动作相同，只是每做一个四拍要转90度，做四个方向。

第二节：上肢运动（4×8拍）

第一个八拍：1～2拍，左脚向左点地的同时，左臂侧平举，如图4所示。

3～4拍，左脚收回的同时，左臂收回。

5～6拍，右脚向右点地的同时，右臂侧平举。

7～8拍，右脚收回的同时，右臂收回。

第二个八拍：1～4拍，左臂在体侧做上下摆动，如图5所示。

5～8拍，右臂在体侧做上下摆动。

第三个八拍同第一个八拍，但方向相反。

第四个八拍同第二个八拍，但方向相反。

第三节：体侧运动（4×8拍）

第一个八拍：1～2拍，左脚向左点地的同时，左手臂向左上侧挥臂。

3～4拍，右脚向右点地的同时，右手臂向右上侧挥臂。

5～7拍，两臂由上至下挥动红绸至双腿半蹲，如图6所示。8拍站直。

第二个八拍同第一个八拍，但方向相反。

第三个八拍同第一个八拍，第四个八拍同第二个八拍。

第四节：体转运动（4×8拍）

第一个八拍：1～2拍，左脚向左开立，两臂同时打开。

3～4拍，向左转体90度的同时，两臂胸前交叉，如图7所示。

5～6拍两臂还原至侧平举，7～8拍站直。

第二个八拍同第一个八拍，但方向相反。

第三个八拍同第一个八拍，第四个八拍同第二个八拍。

第五节：腰部运动（4×8拍）

第一个八拍：1～2拍，左脚向左开立，两臂打开成侧平举。

3～4拍，向左体侧屈的同时，左臂在左腰后，右臂在头后左侧，如图8所示。

5～6拍，两臂还原至侧平举。

7～8拍，两臂放下，站直。

第二个八拍同第一个八拍，但方向相反。

第三个八拍同第一个八拍，第四个八拍同第二个八拍。

第六节：花式甩绸（4×8拍）

第一个八拍：1～2拍，右手上举后放下。

3～4拍，左手上举后放下。

5～8拍，向左转体90度，踏步，双手上举甩绳。

第二个八拍同第一个八拍，但方向相反。

第三个八拍：1～8拍，双臂在腹前蛇形摆动，如图9所示。

第四个八拍同第三个八拍。

第七节：踢腿运动（4×8拍）

第一个八拍：1～2拍，左脚向前跨一步，右脚尖在后点地。

3～4拍，踢右腿的同时，两臂在腿上交叉，如图10所示。

5～6拍，右脚向后，两臂侧上举。7～8拍还原。

四个八拍相同，左右脚轮换。

第八节：腹背运动（4×8拍）

第一个八拍：1～2拍，左脚向前成左弓步，两臂上举。

3～4拍，成左后弓步，两臂向后摆动，如图 11所示。

7　第四节　　　10　第七节
8　第五节　　　11　第八节
9　第六节

5~6拍同1~2拍，7~8拍还原。

第二个八拍同第一个八拍，但方向相反。

第三个八拍同第一个八拍，第四个八拍同第二个八拍。

第九节：跳跃运动（4×8拍）

第一个八拍：1~4拍，双脚向左连续跳，同时两臂在体侧做蛇形摆动，如图1所示。

5~6拍，两脚跳至开立，同时双臂侧上举。

7~8拍，跳至还原。

第二个八拍同第一个八拍，但方向相反。

第三个八拍同第一个八拍，第四个八拍同第二个八拍。

第十节：整理运动（2×8拍）

第一个八拍：1~8拍，小碎步后退，同时双臂在胸前做蛇形摆动动作，如图2所示。

第二个八拍同第一个八拍动作。

1　第九节
2　第十节

足球操（大班）

（1）踏步进场（4×8拍）：随后亮相换位。

（2）持球热身（4×8拍）。

（3）踩球移动（4×8拍）。

（4）跳跃踩球（4×8拍）。

（5）前后移动（4×8拍）。

（6）脚内侧踢球（4×8拍）：双人合作。

（7）脚背踢球（4×8拍）：双人合作。

（8）跳跃踩球（4×8拍）。

（9）推球拨球（4×8拍）。

（10）正面绕球（2×8拍）。

（11）高低变化（2×8拍）。

（12）后退射门（2×8拍）。

3　持球热身　　7　脚背踢球
4　踩球移动　　8　推球拨球
5　跳跃踩球　　9　后退射门
6　脚内侧踢球

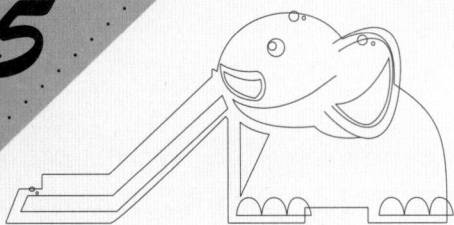

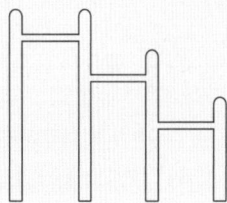

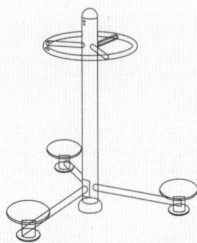

05

模块 5

幼儿园体育课的设计与组织

体育课是幼儿园体育教学的一种组织形式，也称集体体育教学活动，是促进幼儿在体、智、德各方面发展的重要途径之一。在幼儿体育教学中，教师的正确指导尤为重要，这包括教学目标的设计、动作技能的简练讲解和正确示范、课堂教学的有效组织等。目前，由于大部分的幼儿教师非专业的体育教师，他们缺乏基本的体育理论知识，且基本运动技能薄弱，使得这些教师所组织的幼儿体育教学活动随意性很大，有的课堂甚至呈放羊状态，严重影响了幼儿身体的全面发展。因此，教师在设计幼儿园体育课时，必须遵循幼儿的身心发展规律，科学、合理地设计教学目标，并结合游戏手段，有效锻炼幼儿的身体，促进其运动能力的发展，增强幼儿的体质。

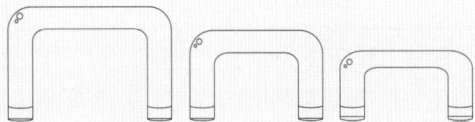

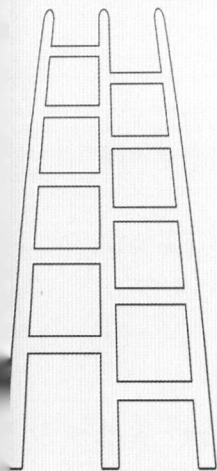

（一）幼儿园体育课的概念

幼儿园体育课是指在教师的组织下，有目的、有计划进行的教育教学活动，它以幼儿身体动作的练习为主要内容，且注重幼儿身体的全面锻炼与发展。通过幼儿园体育课，可以提高幼儿的身体素质，发展幼儿的基本活动能力，增强幼儿的体质，同时促进幼儿身体、智力以及社会性等方面的协调发展。

此外，幼儿体育教学必须体现游戏性，活动的设计应遵循人体生理机能活动变化的规律和幼儿不同年龄阶段动作技能形成的规律，注重在运动中加强幼儿的常规教育。

（二）幼儿园体育课的组织与实施

组织一节幼儿体育课，需要经过备课、上课和课后评价三个环节。

1. 备课

备课是上好一节体育课的关键，它包括备幼儿、备教材、备场地和器材。备课是教师对幼儿的学习程度、教材内容的适宜性和场地器材安全利用情况的深入了解，因此，唯有做好课前的准备工作，才能做到有的放矢，保证课堂教学科学、有序地开展。

（1）备幼儿。

在课前，教师需要了解本班幼儿目前的身体状况、对之前学习内容的掌握程度以及班上幼儿的个体差异情况，为新授体育课的教学目标制定、教学内容安排作参考。

（2）备教材。

教师应按照幼儿体育教学大纲选择合适的自编教材，教材的内容要遵循幼儿身体全面发展的原则。每节课的内容选择要兼顾与前节课的关系，一定要注意教学内容的系统性。

（3）备场地和器材。

① 备场地：就是要求教师认真检查园内的场地，看是否存在安全隐患（如：场内是否有尖锐的物体、碎屑等），是否适合本节课的教学内容。此外，教师需要在课前根据教学要求画好场地（如：起点线、终点线、圆圈等）。

② 备器材：检查器材是否老化、是否需要清洁、螺帽是否松动等。此外，教师还需要按照上课人数配备相应数量的器材。

2. 上课

（1）体育课中的讲解与示范。

① 在幼儿体育教学中，教师的示范应多于讲解，因为幼儿的思维具有具体、形象、直观等特点，他们对专业讲解语言的理解能力比较弱，但模仿性强，所以教师的动作示范一定要准确。

② 教师的讲解要精练、突出重点，用幼儿能听懂的语言解说。比如，前滚翻的教学重点是在滚翻前学会低头，教师可让幼儿在滚翻时看自己的肚脐眼，这样幼儿就能较快地掌握动作要领。

③ 在体育课中教授新的内容时，教师要先示范、讲解一到三次，再安排幼儿练习，并对幼儿的动作进行观察、指导和纠正。如果是复习旧的内容，教师可减少讲解，有针对性地对幼

儿普遍存在的问题做重点讲解并示范。

（2）体育课中运动量和密度的安排。

体育课运动量的大小将直接影响幼儿的身体发展。如果运动量过小，对幼儿的身体机能起不到刺激作用，这就达不到强身健体的效果；反之，运动量过大，则超出了幼儿的生理和心理负荷，这会损害幼儿的身心健康。可见，合理安排体育课的运动量，对增强幼儿的体质和提高教学质量有着重要作用。运动量和密度的概念、运动量的判断方法等内容在"模块 1"中已阐述，这里不再赘述。运动量和密度的安排要注意以下几点：

① 体育课运动量的安排应根据人体生理机能活动的变化规律，由小到大，再由大到小，循序渐进。

② 教师要根据教学任务、教学内容和幼儿的具体情况等因素来安排课的密度和运动量。如组织运动强度大的活动，则应当相应减小运动密度；反之，如组织运动强度较小的活动，则可以相应增加运动密度。例如，某节课的教学目标是发展幼儿的跑跳能力，运动强度比较大，这就需要用平衡练习或投掷游戏来降低运动的强度，动静交替。此外，因幼儿年龄小，体育课中应适当降低强度，提高密度。

③ 教师应灵活调节课的运动量，调节的方法有：改变练习的内容（多或少）、练习的次数（增加或减少）、练习的时间（延长或缩短）、练习之间的间隔时间（延长或缩短）。例如，教师可根据当地的气温，灵活掌握课中的运动量。

（3）体育课中课堂常规的建立。

① 幼儿能有秩序地排队，课前师幼问好。

② 幼儿在课中能遵守游戏规则，有秩序地进行体育活动。

③ 在体育活动中，幼儿能在指定的地方拿放体育器材。

④ 教师在每次上课前，要检查幼儿的服装、鞋、口袋里是否有尖锐物体，女孩头上是否有发夹。

⑤ 教师可在课中适时表扬、鼓励幼儿，且须注重幼儿的个体差异。

⑥ 上课时，教师要精神饱满、情绪高涨。

3. 课后评价

每次教学活动后，教师要及时反思、总结教学经验和不足，以提高以后的教学水平。幼儿园体育教学的课后评价可参考表 5–1。

表 5–1　幼儿园体育课评价表

班　　级		幼儿人数		教　　师			
活动名称				活动类型			
指　　标	评价标准			评价结果			
				优	好	良	差
教学目标	1. 符合幼儿身心发展规律和幼儿的实际需要，且明确、具体、安全、可操作性强。			5	3.5	2	1

续表

指　标	评价标准	评价结果			
		优	好	良	差
	2. 关注孩子的身心能力差异，注重及时引导他们从原有水平向更高水平发展。 3. 给予孩子们丰富的趣味游戏体验，满足不同年龄段孩子的身心需要				
教学准备及内容	4. 材料准备充分，场地设置安全合理，适合幼儿，适合教学。 5. 精心组织，容量恰当，坡度合理。 6. 把握内在联系，突出重点，抓准关键点和难点	6	4.5	3	1.5
教学方式	7. 策略和方法选择适当，创设情境，激发兴趣，环节合理、紧凑。 8. 自主学习、合理学习、探究学习运用恰当，效果好	6	4.5	3	1.5
教学手段	9. 教学手段符合实际，且适时、适量、适度、有效	4	3	2	1
教学管理	10. 教学气氛和谐，幼儿主动参与，情绪饱满。 11. 交往积极，调控有效	4	3	2	1
综合得分	等级	A（25～22）	B（21.5～16）	C（15.5～11）	D（10.5分以下）

教学特色与创新：

简要记录对个别幼儿的观察或访谈：

简要记录任课教师的自评：

简要记录任课教师在教学中的不足：

评语（肯定和意见）：

(三) 幼儿园体育课的结构

体育课的结构是指一节课的各个组成部分，以及各部分的内容和组织工作的安排顺序、时间分配等。小班每节课的时间为 10 ~ 15 分钟，中班每节课的时间为 20 ~ 25 分钟，大班每节课的时间为 25 ~ 30 分钟。另外，根据人体生理机能活动变化的规律，体育课可相应地分为开始部分、准备部分、基本部分和结束部分。开始和准备部分一般占总活动时间的 10% ~ 20%，基本部分占总活动时间的 70% ~ 80%，结束部分占总活动时间的 10% 左右。体育课的四个部分是相互联系的，是一个统一的教学整体，但它们之间又有区别。

1. 开始部分

教师用较短的时间组织幼儿排队，练习基本队列（如：立正、稍息、左右看齐、左右转、原地踏步走、立定等），以迅速地集中幼儿的注意力。教师简单交待课的内容和要求，使幼儿每个器官迅速、有准备地进入运动状态，集中注意力，做好上课准备。

建议：小班在开始部分的队列练习可简化，排队可围绕教师站成半圆形。

开始部分的时间为：2 分钟左右。

2. 准备部分

准备部分可做一些运动量不大的活动，使幼儿每个器官迅速、有准备地进入运动状态。根据教学的目标和任务，准备部分可设计为一般性准备活动和专门性准备活动。

1　开始部分
2　准备部分
3　基本部分

（1）一般性准备活动：可进行徒手操、模仿操、轻器械操（如：绳操、棍操、花操、圈操、旗操等）、变速走跑、游戏性走跑练习等。

（2）专门性准备活动：主要是针对基本部分中的内容做些准备活动，比如，基本部分要学习跑跳动作，那么在专门性准备活动中可增加一些下肢关节（如：膝关节、踝关节、脚趾关节等）的练习动作。

准备部分的时间为：3 ~ 5 分钟。

3. 基本部分

基本部分是体育课的核心部分，教师通过教授新教材或复习旧教材来完成教学任务和教学目标。在教学组织中，建议采用游戏教育手段，避免小学化和成人化的教学形式，这是完成教学任务的关键因素。

（1）幼儿体育课中常用的游戏形式。

① 各种模仿性的动作。a.模仿动物动作，如：小兔跳、大象走、小马跑、猴子爬、小鸟飞、小熊过河等；b.模仿生活中的所见所闻，如：雪人化了、火车开动、刮大风等；c.模仿军事动作，如：炸碉堡、穿越封锁线、爬越障碍等。

② 一物多玩。a.利用一些日常用品，如：椅子、桌子等作为活动器材；b.利用生活中的废旧物品，如：旧报纸、可乐瓶、饼干盒、易拉罐、边角布料、自来水管等作为游戏活动的材料。利用这些自制头饰、玩具或新颖、变化的器材等物可激发幼儿参与活动的积极性。

③ 竞赛性游戏，这类游戏适合中大班。

（2）基本部分教学安排的注意事项。

① 新的教学内容尽量安排在课的前半部分，那些会使幼儿高度兴奋的教学内容可安排在课的后半部分。

② 运动量的安排应逐渐加大，练习与休息合理交替进行。

③ 教师在课中应有效、合理地运用时间，避免出现教师讲解冗长、幼儿练习中等待时间过长等情况，因此，教师需要注意组织的各练习环节之间的紧凑性，不要临时布置场地和摆放器材。

基本部分的时间为：小班约 10 分钟，中班约 17 分钟，大班约 20 分钟。

4. 结束部分

1　结束部分

结束部分主要是为了放松幼儿的肌肉，尽快帮助他们消除疲劳，使幼儿的身体由运动状态逐渐恢复到相对安静的状态，有组织地结束一节课。结束部分可以安排的内容有：

（1）可以安排轻松自然的走步、整理动作，或做较安静的游戏、简单的律动动作。

（2）教师可进行简单的点评小结，指出本节课中幼儿存在的主要问题，但在整个点评过程中，以鼓励、表扬幼儿为主，从而激发其参加体育活动的兴趣。

结束部分的时间为：3 ~ 5 分钟。

（四）幼儿园体育课的教学计划及教案

1. 小班第一学期

表 5-2　小班第一学期体育课教学计划

学期总目标：1. 培养幼儿对体育锻炼的兴趣。
2. 学习基本的口令常规。
3. 学习手脚爬和正面钻的基本动作。
4. 学习立定跳的动作要领和单脚站立。
5. 学习正面投掷、听哨声跑并进行反应敏捷的练习。
6. 学习拍球并进行综合复习

月份	周次	课程名称	教学目的	使用器材
九月	1	a. 大灰狼捉小白兔	1. 培养幼儿对体育锻炼的兴趣。 2. 学习听指令找位置	徒手（场地要有圆点标记）
	2	b. 开火车	1. 培养幼儿对体育锻炼的兴趣。 2. 学习一个跟着一个走	徒手（场地要有圆点标记）
	3	c. 小动物比赛	1. 培养幼儿对体育锻炼的兴趣。 2. 学习一个跟着一个按指定路线进行游戏	长绳
	4	d. 老鹰捉小鸡	1. 培养幼儿对体育锻炼的兴趣。 2. 学习基本的分组游戏方法（不要求排队）	呼啦圈若干（人手一个或者两人一个）
十月	5	e. 蚂蚁过草地	1. 培养幼儿对体育锻炼的兴趣。 2. 学习手脚爬的动作并进行练习	海绵垫、小物件（如：苹果模型）
	6	f. 钻山洞	1. 培养幼儿对体育锻炼的兴趣。 2. 学习正面钻的动作要领并进行练习	拱门、小物件（如：面包模型等）
	7	g. 蚂蚁找食物	1. 培养幼儿对体育锻炼的兴趣。 2. 复习手脚爬的动作并加强幼儿的手臂力量	标志物、小物件（食物模型）
	8	h. 蚂蚁大冒险	1. 培养幼儿对体育锻炼的兴趣。 2. 综合复习，加强手脚爬的能力	海绵垫、拱门、桌子
十一月	9	i. 小青蛙过河	1. 培养幼儿对体育锻炼的兴趣。 2. 学习立定跳并初步测试立定跳的能力	大地垫（60厘米×60厘米）、小地垫（30厘米×30厘米）

续表

月份	周次	课程名称	教学目的	使用器材
十二月	10	j. 愤怒的小鸟	1. 培养幼儿对体育锻炼的兴趣。 2. 学习从高处往下跳的动作要领。 3. 锻炼幼儿不怕困难的意志品质	小地垫一块（30厘米×30厘米）、凳子两把、桌子两张、海绵垫两张
	11	k. 大灰狼咬小白兔	1. 培养幼儿对体育锻炼的兴趣。 2. 学习单脚站立的动作并进行基础练习	小地垫（若干）
	12	l. 小青蛙过桥	1. 培养幼儿对体育锻炼的兴趣。 2. 复习立定跳并进行平衡性的练习	小地垫4块、平衡木4张
	13	m. 勇敢的小羊	1. 培养幼儿对体育锻炼的兴趣。 2. 学习听哨声出发和直线快速跑	标志物（每组1个）
	14	n. 炸大灰狼	1. 培养幼儿对体育锻炼的兴趣。 2. 学习正面投掷的基本动作并复习听哨声出发	小布球或报纸球、标志物
	15	o. 大西瓜别跑	1. 培养幼儿对体育锻炼的兴趣。 2. 学习以指定目标为方向快速跑	球类
	16	p. 齐天大圣	1. 培养幼儿对体育锻炼的兴趣。 2. 复习并加强投掷挥臂的动作练习	海绵棒、凳子
一月	17	q. 种西瓜	1. 通过游戏锻炼幼儿的反应能力。 2. 培养幼儿对球类运动的兴趣。 3. 初步学习单手拍球的基本动作并进行练习	篮球若干（按幼儿人数）
	18	r. 抢西瓜	1. 通过游戏锻炼幼儿的反应能力。 2. 培养幼儿对球类运动的兴趣。 3. 加强幼儿单手拍球的能力	篮球若干（按幼儿人数）
	19	s. 好玩的凳子	1. 培养幼儿对体育锻炼的兴趣。 2. 加强幼儿的下肢力量及反应能力	凳子若干（按幼儿人数）
	20	t. 大闯关	1. 综合复习跑、滚、投、钻等动作，提升身体的协调能力。 2. 培养幼儿对体育锻炼的兴趣	海绵垫4张、沙包若干、桌子4张、平衡木4张、小地垫若干（30厘米×30厘米）

a. 大灰狼捉小白兔

大 单 元	兴趣培养	周 单 元	大灰狼捉小白兔
使用器材	徒手（场地要有圆点标记）		
教学目的	（1）培养幼儿对体育锻炼的兴趣。 （2）学习听指令找位置		

活动过程

一、准备和热身部分
（1）集合整队，师幼问好。（2）课前准备：口令带动。（3）律动热身。

二、基本部分
1. 快乐的小兔子

玩法：音乐响起时，小朋友变成小兔子在原地（圆点标记处）不停地跳。

2. 大灰狼来了

玩法：在跳的过程中，听到"大灰狼来了"，小兔子就要迅速跳到兔妈妈（老师）后面排成一路纵队；大灰狼走了就要回原地。

3. 兔妈妈外出

玩法：大灰狼走了之后，兔妈妈出去帮小兔子找食物了。就在这时，大灰狼又来了，这下不好了。这次大灰狼来的时候小兔子就要跳到家里（老师指定的地方，如：墙壁边、呼啦圈里等）。大灰狼走之后，小兔子就要跳回圆点标记处。（大灰狼没抓到小白兔，小兔胜利）

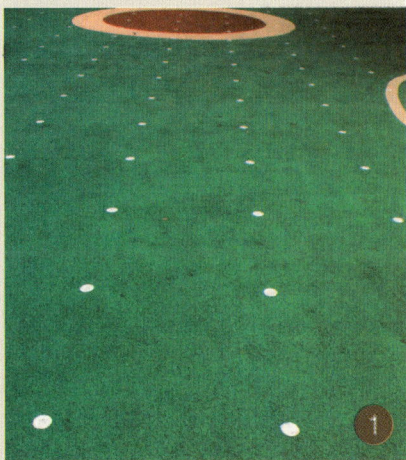

1 地上的圆点标记

三、结束部分
（1）放松游戏"吹跑大灰狼"。老师扮演大灰狼，小朋友大口吸气，对着大灰狼方向用力吹气，看能不能把大灰狼吹跑（重复玩3~4次）。（2）结束语，和小朋友再见

b. 开火车

大 单 元	常规练习	周 单 元	开火车
使用器材	徒手（场地上要有圆点标记）		
教学目的	（1）培养幼儿对体育锻炼的兴趣。 （2）学习一个跟着一个走		

活动过程

一、准备和热身部分

（1）集合整队，师幼问好。（2）课前准备：口令带动。（3）律动热身。

二、基本部分

1. 快乐的小猪

玩法：让小朋友模仿小猪，在原地跟着老师动起来。

2. 大老虎来了

玩法：在原地玩的过程中，听到"大老虎来了"，小猪就要迅速"上火车"（在老师前面排成一路纵队）；大老虎走了就要回点点上。

3. 开火车

玩法：不好了，大老虎发现小猪上了火车，它要追过来啦！这时候小猪要一个跟着一个开着火车走，不要被大老虎追上。

4. 躲避大老虎

玩法：老师带领着小猪开着小火车躲开大老虎（另一名老师扮演）的拦截。（大老虎没有追到小猪，小猪胜利）

1　开火车

三、结束部分

（1）放松游戏"小猪吹泡泡"。小朋友手拉手围成一个圈，老师说"吹泡泡"时，小朋友手和手拉直，泡泡变大了；老师说"吐泡泡"时，小朋友手臂放下，泡泡变小了。

（2）结束语，和小朋友再见

c. 小动物比赛

大 单 元	兴趣培养	周 单 元	小动物比赛
使用器材	长绳		
教学目的	（1）培养幼儿对体育锻炼的兴趣。 （2）学习一个跟着一个按指定路线进行游戏		

活动过程

一、准备和热身部分

（1）集合整队，师幼问好。（2）课前准备：口令带动。（3）律动热身。

二、基本部分

1. 快乐的小飞机

玩法：将绳子纵向平铺于场地上。音乐响起时，小朋友张开双手一个跟着一个，脚跨过绳子，让自己的两脚分别处在绳子的两边向前跑，在绳子尽头回到队伍的后面排队。

2. 小白兔比赛

玩法：将绳子纵向平铺于场地上。小朋友变成小白兔，跨过绳子，两脚打开，顺着绳子一个跟着一个跳过去，在绳子尽头回到队伍的后面排队。

3. 小蚂蚁比赛

玩法：将两根绳子纵向平铺于场地上，两根绳子中间间隔60厘米左右。小朋友发现小蚂蚁正在比赛，自己也想参加呢！小蚂蚁两手分别放在两根绳子上，手脚着地，一个跟着一个爬过去，在绳子尽头回到队伍的后面排队。

4. 小马比赛

玩法：将绳子纵向平铺于场地上。小朋友两脚打开一个跟着一个向前走，走到绳子的另一头，排成一排站好，前平举向前拉开一定距离。小朋友弯腰拿起两脚之间的

2 小白兔比赛
3 大象拔河

绳子（骑在绳子上），当听到"骑马比赛开始"的口令，就一起向前跳起来。

5. 大象拔河

玩法：把绳子两头接起来，接成一个圆圈。小朋友在圈外拿起绳子，双脚一前一后打开并用力往后拉绳子。绳子被拉成一个大大的圆。

三、结束部分

（1）放松游戏"机器人放电"。小朋友原地站立，双手举高，老师说"手放电，吱"，小朋友手臂放下；老师说"头放电，吱"，小朋友就把头低下；老师说"全身放电"，小朋友就坐在地上（可重复玩2~3遍）。（2）结束语，和小朋友再见

d. 老鹰捉小鸡

大 单 元	兴趣培养	周 单 元	老鹰捉小鸡
使用器材	呼啦圈若干（人手一个或者两人一个）		
教学目的	（1）培养幼儿对体育锻炼的兴趣。 （2）学习基本的分组游戏方法（不要求排队）		

活动过程

一、准备和热身部分

（1）集合整队，师幼问好。（2）课前准备：口令带动。（3）律动热身。

二、基本部分

1. 变成小鸡

玩法：所有的小朋友变成小鸡并蹲下来。老师说"小鸡"，所有的小鸡在自己的点点上跳起来说"叽叽叽"。

2. 老鹰出现

玩法：不好了，刚才我们小鸡在外面捉虫子的时候被一只大老鹰发现了，等下听到"大老鹰来啦"，我们所有的小鸡就要在自己的点点上跳起来，不然就会被大老鹰吃掉。

3. 小鸡回家

玩法：按班上小朋友的人数，将呼啦圈摆成一个大圈。小鸡没有被大老鹰抓到，大老鹰很生气，它说今天一定要抓到一只小鸡，我们小鸡不能被它抓到啊！但大老鹰太厉害了，小鸡跑不赢它，所以我们小鸡要跑回家里躲起来。等下听到"大老鹰来了"，所有的小鸡就要跑到家里面（呼啦圈里）藏起来。（每个呼啦圈站一个或者两个小朋友）

4. 老鹰抓小鸡

玩法：老鹰没抓到我们小鸡，它很生气，它说要去小鸡的家里面抓我们。等下老鹰说要抓哪个鸡窝里面的小鸡，这个鸡窝里面的小鸡就要在大圈圈外面（所有的呼啦圈围成的大圈外）跑一圈，然后再回到自己的家里面。

5. 老鹰离去

大老鹰抓了一天，一只小鸡也没抓到，饿晕了！小鸡胜利啦！

三、结束部分

（1）放松游戏"小猪吹泡泡"。小朋友手拉手围成一个圈，老师说"吹泡泡"时，小朋友手和手拉直，泡泡变大了；老师说"吐泡泡"时，小朋友手臂放下，泡泡变小了。（2）结束语，和小朋友再见

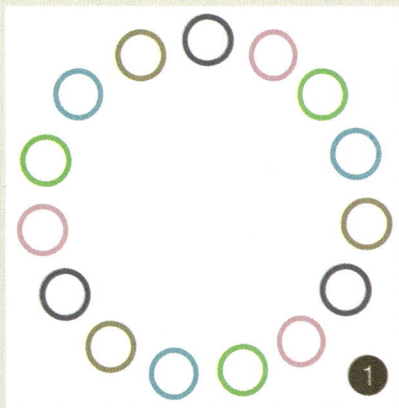

1　呼啦圈围成大圈

e. 蚂蚁过草地

大 单 元	手脚爬	周 单 元	蚂蚁过草地
使用器材	海绵垫、小物件（如：苹果模型）		
教学目的	（1）培养幼儿对体育锻炼的兴趣。 （2）学习手脚爬的动作并进行练习		
活动过程			

一、准备和热身部分

（1）集合整队，师幼问好。（2）口令带动，气氛营造。（3）律动热身。

二、基本部分

1. 大象踩蚂蚁

玩法：不好了！老师听到大象说要把我们的小朋友踩扁。小朋友们，当你们听到"大象来了"，就要手撑地板，将屁股翘起来变成小蚂蚁躲起来，一定要在自己的点点上，眼睛要看着前面，看看大象走了没。（不放音乐玩一遍并纠正小朋友的动作，然后再放音乐即兴带动一起玩）

2. 小蚂蚁过草地

玩法：表扬我们获胜的小蚂蚁。接着，老师要带着小蚂蚁去草地上玩，听到老师说"出发

咯"，所有的小朋友要慢慢地走到老师面前排成一列小火车（排好队，要站好，不能乱动、聊天）。在队伍前面放置海绵垫并将其拼接成一条"草地"，小朋友先手膝着地爬过去，再回到队伍后面排队，每个小朋友玩2～3遍。（先看老师做一遍，再请一个小朋友来示范）

3. 小蚂蚁运苹果

玩法： 哇！老师在草地前面发现了好多的苹果，这次我们小蚂蚁要用手脚着地且膝盖不碰地的方式爬过去，拿一个苹果后再回到家里。（先看老师做一遍，再请一个小朋友示范）

三、结束部分

（1）放松游戏"机器人放电"。小朋友原地站立，双手举高，老师说"手放电，吱"，小朋友手臂放下；老师说"头放电，吱"，小朋友就把头低下；老师说"全身放电"，小朋友就坐在地上（可重复玩2~3遍）。（2）结束语，和小朋友再见

f. 钻山洞

大 单 元	正面钻	周 单 元	钻山洞
使用器材	拱门、小物件（如：面包模型等）		
教学目的	（1）培养幼儿对体育锻炼的兴趣。 （2）学习正面钻的动作要领并进行练习		

活动过程

一、准备和热身部分

（1）集合整队，师幼问好。（2）口令带动，气氛营造。（3）律动热身。

二、基本部分

引导语：今天老师要把所有的小朋友都变成小鱼，小鱼最怕大鲨鱼了，当听到"大鲨鱼来了"，所有的小鱼要把自己两手的手掌合在一起并放在胸前，然后低头弯腰在自己的位置上不停地游起来（练习正面钻的动作，即含胸低头弯腰）。第一遍纠正动作（不放音乐），再即兴带动玩几遍（放音乐《啦啦队》）。

1. 小鱼出去玩

玩法： 带所有的小鱼出去游玩，小鱼在老师的指定区域随意游动。当听到"大鲨鱼来了"，所有的小鱼直起身来慢慢地走到老师面前排成一路纵队（玩2～3遍）。

2. 小鱼钻山洞

玩法：（在队伍前方两米处放置一个拱门）老师在前面发现了一个山洞，我要带着所有的小鱼来钻山洞。小鱼钻的时候不能碰到山洞哦，要不然山洞会塌下来压到我们的（低头含

胸弯腰钻过去），回来后要到队伍后面排队（重复玩两遍）。老师把小物件（如：面包模型等）放在最后一个拱门后面。小鱼们，我发现山洞后面有面包，等下小鱼钻过山洞后，要拿一个面包回来并放在队伍前面。

三、结束部分

（1）放松游戏"小鱼吐泡泡"。小朋友听到老师说"快快吐泡泡"，就迅速向外吹气；当听到老师说"慢慢吐泡泡"，就慢慢地吹气。（2）结束语，和小朋友再见

g. 蚂蚁找食物

大 单 元	手脚爬	周 单 元	蚂蚁找食物
使用器材	标志物、小物件（食物模型）		
教学目的	（1）培养幼儿对体育锻炼的兴趣。 （2）复习手脚爬的动作并加强幼儿的手臂力量		
活动过程			

一、准备和热身部分

（1）集合整队，师幼问好。（2）口令带动，气氛营造。（3）律动热身。

二、基本部分

1. 变成小蚂蚁

玩法：所有的小朋友都变成小蚂蚁，当听到"大老虎来了"，所有的小朋友要手撑地、膝盖不着地并将头抬起来变成小蚂蚁的样子。（重复玩几遍）

2. 小蚂蚁找食物

玩法：小蚂蚁肚子饿了，老师要带着小蚂蚁出去找食物。当听到老师说"找食物咯"，所有的小蚂蚁跟着老师爬出去（手脚着地爬）找食物。当听到"大老虎来了"，小蚂蚁就要爬到标志物那里，然后站起来排成一列小火车躲起来。（重复玩几遍）

3. 运回食物

玩法：把小物件（食物模型）放在队伍前面一段距离处。小蚂蚁发现了食物，我们要爬到那里站起来并拿一个食物，然后把食物放到队伍前面再回到后面排队。

三、结束部分

（1）放松游戏"小蚂蚁回家"。小朋友一个跟着一个慢慢向前走（前脚掌走、蹲下走、脚跟走等方式交替），从而使身体放松下来。（2）结束语，和小朋友再见

h. 蚂蚁大冒险

大 单 元	手脚爬	周 单 元	蚂蚁大冒险
使用器材	海绵垫、拱门、桌子		
教学目的	（1）培养幼儿对体育锻炼的兴趣。 （2）综合复习，加强手脚爬的能力		

活动过程

一、准备和热身部分

（1）集合整队，师幼问好。（2）口令带动，气氛营造。（3）律动热身"大狮子来了"。小朋友在原地慢跑，听到老师说"大狮子来了"，就站在原地不动，且不可发出声音。

二、基本部分

1. 藏起来

玩法：当听到大狮子说"咬鼻子"，就要用手把鼻子藏起来，说"咬耳朵"，就要把耳朵藏起来，此外还可以咬肚子、咬屁股、咬小脚、咬头发等。

2. 一起去森林

玩法：老师把所有的小朋友变成了小蚂蚁。小蚂蚁们，老师要带你们去森林冒险，森林在很远的地方，我们要开火车过去，大狮子在路上说要抓我们。当听到"大狮子来了"，所有的小蚂蚁就要到老师面前排成一列小火车。当听到"大狮子走了"，就跟着另一个老师，一个跟着一个慢慢地开火车去森林。（重复玩两遍，最后一遍以小朋友排成一路纵队结束）

3. 穿过森林

玩法：现在小蚂蚁来到了森林里，森林里的大狮子在睡觉，小蚂蚁去冒险的时候要小心，不要发出声音把大狮子给吵醒了。小蚂蚁要先手脚着地爬过海绵垫，再站起来低头含胸弯腰钻过拱门和桌子，按老师指定的方向回到队伍后面排队。队伍前面器材的摆放顺序为：先海绵垫，再拱门，再桌子。

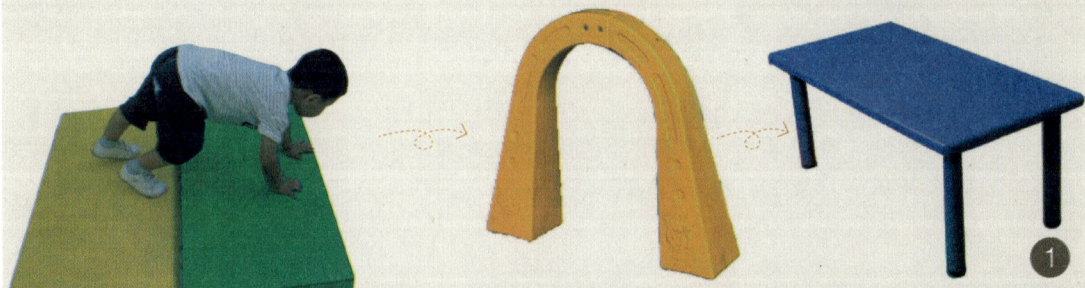

1　穿过森林

三、结束部分

（1）放松游戏"老狼几点钟"。小朋友跟在老师后面慢慢走，并问老师"老狼老狼几点钟"，老师随意报个数字，一旦报到"6"，小朋友迅速散开。（2）结束语，和小朋友再见

i. 小青蛙过河

大 单 元	跳	周 单 元	小青蛙过河
使用器材	大地垫（60 厘米 ×60 厘米）、小地垫（30 厘米 ×30 厘米）		
教学目的	（1）培养幼儿对体育锻炼的兴趣。 （2）学习立定跳并初步测试立定跳的能力		

活动过程

一、准备和热身部分

（1）集合整队，师幼问好。（2）口令带动，气氛营造。（3）热身游戏"小青蛙跳"。小朋友在原地双脚向上跳，听到老师说"大鳄鱼来了"，小青蛙就蹲在地上不动。

二、基本部分

1. 小青蛙学本领

玩法： 把所有的小朋友变成小青蛙，老师说"小青蛙"，小朋友跳起来说"呱"。老师说"小"的时候，小朋友的手就往前摆；说"青"的时候，手就往后摆；说"蛙"的时候就往上跳。先进行分解动作练习，然后再连续地在原地做几遍。分两组：第一组跟着一个老师变成小青蛙跳出去玩，第二组往相反方向跳出去玩。

2. 小青蛙过河（一）

玩法： 刚刚小青蛙都学好了本领，那现在小青蛙要过河了，队伍前面放一块小地垫（一条河），小青蛙要立定跳过小地垫（测试标准距离）。要求跳的时候脚不能踩到小地垫，要跳过小地垫。

3. 小青蛙过河（二）

玩法： 刚刚河水涨了，河变宽了，换一个大的地垫让小朋友跳过去（增加跳的距离），同样要求双脚微微打开跳过地垫，不能踩到地垫。

三、结束部分

（1）放松游戏。（2）结束语，和小朋友再见

j. 愤怒的小鸟

大 单 元	立定跳、从高处往下跳	周 单 元	愤怒的小鸟
使用器材	小地垫一块（30 厘米 ×30 厘米）、凳子两把、桌子两张、海绵垫两张		
教学目的	（1）培养幼儿对体育锻炼的兴趣。 （2）学习从高处往下跳的动作要领。 （3）锻炼幼儿不怕困难的意志品质		

活动过程

一、准备和热身部分

（1）集合整队，师幼问好。（2）口令带动，气氛营造。（3）律动热身"大家一起来"。播放音乐《大家一起来》，老师带领小朋友跟着音乐节奏模仿小鸟原地跳、原地旋转、原地蹲下、原地走等动作，达到热身的效果。

二、基本部分

1. 小鸟学飞

玩法：所有的小朋友变成小鸟，老师说"小鸟"，小朋友就要在原地跳起来说"叽叽"，要求落地的时候双脚要弯曲（缓冲跳下来的力）。

2. 小鸟踩小猪

玩法：小鸟学会飞了，接下来要去踩小猪头像了。小朋友分两组，队伍前面放一把凳子和一张桌子，桌子下面放一张海绵垫，海绵垫上贴个猪头像。要求小朋友从凳子上走到桌子上，然后往下跳，跳到海绵垫上踩中小猪头像。注意：小朋友跳下来双脚落地的时候，膝盖要弯曲（蹲下去），然后再站起来离开。

1　小鸟踩小猪

3. 聪明的小鸟

玩法：小猪在路上放了陷阱，它要来抓小鸟。小鸟要跳过陷阱，不能掉到陷阱里面。在队伍前面摆放两块小地垫作为陷阱，小鸟先要双脚立定跳过陷阱，然后再走上桌子跳下来踩小猪头像。

三、结束部分

（1）放松游戏。（2）结束语，和小朋友再见

k. 大灰狼咬小白兔

大 单 元	单脚站立	周 单 元	大灰狼咬小白兔
使用器材	小地垫（若干）		
教学目的	（1）培养幼儿对体育锻炼的兴趣。 （2）学习单脚站立的动作并进行基础练习		

活动过程

一、准备和热身部分

（1）集合整队，师幼问好。（2）口令带动，气氛营造。（3）律动热身"大家一起来"。播放音乐《大家一起来》，老师带领小朋友跟着音乐节奏模仿小白兔原地跳、原地旋转、原地蹲下、原地走等动作，达到热身的效果。

二、基本部分

1. 大灰狼来了

玩法：今天老师来幼儿园的时候发现有只大灰狼跟着我进来了，它说要来咬小白兔。小朋友变成小白兔，等会听到"大灰狼来了"，小白兔要在自己的点点上跳起来，不能被大灰狼抓到。刚刚大灰狼没有咬到小白兔很生气，它这次要咬小朋友的脚，等会听到"大灰狼来了"，小朋友就要抬起一只脚单脚站。

2　小白兔单脚站立

2. 小白兔出去玩

玩法：队伍前面放若干小地垫（按人数，人多时可分批进行）。小白兔跟着老师出去玩，一个个往前面跳，听到"大灰狼来了"，就跳到小地垫上面单脚站好，把自己变成一个不能动的石头人。

3. 戏耍大灰狼

玩法：老师扮演大灰狼。刚刚大灰狼没有抓到小白兔，失望地走了，所以小白兔跟在大灰狼后面跳，大灰狼一转身，小白兔就变成石头人单脚站立不能动；大灰狼往前走时，小朋友再继续往前跳。大灰狼没有抓到小白兔，小白兔胜利。

三、结束部分

（1）放松游戏。（2）结束语，和小朋友再见

1. 小青蛙过桥

大 单 元	立定跳和平衡	周 单 元	小青蛙过桥
使用器材	小地垫 4 块、平衡木 4 张		
教学目的	（1）培养幼儿对体育锻炼的兴趣。 （2）复习立定跳并进行平衡性的练习		

活动过程

一、准备和热身部分

（1）集合整队，师幼问好。（2）口令带动，气氛营造。（3）律动热身"大家一起来"。播放音乐《大家一起来》，老师带领小朋友跟着音乐节奏模仿小青蛙原地跳、原地旋转、原地蹲下等动作，达到热身的效果。

地垫

二、基本部分

1. 小青蛙学本领

玩法：所有的小朋友变成小青蛙，老师说"小青蛙"，小朋友就跳起来说"呱"（原地练习立定跳的动作）。

2. 小青蛙过桥

玩法：老师将两张平衡木纵向摆放在一起。刚刚小青蛙叫得太大声了，被河里的大鳄鱼给发现了。小青蛙要从桥上（平衡木）走过去，不能掉到河里面，走的时候要求双手打开，眼睛看着平衡木，不掉下去。

平衡木

3. 聪明的小青蛙

玩法：大鳄鱼没有抓到小青蛙，所以在路上放了好多陷阱。队伍前面放两块小地垫当作陷阱，小青蛙要双脚立定跳过小地垫，再从桥上走过去。老师表扬小青蛙没有被大鳄鱼抓到。

❶

1　聪明的小青蛙

三、结束部分

（1）放松游戏。（2）结束语，和小朋友再见

m. 勇敢的小羊

大 单 元	跑	周 单 元	勇敢的小羊
使用器材	标志物（每组1个）		
教学目的	（1）培养幼儿对体育锻炼的兴趣。 （2）学习听哨声出发和直线快速跑		

活动过程

一、准备和热身部分

（1）集合整队，师幼问好。（2）口令带动，气氛营造。（3）律动热身。

二、基本部分

1. 看谁最聪明

玩法： 今天老师接到了一个电话，小兔子说大灰狼要来捉小羊，让我看看哪只小羊最厉害、最聪明，不会被捉到。听到音乐响起的时候，所有小羊要在自己的位置上一边跳一边"咩咩咩"地叫。音乐停了大灰狼就要来了，所有小羊赶紧找到羊姐姐（两位老师），开火车躲起来。音乐响起时再回到原位置继续跳（重复两次）。结束时要在标志物处以两路纵队排好（开火车）。

2. 救羊姐姐

玩法： 刚才羊姐姐保护了小羊，大灰狼很生气，它要捉羊姐姐。我们要在大灰狼不知道的时候（听哨声）快速跑过去躲在羊姐姐后面（队伍正前方），一次哨声每组第一位小朋友出发。一轮过后，羊姐姐换位置到刚才小羊的出发点，重复一次。最后，小羊一起做鬼脸吓跑大灰狼，小羊胜利。

三、结束部分

（1）放松游戏"吹气球"。小朋友站立，两手在胸前围成一个小圆圈变成一个小气球，听到老师说"吹气球"，小朋友往圆圈里吹气，两手同时向两侧慢慢展开（圆圈慢慢变大），听到老师说"嘭，气球吹爆了"，小朋友就迅速坐在地上。（2）结束语，和小朋友再见

2　救羊姐姐

n. 炸大灰狼

大 单 元	投掷	周 单 元	炸大灰狼
使用器材	小布球或报纸球、标志物		
教学目的	（1）培养幼儿对体育锻炼的兴趣。 （2）学习正面投掷的基本动作并复习听哨声出发		

活动过程

一、准备和热身部分

（1）集合整队，师幼问好。（2）口令带动，气氛营造。（3）律动热身。

二、基本部分

1. 小羊学本领

玩法：上一次大灰狼被吓跑了，这次它说一定要捉一只小羊回家去，所以小羊要学会能保护自己的本领才行。学习投炸弹（正面投掷）：小朋友双脚左右开立，听到"预备"的时候，右手握紧拳头并放在同边肩膀靠后的位置，听到"嘣"的时候做投出去的动作。但是学习的时候大灰狼也会来，听到"大灰狼来了"就蹲下藏起来。

2. 挑战大灰狼

玩法：小羊学会本领了，要去找大灰狼（听哨声跑过去拍打标志物），打到大灰狼（标志物）后快速回到队伍后面排队。

3. 炸大灰狼

玩法：在标志物旁放炸弹（小布球或报纸球），小羊跑过去捡一个炸弹，用力向前投掷（炸大灰狼），老师纠正动作。

1 小羊学本领

三、结束部分

（1）放松游戏"机器人放电"。小朋友原地站立，双手举高，老师说"手放电，吱"，小朋友手臂放下；老师说"头放电，吱"，小朋友就把头低下；老师说"全身放电"，小朋友就坐在地上（可重复玩2~3遍）。（2）结束语，和小朋友再见

o. 大西瓜别跑

大 单 元	跑	周 单 元	大西瓜别跑
使用器材	球类		

教学目的	（1）培养幼儿对体育锻炼的兴趣。 （2）学习以指定目标为方向快速跑

活动过程

一、准备和热身部分

（1）集合整队，师幼问好。（2）口令带动，气氛营造。（3）律动热身。

二、基本部分

1. 比赛吃西瓜

玩法：小朋友们，今天老师遇到一件很奇怪的事，一个大西瓜从我旁边跑过去了。因为今天这个西瓜（球）很奇怪，它会"跑"的，所以跑得快的小朋友才吃得到。音乐响的时候，小朋友要在自己的位置上不停地跑起来；音乐停的时候就要站好，然后听到"西瓜"再跳起来把西瓜吃了。

2. 追大西瓜

玩法：小朋友吃西瓜的时候有几个大西瓜跑了，现在我要去把它们抓回来（示范：抓西瓜的时候要超过大西瓜，在前面拦住它）。老师把大西瓜滚出去，小朋友抓住大西瓜后跑回来交给老师。

3. 请老师吃西瓜

玩法：小朋友面向老师做正面投掷的动作，听到"西瓜"就把西瓜（球）投向老师。

2　追大西瓜

三、结束部分

（1）放松游戏"包饺子"。两个小朋友为一组一起包饺子，一起说着"包饺子包饺子，捏捏捏"，一名小朋友帮另一名小朋友捏一捏，按摩手臂、小脚、后背肌肉，放松一下，然后互换角色（重复2~3次）。（2）结束语，和小朋友再见

p. 齐天大圣

大 单 元	跑	周 单 元	齐天大圣
使用器材	海绵棒、凳子		
教学目的	（1）培养幼儿对体育锻炼的兴趣。 （2）复习并加强投掷挥臂的动作练习		

活动过程

一、准备和热身部分

（1）集合整队，师幼问好。（2）口令带动，气氛营造。（3）律动热身。

二、基本部分

1. 小猴子学本领

玩法： 西游记里最厉害的猴子是齐天大圣，今天老师就要带小猴子们去打妖精。（凳子分散放在小朋友的四周）想要打妖精，自己要很厉害才行，现在老师就教小猴子打妖精的本领（复习正面投掷的动作）。学本领的时候听到"妖精来了"，就要找到凳子坐好。

2. 找妖精

玩法： 小猴子学会本领了，我们要去把妖精找出来，但是找到了还不能打，要先藏起来。音乐响起，小朋友一个跟着一个在凳子外围慢跑，听到"妖精来了"就坐在凳子上。

3. 打妖精

玩法： 小朋友分四路纵队站好，凳子分散放在队伍前5米处。分成4组，音乐响起时，手持海绵棒的一组先开始，每位小朋友找到一把凳子，用海绵棒用力敲打凳子；音乐停时回到出发点，换下一组出发。

1 打妖精

三、结束部分

（1）放松游戏"包饺子"。两个小朋友为一组一起包饺子，一起说着"包饺子包饺子，捏捏捏"，一名小朋友帮另一名小朋友捏一捏，按摩手臂、小脚、后背肌肉，放松一下，然后互换角色（重复2~3次）。（2）结束语，和小朋友再见

q. 种西瓜

大 单 元	拍球	周 单 元	种西瓜
使用器材	篮球若干（按幼儿人数）		
教学目的	（1）通过游戏锻炼幼儿的反应能力。 （2）培养幼儿对球类运动的兴趣。 （3）初步学习单手拍球的基本动作并进行练习		

活动过程

一、准备和热身部分

（1）集合整队，师幼问好。（2）徒手口令带动。（3）律动热身。

二、基本部分

引导语：今天老师带你们去种西瓜，等一下我看谁种的西瓜最大。

1. 买种子

玩法：把小朋友分成四组，被老师叫到的小朋友跑到商店买种子（篮球），拿到篮球后慢慢跑回来。

2. 种西瓜

玩法：（1）先让小朋友感受一下篮球，两个手把篮球向下压，篮球弹起来就接住。（2）教小朋友用一只手拍球，并练习拍球；观察小朋友的动作，纠正错误动作。

3. 保护好西瓜

玩法：（1）小朋友在自己的点点上拍球，听到大灰狼说来咬我们（耳朵、鼻子、手臂、大腿等部位），就要把篮球放在那个大灰狼要咬的部位，不能被咬到。（可多玩几次）

（2）在自己的点点上拍球，听到"大灰狼来了"，就赶紧抱着篮球到老师后面躲起来。（可多玩几次）

2　种西瓜

三、结束部分

（1）放松游戏。（2）结束语，和小朋友再见

r. 抢西瓜

大 单 元	拍球	周 单 元	抢西瓜
使用器材	篮球若干（按幼儿人数）		
教学目的	（1）通过游戏锻炼幼儿的反应能力。 （2）培养幼儿对球类运动的兴趣。 （3）加强幼儿单手拍球的能力		

活动过程

一、准备和热身部分
（1）集合整队，师幼问好。（2）徒手口令带动。（3）律动热身。

二、基本部分
引导语：今天老师来幼儿园时，大灰狼跑进来了，我们不能被大灰狼抢到西瓜。

1. 种西瓜
玩法：听到"大灰狼来了"，小朋友就在自己的点点上种西瓜（拍球），大灰狼没有走就不能停下来。（可玩几次）

2. 大灰狼抢西瓜
玩法：（1）刚刚大灰狼发现我们的西瓜了，所以要来抢。大灰狼来了就要种西瓜（拍球），不能停下来。（2）大灰狼抢了我们的西瓜，所以我们要追回来。老师把篮球丢出去，小朋友追回来。

3. 保护西瓜
玩法：所有的小朋友跟着老师边走边拍篮球，听到"大灰狼来了"，就坐在地上并用手不停地拍篮球。

1　大灰狼抢西瓜

三、结束部分
放松结束，师幼道别

s. 好玩的凳子

大 单 元	综合训练	周 单 元	好玩的凳子
使用器材	凳子若干（按幼儿人数）		
教学目的	（1）培养幼儿对体育锻炼的兴趣。 （2）加强幼儿的下肢力量及反应能力		

活动过程

一、准备和热身部分

（1）集合整队，师幼问好。（2）徒手口令带动。（3）热身游戏"大鳄鱼来了"。小朋友在原地站立，听到老师说"大鳄鱼来了"，就不停地在原地双脚向上跳起。

二、基本部分

引导语：今天老师来幼儿园时，大灰狼又跑进来了，我们不能被大灰狼捉到。

1. 变成小白兔

玩法：小朋友在自己的点点上变成小白兔跳（双脚跳），大灰狼来了就赶紧坐到凳子上。（可玩几次）

2. 大灰狼捉小白兔

玩法：被老师请到的小朋友绕着凳子跑，听到"大灰狼来了"，就赶紧躲到房子里（坐在凳子上）。

3. 大灰狼又来了

玩法：（把凳子放远些）小朋友在自己的点点上跳起来（双脚跳），听到"大灰狼来了"，就跳到凳子那里坐下来。

4. 大灰狼拆房子

玩法：老师将凳子慢慢变少，小朋友想办法坐凳子（相互合作，没凳子的小朋友可与其他同伴坐一把凳子）。

三、结束部分

（1）放松游戏"吹泡泡"。小朋友站好，两手在胸前围成一个小圆圈变成一个小泡泡，老师说"吹泡泡了"，小朋友就用嘴假装往小圆圈里面吹气，手臂慢慢打开，泡泡变大。
（2）结束语，和小朋友再见

t. 大闯关

大 单 元	综合训练	周 单 元	大闯关
使用器材	海绵垫4张、沙包若干、桌子4张、平衡木4张、小地垫若干（30厘米×30厘米）		
教学目的	（1）综合复习跑、滚、投、钻等动作，提升身体的协调能力。 （2）培养幼儿对体育锻炼的兴趣		

活动过程

一、准备和热身部分

（1）集合整队，师幼问好。（2）口令带动，气氛营造。（3）律动热身。

二、基本部分

1. 第一关

玩法： 小朋友分四路纵队同时进行。老师在每个队伍前面各放一块小地垫让小朋友跳过去，相隔队伍2～3米处各摆放一张海绵垫让小朋友爬过去，然后再让他们拿一个沙包向前投，完成后回到队伍后面排好，一个接一个。

2. 第二关

玩法： 小朋友分四路纵队同时进行。在队伍前面各放一块小地垫让小朋友跳过去，相隔队伍2～3米处各摆放一张桌子和一张海绵垫。小朋友爬上桌子向下跳在海绵垫上，然后拿一个沙包向前投，完成后回到队伍后面排好，一个接一个。

3. 第三关

玩法： 小朋友分四路纵队同时进行。在队伍前面各放一块小地垫让小朋友跳过去，相隔队伍2～3米处各摆放一张平衡木让小朋友从上面走过去，然后走到桌子上并向下跳到海绵垫上，拿一个沙包向前投，完成后回到队伍后面排好，一个接一个。

三、结束部分

放松结束，师幼道别

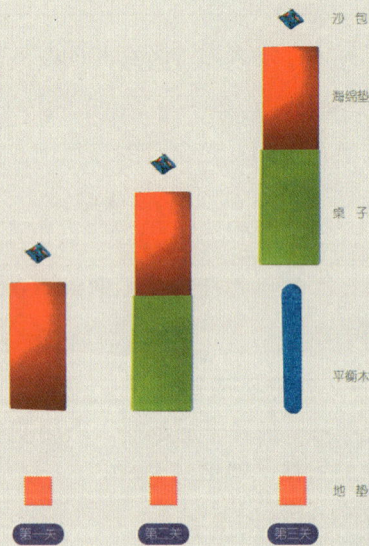

1　大闯关

2. 小班第二学期

表 5-3　小班第二学期体育课教学计划

学期总目标：1. 培养幼儿对体育锻炼的兴趣。
　　　　　　2. 学习并加强手脚着地爬和正面钻的基本动作。
　　　　　　3. 学习并加强立定跳的动作要领；学习单脚站立，加强腿部力量。
　　　　　　4. 学习并加强正面投掷、听哨声跑的动作。
　　　　　　5. 学习并加强拍球动作；综合复习

月份	周次	课程名称	教学目的	使用器材
二月	1	a. 勇敢的小羊	1. 培养幼儿对体育锻炼的兴趣。 2. 学习起跑的姿势	呼啦圈若干
	2	b. 小青蛙	1. 培养幼儿对体育锻炼的兴趣。 2. 学习双脚连续跳	呼啦圈若干
	3	c. 会走会跑的小猪	1. 培养幼儿对体育锻炼的兴趣。 2. 学会走跑交替，提高自身控制力	雪糕筒若干、凳子若干、绳子
三月	4	d. 看谁爬得快	1. 培养幼儿对体育锻炼的兴趣。 2. 学习并加强手膝着地爬和手脚着地爬的动作。 3. 学习匍匐爬的动作	海绵垫
	5	e. 保护篮球	1. 培养幼儿对体育锻炼的兴趣。 2. 学习并加强原地拍球，尝试在行进间拍球	篮球（人手一个）、海绵垫若干
	6	f. 蚂蚁搬家	1. 培养幼儿对体育锻炼的兴趣。 2. 练习手臂力量，加强手脚协调能力	轮胎、桌子或者其他有重量的大件物品（选择其中一种）
	7	g. 老狼抢球	1. 培养幼儿对体育锻炼的兴趣。 2. 加强练习并提升原地拍球和行进间拍球的能力	篮球（人手一个）、小地垫若干
四月	8	h. 跳跃大闯关	1. 培养幼儿对体育锻炼的兴趣。 2. 加强立定跳远的能力	长绳、小地垫、粉笔

续表

月份	周次	课程名称	教学目的	使用器材
五月	9	i. 小羊过桥	1. 培养幼儿对体育锻炼的兴趣。 2. 提高幼儿的平衡能力	平衡木、轮胎、凳子
	10	j. 聪明的小蚂蚁	1. 培养幼儿对体育锻炼的兴趣。 2. 学习手脚着地后退爬的动作，提高手脚协调性	海绵垫、绳子
	11	k. 炸大灰狼	1. 培养幼儿对体育锻炼的兴趣。 2. 学习并加强投掷的动作	小布球或报纸球、沙包、标志物、包装绳或橡皮筋
	12	l. 翻滚的小猫	1. 培养幼儿对体育锻炼的兴趣。 2. 学习侧身滚的动作	海绵垫
	13	m. 智斗大灰狼	1. 培养幼儿对体育锻炼的兴趣。 2. 加强幼儿单脚站的能力，提高幼儿的下肢力量	桌子
	14	n. 会追逐的老虎	1. 培养幼儿对体育锻炼的兴趣。 2. 学习以指定目标为方向快速追跑	呼啦圈（8～12个）、篮球（8～12个）、轮胎（8个）
	15	o. 快乐的小朋友	1. 培养幼儿对体育锻炼的兴趣。 2. 通过游戏提高幼儿钻过低于自身高度的能力	滑溜布
六月	16	p. 跳跃大前行	1. 培养幼儿对体育锻炼的兴趣。 2. 通过游戏学习跳下时的缓冲动作	桌子、海绵垫、长绳
	17	q. 捉知了	1. 培养幼儿对体育锻炼的兴趣。 2. 通过游戏加强幼儿的奔跑和反应能力	凳子（5把）
	18	r. 毛毛虫	1. 培养幼儿对体育锻炼的兴趣。 2. 通过游戏，加强幼儿的下肢力量和手脚协调能力	长绳

a. 勇敢的小羊

大 单 元	跑	周 单 元	勇敢的小羊
使用器材	呼啦圈若干		
教学目的	（1）培养幼儿对体育锻炼的兴趣。 （2）学习起跑的姿势。 要求：跑步过程中能目视前方		

活动过程

一、准备和热身部分

（1）集合整队，师幼问好。（2）徒手口令带动。（3）律动热身"大鳄鱼来了"。小朋友在原地站立，听到老师说"大鳄鱼来了"，就不停地在原地双脚向上跳起。

二、基本部分

引导语：今天老师把所有的小朋友变成小羊了，我要带小朋友出去玩，但是不能被大灰狼捉到了哦！

1. 变身

玩法：小朋友在自己的点点上慢跑，听到老师说"变变变"，所有的小朋友就站好不能动，变成小羊了。（玩两三次）

2. 大灰狼来了

玩法：（将呼拉圈散开放在地上）老师带着所有的小朋友一个跟着一个慢慢地跑起来，听到"大灰狼来了"，就找一个呼啦圈站到里面去。（玩两三次）

3. 发现小羊

玩法：听到"大灰狼来捉男孩子"，男孩子就要回到家里面（呼啦圈里）；听到"大灰狼走了"，再出来（从呼啦圈里出来）。（男孩和女孩交换玩两三次）

4. 大灰狼捉小羊

玩法：将呼啦圈随意散开摆放，老师扮演大灰狼。小朋友在自己的家里（呼啦圈里），大灰狼说要捉谁，谁就要躲开大灰狼，跑出去找另外一个空的家站好，不能被大灰狼捉到。（引导小朋友注意看前面，要躲闪，不要撞到一起了）

三、结束部分

放松结束，师幼道别

b. 小青蛙

大 单 元	跳	周 单 元	小青蛙
使用器材	呼啦圈若干		
教学目的	（1）培养幼儿对体育锻炼的兴趣。 （2）学习双脚连续跳。 要求：能够跳过 30 cm 的距离		

活动过程

一、准备和热身部分

（1）集合整队，师幼问好。（2）徒手口令带动。（3）律动热身。

二、基本部分

引导语：小青蛙的妈妈不见了，等一下我们去帮它找妈妈。

1. 找妈妈

玩法：所有的小朋友跟在老师后面跳，当听到"大鳄鱼来了"，赶紧站着不能动，不能被大鳄鱼发现了。（玩两三次）

2. 厉害的小青蛙

玩法：设置起点和终点，分两组比赛，小青蛙从起点连续跳至终点，看哪一组最先跳到终点。（注意引导小朋友要连续跳，还要跳一定的距离）

3. 看到妈妈

玩法：找到妈妈了，就在河对岸，我们一起从荷叶(呼啦圈)上跳过去吧！（1）分四组，每组前方放 6～8 个呼啦圈，小朋友要连续跳过呼啦圈，完成后跑回来排到队伍后面。（2）把呼啦圈之间的距离变大，小朋友要连续跳过呼啦圈，完成后跑回来排到队伍后面。

1　看到妈妈

三、结束部分

放松结束，师幼道别

c. 会走会跑的小猪

大 单 元	走跑交替	周 单 元	会走会跑的小猪
使用器材	雪糕筒若干、凳子若干、绳子		
教学目的	(1)培养幼儿对体育锻炼的兴趣。 (2)学会走跑交替，提高自身控制力		

活动过程

一、准备和热身部分
（1）集合整队，师幼问好。（2）徒手口令带动。（3）律动热身。

二、基本部分
引导语：今天老师把所有的小朋友变成小猪了，我要看哪只小猪最厉害。

1. 变身

玩法：小朋友在自己的点点上慢跑，听到"变变变"，所有的小朋友就站好不能动，变成小猪了。（玩两三次）

2. 小猪出去玩

玩法：（将凳子摆成半圆形）老师带着所有的小猪出去玩，被老师请到的小朋友出发，绕着用凳子围成的半圆跑。（注意要引导小朋友按照指定的路线跑，玩两三次）

3. 小猪锻炼身体

玩法：（1）在队伍前方一段距离处放置一根绳子，被老师请到的小朋友直线向前跑，到了绳子那里变成走，跨过绳子后又要跑起来。（注意教小朋友快到绳子那里时，要减慢速度变成走，玩两三次）（2）把绳子拿开放两个雪糕筒，跑到第一个就变成走，到第二个后又要跑起来。

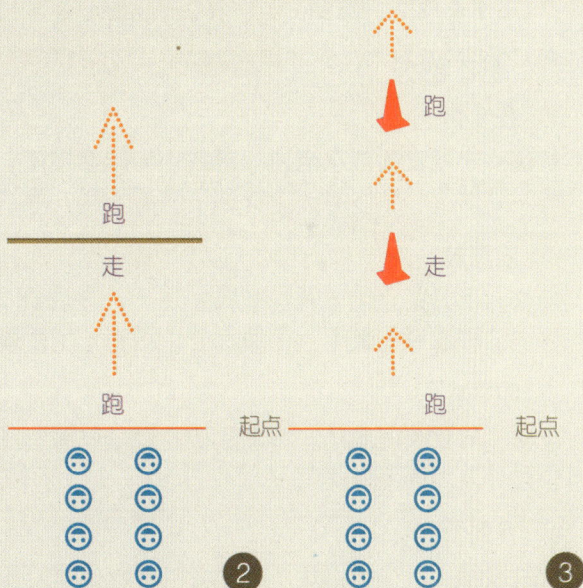

2 小猪锻炼身体（1）
3 小猪锻炼身体（2）

三、结束部分
放松结束，师幼道别

d. 看谁爬得快

大 单 元	爬	周 单 元	看谁爬得快
使用器材	海绵垫		
教学目的	（1）培养幼儿对体育锻炼的兴趣。 （2）学习并加强手膝着地爬和手脚着地爬的动作。 （3）学习匍匐爬的动作		

活动过程

一、准备和热身部分
（1）集合整队，师幼问好。（2）课前准备：口令带动。（3）律动热身。

二、基本部分

1. 找食物

玩法：小朋友扮成小老鼠。现在小老鼠饿了吧，我带你们出去找吃的。将海绵垫铺设成路线，让幼儿一个跟着一个快速手膝着地爬，通过后由指定方向回到队伍后面排队。

2. 咬膝盖

玩法：不好了，刚才我们被猫发现了，它说要咬你们的小膝盖，等一下爬着去找食物时不可以让膝盖碰到垫子。小朋友一个跟着一个手脚着地爬，通过后到队伍后面排队。

3. 咬屁股

玩法：猫要咬屁股了，小老鼠要将肚子贴着垫子匍匐爬，通过后到队伍后面排队。（每一个动作老师都要做示范）

4. 找到食物

找到食物了，小猫也走了，小老鼠可以回家吃东西了。

三、结束部分
（1）放松游戏"吹跑大灰狼"。老师扮演大灰狼，小朋友大口吸气，对着大灰狼的方向用力吹气，看能不能把大灰狼吹跑（重复玩3~4次）。（2）结束语，和小朋友再见

e. 保护篮球

大　单　元	拍球	周　单　元	保护篮球
使用器材	篮球（人手一个）、海绵垫若干		
教学目的	（1）培养幼儿对体育锻炼的兴趣。 （2）学习并加强原地拍球，尝试在行进间拍球。 要求：拍球高度为胸口位置		

活动过程

一、准备和热身部分

（1）集合整队，师幼问好。（2）课前准备：口令带动。（3）律动热身。

二、基本部分

1. 篮球小子

玩法：练习原地拍球，要点包括动作和拍球的高度（胸前的高度）。

2. 保护篮球

玩法：大灰狼来了。（1）音乐响起时原地拍球，音乐停了，大灰狼（老师）就要抢球了。这时候小朋友要想办法把球保护好。（2）小朋友在指定范围内自由拍球，之后的抢球方法同上。

3. 逃跑的篮球

玩法：分组进行，每一组要有一名老师配合。小朋友在海绵垫前排队，老师把小朋友的篮球滚出去。小朋友爬过海绵垫追上并捡起篮球，拍着篮球回队伍后面排队。（老师可以连续把球滚出去，但要注意球的方向不能交错，防止小朋友碰撞）

1　练习原地拍球

三、结束部分

（1）放松游戏"吹跑大灰狼"。老师扮演大灰狼，小朋友大口吸气，对着大灰狼的方向用力吹气，看能不能把大灰狼吹跑（重复玩3~4次）。（2）结束语，和小朋友再见

f. 蚂蚁搬家

大　单　元	上肢力量	周　单　元	蚂蚁搬家
使用器材	轮胎、桌子或者其他有重量的大件物品（选择其中一种）		
教学目的	（1）培养幼儿对体育锻炼的兴趣。 （2）练习手臂力量，加强手脚协调能力		

活动过程

一、准备和热身部分
（1）集合整队，师生问好。（2）口令带动，气氛营造。（3）律动热身。

二、基本部分

1. 找家

玩法：小朋友原地（或者一个跟着一个跑），听着音乐运动。听到"回家了"，小朋友就赶紧回家（大件物品旁），并且把家抬起来（手做抬的动作，不可以走或动来动去）。

2. 蚂蚁搬家

玩法：老师说要抓哪个家，这个家就要被搬走。比如，老师说要搬某某的家，那这个小朋友的家就要被搬走。（没被抓的家是不可以搬走的）

3. 搬家大迁移

玩法：方法同"蚂蚁搬家"，但老师可以在小朋友搬的时候故意拉一拉，增加搬家难度。
备注：物品要有一定的重量，可几个小朋友一起搬，也可一个小朋友自己搬。

三、结束部分
（1）放松游戏。（2）结束语，和小朋友再见

g. 老狼抢球

大　单　元	拍球	周　单　元	老狼抢球
使用器材	篮球（人手一个）、小地垫若干		
教学目的	（1）培养幼儿对体育锻炼的兴趣。 （2）加强练习并提升原地拍球和行进间拍球的能力。 要求：拍球高度为胸口位置		

活动过程

一、准备和热身部分

（1）集合整队，师幼问好。（2）课前准备：口令带动。（3）律动热身。

二、基本部分

1. 蹦蹦跳跳的篮球

玩法：练习原地拍球，要点包括动作和拍球的高度（胸前的高度）。

2. 看谁拍得稳

玩法：将小地垫铺设成半圆形的路线，引导幼儿沿路线的边沿慢慢地在行进间拍球，一个一个放行（注意放行的间距，拍得好的幼儿可能超过前面的幼儿）。老师在在这个过程中要多教、多鼓励。

3. 老狼抢篮球

玩法：带领全体幼儿在行进间拍球，（借用老狼老狼几点钟的游戏）在听到"6点钟"的时候，幼儿在原地想办法保护好自己的篮球，老师抢球。

三、结束部分

（1）放松游戏"吹跑大灰狼"。老师扮演大灰狼，小朋友大口吸气，对着大灰狼的方向用力吹气，看能不能把大灰狼吹跑（重复玩3~4次）。（2）结束语，和小朋友再见

h. 跳跃大闯关

大 单 元	跳跃	周 单 元	跳跃大闯关
使用器材	长绳、小地垫、粉笔		
教学目的	（1）培养幼儿对体育锻炼的兴趣。 （2）加强立定跳远的能力		

活动过程

一、准备和热身部分

（1）集合整队，师幼问好。（2）课前准备：口令带动。（3）律动热身。

二、基本部分

1. 快乐的小袋鼠

玩法：原地教并让幼儿练习立定跳远的动作，包括摆臂、落地时缓冲等动作要领。

2. 挑选运动员

玩法： 小袋鼠运动会马上就要开始了，现在要挑选运动员了，厉害的选手要去参加比赛。分组进行立定跳远比赛（用小地垫拼成 60 厘米的距离，分组的数量看老师的数量）。每一组需要一个老师记录成绩（如：达标的、会跳但不达标的、不会跳的）。

3. 按项目进行训练

玩法： 按上一环节的情况进行分组。（1）达标组：在队伍前间隔摆放 4 个距离为 60 厘米的地垫并让其连续跳跃。（2）会跳但不达标组：方法同上（把距离 60 厘米改为 40 厘米）。（3）不会跳组：老师摆放长绳让其连续跳，加强其下肢力量，为跳跃打好基础。（体育老师要把重点放在第二组，尽量让这一组的小朋友达标）

4. 正式比赛

玩法： 不会跳的继续练习连续跳（注意放松）；会跳的和达标组的距离用线标注，检查幼儿距离参照物（60 厘米的地垫）的成绩。

三、结束部分

（1）放松游戏"吹跑大灰狼"。老师扮演大灰狼，小朋友大口吸气，对着大灰狼的方向用力吹气，看能不能把大灰狼吹跑（重复玩 3~4 次）。（2）结束语，和小朋友再见

i. 小羊过桥

大 单 元	平衡能力	周 单 元	小羊过桥
使用器材	平衡木、轮胎、凳子		
教学目的	（1）培养幼儿对体育锻炼的兴趣。 （2）提高幼儿的平衡能力。 要求：能在简单、固定的窄道中行走，保持身体的平稳，不摇晃		
活动过程			

一、准备和热身部分

（1）集合整队，师幼问好。（2）课前准备：口令带动。（3）律动热身。

二、基本部分

1. 小羊过桥（一）

玩法： 小朋友变成小羊，老师说"小羊"，小朋友就在原地跳起来说"咩咩咩"。老师说要带小羊出去玩，但是前面有座桥，小羊要走过去。分两组，前面放平衡木，小羊从平衡木上走过去。要求：双手打开，眼睛看前面，不可以掉到桥下面，走平衡木的中间位置，

双脚前后交替往前走（小朋友熟练后可以挡住他们的眼睛来增加难度）。

2. 小羊过桥（二）

玩法：前面又有一座桥，而且这座桥是陡的，小羊要自己走过去。平衡木下面架两个轮胎，把平衡木架高，小羊从上面走过去。要求：小朋友重心稍微往前倾。

3. 小羊过桥（三）

玩法：在平衡木的后面摆几把凳子，小羊一个一个地走上平衡木，下来后再从凳子上走过去。要求：走凳子的时候一定要踩凳子的中间位置，站稳后再踏到下一个凳子。所有的小羊都成功过河，表扬最棒的小羊。

三、结束部分

（1）放松游戏"吹气球"。小朋友站立，两手在胸前围成一个小圆圈（变成一个小气球），听到老师说"吹气球"，小朋友往圆圈里吹气，两手同时向两侧慢慢展开（圆圈慢慢变大），听到老师说"嘣，气球吹爆了"，小朋友就迅速坐在地上。（2）结束语，和小朋友再见

j. 聪明的小蚂蚁

大 单 元	爬行练习	周 单 元	聪明的小蚂蚁
使用器材	海绵垫、绳子		
教学目的	（1）培养幼儿对体育锻炼的兴趣。 （2）学习手脚着地后退爬的动作，提高手脚协调性		
活动过程			

一、准备和热身部分

（1）集合整队，师幼问好。（2）课前准备：口令带动。（3）律动热身。

二、基本部分

1. 蚂蚁学本领

玩法：小朋友变成小蚂蚁，老师是食蚁兽，等会听到老师说"食蚁兽来了"，所有小朋友就趴下来（手脚着地不动，膝盖不能碰到海绵垫）。要是食蚁兽向后爬，那所有的小蚂蚁就要向前爬；食蚁兽向前爬，所有的小蚂蚁就要向后爬；食蚁兽往左，小蚂蚁往右；食蚁兽往右，小蚂蚁就往左。

2. 小蚂蚁出去玩

玩法：把长绳放在海绵垫上，小朋友排成一路纵队，等会小蚂蚁要一个跟着一个出去玩。小朋友手脚打开放长绳的两边，一个接一个手脚着地向后爬。要求：爬的时候低头看后面，

要是后面有人就放慢脚步，膝盖不可以碰到海绵垫。

3. 小蚂蚁爬行比赛

玩法：小蚂蚁都学会了向后爬，现在小蚂蚁要来场比赛，分男女两组，看哪只小蚂蚁爬得最快。要求：听哨声出发，膝盖不着地。小蚂蚁没有被食蚁兽抓到，而且还学到了新本领，表扬小蚂蚁胜利。

三、结束部分

（1）放松游戏"机器人放电"。小朋友原地站立，双手举高，老师说"手放电，吱"，小朋友手臂放下；老师说"头放电，吱"，小朋友就把头低下；老师说"全身放电"，小朋友就坐在地上（可重复玩2~3遍）。（2）结束语，和小朋友再见

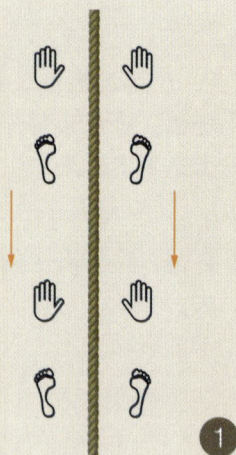

1　小蚂蚁出去玩（向后爬）

k. 炸大灰狼

大 单 元	投掷	周 单 元	炸大灰狼
使用器材	小布球或报纸球、沙包、标志物、包装绳或橡皮筋		
教学目的	（1）培养幼儿对体育锻炼的兴趣。 （2）学习并加强投掷的动作		

活动过程

一、准备和热身部分

（1）集合整队，师幼问好。（2）口令带动，气氛营造。（3）律动热身。

二、基本部分

1. 小羊学本领

玩法：上一次大灰狼被吓跑了，这次它说一定要捉一只小羊回家去，所以小羊要学会能保护自己的本领才行。学习投掷弹（正面投掷）：小朋友双脚左右开立，听到预备的时候，右手握紧拳头放在同边肩膀靠后的位置，听到"嘣"的时候做投出去的动作。但是在学习本领的时候大灰狼也会来，听到"大灰狼来了"就蹲下藏起来。

2. 投掷炸弹

玩法：小朋友分组，在标志线旁拿一个炸弹（沙包），用力向前投掷。（老师纠正动作）

3. 挑战大灰狼

玩法：小羊学会本领了，要去炸大灰狼。用包装绳或者橡皮筋等物品围成一个圈或正方形，

半径以 3.2 米为佳。听到音乐响起，小朋友自由拿起炸弹在区域外向里投掷。

4. 炸大灰狼

玩法：在标志物旁放炸弹（小布球或报纸球），小羊跑过去捡一个炸弹用力向前投掷（炸大灰狼）。

三、结束部分

（1）放松游戏"机器人放电"。小朋友原地站立，双手举高，老师说"手放电，吱"，小朋友手臂放下；老师说"头放电，吱"，小朋友就把头低下；老师说"全身放电"，小朋友就坐在地上（可重复玩 2~3 遍）。（2）结束语，和小朋友再见

1. 翻滚的小猫

大 单 元	侧身滚	周 单 元	翻滚的小猫
使用器材	海绵垫		
教学目的	（1）培养幼儿对体育锻炼的兴趣。 （2）学习侧身滚的动作		

活动过程

一、准备和热身部分

（1）集合整队，师幼问好。（2）课前准备：口令带动。（3）律动热身。

二、基本部分

1. 小猫过草地（一）

玩法：小朋友们有没有见过小猫呀？小猫是不是最喜欢在地上横着滚来滚去？等会老师把所有的小朋友变成小花猫，前面有一片草地，等会小猫要横着滚过去。海绵垫摆两组（分男、女生两组），小朋友侧身从海绵垫上滚过去。要求滚的时候手抱住脖子，双脚夹紧并从海绵垫的中间滚过去。

2. 小猫过草地（二）

玩法：将前面的海绵垫垫高成一个下坡的桥，小猫从坡上滚下来，然后再往前横滚

2　小猫过草地

过草地。

3. 小猫比赛

玩法：在桥的后面再铺几张垫子，让小猫一直滚过去。（可以适当加高高度，让小朋友感受一下）

三、结束部分

（1）放松游戏"包饺子"。两个小朋友为一组一起包饺子，一起说着"包饺子包饺子，捏捏捏"，一名小朋友帮另一名小朋友捏一捏，按摩手臂、小脚、后背肌肉，放松一下，然后互换角色（重复2~3次）。（2）结束语，和小朋友再见

m. 智斗大灰狼

大 单 元	单脚跳	周 单 元	智斗大灰狼
使用器材	桌子		
教学目的	（1）培养幼儿对体育锻炼的兴趣。 （2）加强幼儿单脚站的能力，提高幼儿的下肢力量		
活动过程			

一、准备和热身部分

（1）集合整队，师幼问好。（2）课前准备：口令带动。（3）律动热身。

二、基本部分

1. 巧遇大灰狼（一）

玩法：把小朋友变成小羊，老师说"小羊"，小朋友就在原地跳起来说"咩咩咩"。老师带小羊出去玩，四张桌子摆在场地中间，听到"大灰狼来了"，小羊们就赶紧跑到桌子边，手扶着桌子单脚站立，变成石头不动（脚不可以放下来）。大灰狼走了就继续围着桌子跑。

2. 巧遇大灰狼（二）

玩法：这次听到"大灰狼来了"，所有的小羊赶紧找到桌子并手扶着桌子单脚跳（不可以换脚，尽量坚持住）。大灰狼走了又继续围着桌子跑。

3. 小羊单脚跳比赛

玩法：将桌子（两个一组）竖着摆放一起，分男、女生两组，小羊手扶着桌子并沿着桌子的外围转圈（单脚跳），完成后回到队伍后面。所有的小羊没有被大灰狼抓到，表扬小羊胜利。

三、结束部分

（1）放松游戏"小猪吹泡泡"。小朋友手拉手围成一个圈，老师说"吹泡泡"时，小朋友手和手拉直，泡泡变大了；老师说"吐泡泡"时，小朋友手臂放下，泡泡变小了。
（2）结束语，和小朋友再见

n. 会追逐的老虎

大 单 元	追逐	周 单 元	会追逐的老虎
使用器材	呼啦圈（8～12个）、篮球（8～12个）、轮胎（8个）		
教学目的	（1）培养幼儿对体育锻炼的兴趣。 （2）学习以指定目标为方向快速追跑		
活动过程			

一、准备和热身部分

（1）集合整队，师幼问好。（2）徒手口令带动。（3）律动热身。

二、基本部分

引导语：今天老师把小朋友都变成老虎了，现在我们去学习本领吧。

1. 老虎学本领

玩法：把小朋友分成4～6组，老师把呼啦圈竖起来滚出去，小朋友跑出去把呼啦圈追回来。注意：老师要教小朋友跑到呼啦圈的前面追。

2. 追篮球

玩法：把小朋友分成4～6组，老师把篮球滚出去，小朋友跑出去把篮球追回来。（玩两三次）

3. 追轮胎

玩法：把小朋友分成4～6组，老师把轮胎滚出去，小朋友跑出去把轮胎追回来。（玩两三次）

三、结束部分

放松游戏，师幼道别

o. 快乐的小朋友

大 单 元	钻	周 单 元	快乐的小朋友
使用器材	滑溜布		
教学目的	（1）培养幼儿对体育锻炼的兴趣。 （2）通过游戏提高幼儿钻过低于自身高度的能力		

活动过程

一、准备和热身部分

（1）集合整队，师幼问好。（2）课前准备：口令带动。（3）律动热身。

二、基本部分

1. 学本领

玩法：老师在原地教钻的动作要领，包括：下肢半蹲、低头弯腰、目视前方。

2. 钻山洞

玩法：老师将滑溜布打开（直的），布离地面的距离大概为65厘米。组织幼儿一个跟着一个慢慢地从布的一端底下钻过去，再从另一端出来，完成后快速回到队伍后面排队。

3. 塌陷的山洞

玩法：不好了，刚才的山洞塌下来变矮了。把布放在地上（不能拉太紧），幼儿继续一个跟着一个钻过去。

1　滑溜布

三、结束部分

（1）放松游戏"吹跑大灰狼"。老师扮演大灰狼，小朋友大口吸气，对着大灰狼的方向用力吹气，看能不能把大灰狼吹跑（重复玩3~4次）。（2）结束语，和小朋友再见

p. 跳跃大前行

大 单 元	从高往下跳	周 单 元	跳跃大前行
使用器材	桌子、海绵垫、长绳		
教学目的	（1）培养幼儿对体育锻炼的兴趣。 （2）通过游戏学习跳下时的缓冲动作		

活动过程

一、准备和热身部分

（1）集合整队，师幼问好。（2）口令带动，气氛营造。（3）律动热身。

二、基本部分

引导语：小兔子要去草地上玩，但要经过大石头，所以小兔子要学会本领才能出去玩。

1. 小兔子学本领

玩法：在桌子旁放置海绵垫，小兔子学习从高处往下跳（注意落地缓冲）。小朋友爬上桌子，自由地跳下来，双脚落地（老师做示范，小朋友模仿）。

2. 出发去草地

玩法：将绳子纵向平铺于地面（海绵垫前方）。老师将幼儿分成2组，再次从高处往下跳，然后双脚分别位于绳子的两边，沿着绳子跳到另一头，完成后回到队伍后面。

三、结束部分

（1）放松游戏"机器人放电"。小朋友原地站立，双手举高，老师说"手放电，吱"，小朋友手臂放下；老师说"头放电，吱"，小朋友就把头低下；老师说"全身放电"，小朋友就坐在地上（可重复玩2~3遍）。（2）结束语，和小朋友再见

q. 捉知了

大 单 元	跑	周 单 元	捉知了
使用器材	凳子（5把）		
教学目的	（1）培养幼儿对体育锻炼的兴趣。 （2）通过游戏加强幼儿的奔跑和反应能力		

活动过程

一、准备和热身部分

（1）集合整队，师幼问好。（2）徒手口令带动。（3）律动热身。

二、基本部分

引导语：小朋友扮演知了，我们今天要去森林里玩，但不能被猎人捉到。

1. 猎人来了

玩法：带着所有的小朋友慢跑，猎人来了就到树上（凳子上）。（分成四组，用四把凳子玩两三次）

2. 猎人来捉我们了

玩法：（1）多加一把凳子（另一棵树），猎人要捉哪只知了，被点到的知了就要跑到其他树上。注意：第一个小朋友很关键，要控制速度，后面的小朋友要跟紧前面的小朋友。（2）变回四把凳子，猎人说要捉哪组，这一组就要跑出去（离开凳子），要一个跟着一个，猎人走了就回来。

3. 出去玩耍

玩法：四组面对面站着，说捉哪两组，这两组就要交换位置。

三、结束部分

放松游戏，师幼道别

r. 毛毛虫

大 单 元	手脚爬	周 单 元	毛毛虫
使用器材	长绳		
教学目的	（1）培养幼儿对体育锻炼的兴趣。 （2）通过游戏，加强幼儿的下肢力量和手脚协调能力		
活动过程			

一、准备和热身部分

（1）集合整队，师幼问好。（2）口令带动，气氛营造。（3）律动热身。

二、基本部分

1. 毛毛虫学本领

玩法：所有的小朋友在原地变成了毛毛虫。听到老师说"变毛毛虫了"，小朋友就在原地手脚撑地且脚不停地抖起来，抬头看着前面。

2. 出发去玩

玩法：将绳子铺在地上。小朋友分成2组，沿着绳子爬过去，完成后回到队伍后面。

3. 大树下玩

玩法：小朋友在规定的范围内随意爬走，听到"小鸟来了"就要回到树上（绳子处）。

三、结束部分

（1）放松游戏"机器人放电"。小朋友原地站立，双手举高，老师说"手放电，吱"，小朋友手臂放下；老师说"头放电，吱"，小朋友就把头低下；老师说"全身放电"，小朋友就坐在地上（可重复玩2~3遍）。（2）结束语，和小朋友再见

3. 中班第一学期

表 5-4　中班第一学期体育课教学计划

学期总目标：1. 跑：初步掌握折返跑的技巧；熟悉 20 米快跑的注意事项。

2. 跳：基本掌握简单的夹物跳、短距离单脚跳，熟悉立定跳的注意事项。

3. 投掷：掌握投掷挥臂的动作，且具有投远的意识。

4. 拍球和平衡：能快速通过平衡木，能在单脚站立时凭意志坚持。

5. 针对各项内容，加强幼儿上肢、下肢力量，手脚协调性和不怕苦、不怕累的精神。

6. 能按规则完成游戏任务

月份	周次	课程名称	教学目的	使用器材
九月	1	a. 小小飞行员	1. 培养幼儿对体育锻炼的兴趣。 2. 通过游戏让幼儿对口哨发令更敏感、反应更快	标志物若干
	2	b. 老虎拔牙	1. 培养幼儿对体育锻炼的兴趣。 2. 学习并练习折返跑	积木或其他小物件、凳子、筐子
	3	c. 切西瓜	1. 通过游戏，培养幼儿对体育的兴趣，提升反应能力。 2. 通过游戏，发展幼儿的灵活性及绕圈跑的能力和耐力	徒手
	4	d. 最快的小飞人	1. 培养幼儿对体育锻炼的兴趣。 2. 学习 20 米快跑，增强幼儿的竞争意识	哨子
十月	5	e. 骑马	1. 培养幼儿对体育锻炼的兴趣。 2. 通过游戏学习夹物跑，加强下肢力量	标志物、海绵棒
	6	f. 勇敢的小青蛙	1. 培养幼儿对体育锻炼的兴趣。 2. 通过游戏加强幼儿双脚跳跃的能力	呼啦圈
	7	g. 受伤的小白兔	1. 培养幼儿对体育锻炼的兴趣。 2. 通过游戏纠正幼儿单脚跳的错误动作，提升左、右脚单脚跳跃的能力	徒手
	8	h. 小小解放军	1. 培养幼儿对体育锻炼的兴趣。 2. 通过游戏测试幼儿立定跳远的能力	海绵垫、轮胎、羊角球
十一月	9	i. 小螃蟹过河	1. 培养幼儿对体育锻炼的兴趣。 2. 通过游戏加强幼儿的手臂力量	长绳

续表

月份	周次	课程名称	教学目的	使用器材
十二月	10	j.炸大灰狼	1. 培养幼儿对体育锻炼的兴趣。 2. 通过游戏纠正幼儿错误的投掷动作，并进行练习	小沙包或小布球、绳子
	11	k.狼来了	1. 培养幼儿对球类运动的兴趣。 2. 通过游戏加强幼儿单手拍球和相应的反应能力	篮球、呼啦圈、标志物
	12	l.小小大力士	1. 加强幼儿的手臂力量和投掷的能力。 2. 培养幼儿参加游戏的兴趣	轮胎、练习球、绳子
	13	m.独木桥	1. 培养幼儿对体育锻炼的兴趣。 2. 利用器材的不同组合，让幼儿在游戏中增强平衡感	平衡木、桌子、海绵垫
	14	n.放鞭炮	1. 培养幼儿对体育锻炼的兴趣。 2. 通过游戏增强幼儿运动中的躲闪能力	徒手
	15	o.森林大冒险	1. 培养幼儿对体育锻炼的兴趣。 2. 通过游戏加强幼儿在一定范围内自主奔跑和跑动中躲闪的能力	凳子
	16	p.做炸弹	1. 培养幼儿对体育锻炼的兴趣。 2. 通过游戏加强幼儿单手拍球的能力。 3. 让幼儿尝试蹲着拍球	篮球
一月	17	q.好玩的轮胎	1. 通过游戏锻炼幼儿的手臂力量。 2. 通过游戏加强幼儿的手脚协调性和方向感	轮胎、篮球
	18	r.好玩的布	1. 在游戏中锻炼幼儿的基本动作（跳、爬、钻等）。 2. 通过游戏锻炼幼儿的上下肢力量	滑溜布
	19	s.地震了	1. 培养幼儿对体育锻炼的兴趣。 2. 通过游戏学习翻越的动作，增强对地震的自我保护能力。 3. 通过游戏锻炼翻越能力以及培养勇敢向前的精神	桌子
	20	t.好玩的凳子	1. 在游戏中锻炼幼儿的躲闪能力。 2. 在奔跑中锻炼幼儿的摆臂动作和身体的协调性。 3. 训练幼儿的快速反应能力，提高动作的灵敏性	凳子（人手一把）

a. 小小飞行员

大 单 元	跑	周 单 元	小小飞行员
使用器材	标志物若干		
教学目的	（1）培养幼儿对体育锻炼的兴趣。 （2）通过游戏让幼儿对口哨发令更敏感、反应更快		

活动过程

一、准备和热身部分

（1）集合整队，师幼问好。（2）口令带动，气氛营造。（3）律动热身"勇敢的小兵兵"。全体小朋友原地站好变成小兵兵。老师说"1"，小兵兵就蹲下；老师说"2"，小兵兵就原地转一圈，看谁反应快。

二、基本部分

引导语：今天，老师要把所有的小朋友变成小飞机，开着小飞机去动物园玩。

1. 变成小小飞行员

玩法：小朋友站成一路纵队，双臂打开，一个跟着一个，变成小小飞行员出发飞行。

2. 小飞机试飞

玩法：小朋友站成四路纵队，听哨音一响，第一路纵队一个跟着一个起飞，绕过前面的圆圈（标志物），飞回到自己的飞机场（原来的位置）。下一个哨音响起时，第二队接着出发，以此类推。

3. 小飞机起飞

玩法：小朋友站成四路纵队，哨音一响，第一路纵队先飞，第二队接着出发，以此类推，都是绕过前面的圆圈飞回自己的飞机场（原来的位置），重复一次。

4. 躲避大老鹰

玩法：多放置12个标志物（可按S形、半圆形或圆形间隔摆放）。大老鹰（老师）发现小飞机（小朋友）了，所以想抓来玩，小朋友们要飞着躲开，然后再飞回飞机场（原来的位置）。飞机顺利到达动物园，小朋友胜利。

1 小飞机试飞

三、结束部分

（1）放松游戏"包饺子"。两个小朋友为一组一起包饺子，一起说着"包饺子包饺子，捏捏捏"，一名小朋友帮另一名小朋友捏一捏，按摩手臂、小脚、后背肌肉，放松一下，然后互换角色（重复2~3次）。（2）结束语，和小朋友再见

b. 老虎拔牙

大 单 元	跑	周 单 元	老虎拔牙
使用器材	积木或其他小物件、凳子、筐子		
教学目的	（1）培养幼儿对体育锻炼的兴趣。 （2）学习并练习折返跑		

活动过程

一、准备和热身部分

（1）集合整队，师幼问好。（2）口令带动，气氛营造。（3）热身游戏"老虎来了"。小朋友在原地站立，老师说"大老虎来了"，小朋友就在原地快跑起来。

二、基本部分

1. 来回折返跑比赛

玩法： 老师在队伍前方一定距离处放置凳子。小朋友排四路纵队，每组第一个小朋友先出发，跑到凳子处再折返跑回来，完成后到队伍后面排队，下一个小朋友出发，看哪一组先完成。

2. 拔牙比赛

玩法： 小朋友排四路纵队，老师在一定距离内的凳子上摆放积木（牙齿），听到哨音后，小朋友快速跑上前去拔掉牙齿，再快速地跑回自己组并在指定位置（筐子里）放好积木，完成后到队伍后面排队，下一个小朋友出发。

3. 老虎拔牙

玩法： 小朋友排四路纵队，老师在队伍前方的一定距离内摆放积木（牙齿）并扮成老虎（躲在积木的后面）。被老师请到的小朋友快速跑上前去拔掉牙齿，但会遇到老虎，小朋友要勇敢地想尽各种办法拔到牙齿，然后快速地跑回自己组并在指定位置放好积木，完成后到队伍后面排队，下一个小朋友出发。

三、结束部分

（1）音乐律动"小太阳"。播放音乐《小太阳》，老师带领小朋友做舞蹈放松动作。
（2）结束语，和小朋友再见

c. 切西瓜

大 单 元	跑	周 单 元	切西瓜
使用器材	徒手		

教学目的	（1）通过游戏，培养幼儿对体育的兴趣，提升反应能力。 （2）通过游戏，发展幼儿的灵活性及绕圈跑的能力和耐力。 重点：在规定区域内绕圈跑

活动过程

一、准备和热身部分
（1）集合整队，师幼问好。（2）口令带动，气氛营造。（3）律动热身。

二、基本部分

1. 种西瓜
玩法：（1）将所有的小朋友变成小西瓜，听到"种小西瓜了"，两个小朋友手拉手围成一个圈（变成一个小西瓜）。听到"种大西瓜了"，所有小朋友手拉手围成一个大圈（变成一个大西瓜）。（2）可以在大、小圈之间转换。

2. 切西瓜
玩法：（1）所有小朋友围成一个大圈后，老师假装拿了一把大刀，碰到哪个小朋友，这个被碰到的小朋友就要把手放开，然后围着圈跑一圈再回到自己的位置。没有碰到的小朋友站着不能动。（先切一个小朋友，等这个小朋友回来再切下一个）（2）待小朋友熟悉规则后，可以同时切两、三个或者更多小朋友。

1 切西瓜

3. 吃西瓜
玩法：西瓜没有被切坏，小朋友一起来吃西瓜。老师说"吃一口"，小朋友就同时向前跳一步。

三、结束部分
（1）放松游戏"切西瓜"。全体小朋友手牵手围成一个大圆圈变成一只西瓜。老师说"我要切西瓜了"，小朋友要迅速放开手走到另外的空地上，然后手牵手围成一个更大的圆圈（变成更大的西瓜，可重复玩2~3遍）。（2）结束语，和小朋友再见

d. 最快的小飞人

大 单 元	跑	周 单 元	最快的小飞人
使用器材	哨子		
教学目的	（1）培养幼儿对体育锻炼的兴趣。 （2）学习20米快跑，增强幼儿的竞争意识		

活动过程

一、准备和热身部分

（1）集合整队，师幼问好。（2）口令带动，气氛营造。（3）律动热身。

二、基本部分

引导语：老师把所有的小朋友都变成了小飞人。

1. 摆臂动作大操练

玩法：小朋友站在原地，双脚前后打开，手臂做起跑的动作（同一边的手和脚的方向相反），听老师拍手的节奏来摆臂（先慢慢地拍，然后越来越快）。

2. 小飞人起跑

玩法：小朋友站在跑道上，听哨音一响，排在队伍第一个的小朋友先跑，跑过20米的终点线（在跑的时候眼睛看前面，跑直线，冲过终点线）。

3. 小飞人跑步比赛

玩法：小朋友站在20米的跑道上，哨音一响，第一个小朋友先跑，老师在后面假装去追。老师没有追到小朋友，小朋友胜利！

三、结束部分

（1）放松游戏"包饺子"。两个小朋友为一组一起包饺子，一起说着"包饺子包饺子，捏捏捏"，一名小朋友帮另一名小朋友捏一捏，按摩手臂、小脚、后背肌肉，放松一下，然后互换角色（重复2~3次）。（2）结束语，和小朋友再见

1　摆臂动作大操练

e. 骑马

大 单 元	夹物跳	周 单 元	骑马

使用器材	标志物、海绵棒

教学目的	（1）培养幼儿对体育锻炼的兴趣。 （2）通过游戏学习夹物跑，加强下肢力量

活动过程

一、准备和热身部分

（1）集合整队，师幼问好。（2）口令带动，气氛营造。（3）热身游戏"大鳄鱼来了"。小朋友在原地站立，听到老师说"大鳄鱼来了"，就不停地在原地双脚向上跳起。

二、基本部分

1. 变成小马

玩法：小朋友骑着彩色海绵棒变成了小马，听到"大老虎来了"，小马要在自己的位置上不停地跳起来。

2. 小马比赛

玩法 1：分四组同时进行，小朋友胯下骑着彩棒（两脚并拢），跳出去后绕着标志物再跳回来。

玩法 2：分四组同时进行，两个小朋友胯下骑着同一条彩棒（两脚并拢），跳出去后绕着标志物再跳回来。

2　变成小马

3. 大老虎追赶

玩法：小朋友骑着彩棒跳，到标志物后迅速跳回来，不要被大老虎（老师）抓住。

4. 小马智斗大老虎

玩法：小马手拿彩棒，拍打大老虎。

三、结束部分

（1）放松游戏"机器人放电"。小朋友原地站立，双手举高，老师说"手放电，吱"，小朋友手臂放下；老师说"头放电，吱"，小朋友就把头低下；老师说"全身放电"，小朋友就坐在地上（可重复玩2~3遍）。（2）结束语，和小朋友再见

f. 勇敢的小青蛙

大 单 元	双脚跳	周 单 元	勇敢的小青蛙
使用器材	呼啦圈		
教学目的	（1）培养幼儿对体育锻炼的兴趣。 （2）通过游戏加强幼儿双脚跳跃的能力		

活动过程

一、准备和热身部分

（1）集合整队，师幼问好。（2）口令带动，气氛营造。（3）热身活动"大鳄鱼来了"。小朋友在原地站立，听到老师说"大鳄鱼来了"，就不停地在原地双脚向上跳起。

二、基本部分

1. 变青蛙

玩法：把所有小朋友变成小青蛙。小青蛙蹲下来，听到老师说一句"小青蛙"，小青蛙就跳起来嘴巴里说"呱"（由慢到快）。不好了，小青蛙叫得太大声，吵醒了在睡觉的大鳄鱼，大鳄鱼说要把你们都吃掉。听到"大鳄鱼来了"，小青蛙就要在自己的位置不停地跳起来（蹲着跳），大鳄鱼走了就站起来。

2. 小青蛙跳荷叶

玩法：分四组，每组前面放几个呼啦圈（每个呼啦圈间隔70厘米）。老师等下要带着小青蛙去找食物，但前面被一条河挡住了，小青蛙要从荷叶上面跳过河，记得先到老师这拍下手领好吃的（每个小朋友跳两遍）。停下来放松下，边放松边说"不好了，荷叶被大鳄鱼拍得更远了，小青蛙也要跳得更远"。（呼啦圈拉开的距离视幼儿的具体情况定）

3. 小青蛙找家

玩法：小朋友人手一个呼啦圈，将呼啦圈相隔一段距离随意放在地上。不好了！刚刚小青蛙去拿了好多好吃的，但不小心被大鳄鱼给知道了，它说要抢走这些好吃的东西。听到"大鳄鱼来了"，所有的小青蛙要找个呼啦圈跳到里面躲起来。过去的时候要小心，不要撞在一起，撞在一起了就会被大鳄鱼给抓住的哦。（一起跳的时候，老师要提醒小朋友不要撞在一起了）

三、结束部分

（1）放松游戏"机器人放电"。小朋友原地站立，双手举高，老师说"手放电，吱"，小朋友手臂放下；老师说"头放电，吱"，小朋友就把头低下；老师说"全身放电"，小朋友就坐在地上（可重复玩2~3遍）。（2）结束语，和小朋友再见

g. 受伤的小白兔

大 单 元	单脚跳	周 单 元	受伤的小白兔
使用器材	徒手		

教学目的	（1）培养幼儿对体育锻炼的兴趣。 （2）通过游戏纠正幼儿单脚跳的错误动作，提升左、右脚单脚跳跃的能力

活动过程

一、准备和热身部分

（1）集合整队，师幼问好。（2）口令带动，气氛营造。（3）热身活动"大鳄鱼来了"。小朋友在原地站立，听到老师说"大鳄鱼来了"，就不停地在原地双脚向上跳起。

二、基本部分

1. 变小兔子

玩法：把所有的小朋友都变成小白兔，听到"大灰狼来了"，小白兔要在自己的点点上面不停地跳起来（玩两遍）。不好了，刚刚小白兔跳得太低了，被大灰狼给咬到了，等下跳的时候就要把受伤的脚给抬起来（原地左右脚各玩两遍）。

2. 小白兔找医生

玩法：老师要带所有的小白兔去找医生治脚，大灰狼很坏，说要在路上抓走小白兔。听到"大灰狼来了"，小白兔就要跳到老师那儿排成一列火车让兔妈妈（带班老师）保护我们。听到"大灰狼走了"，再跳出来跟着老师一起出去找医生。（第一遍左脚跳出去，第二遍就要换右脚跳；注意大灰狼追赶速度不能太快，中间要有休息时间）

3. 小白兔治脚

玩法：原来我们的老师就是一位医生，等下小白兔先排好队，听到老师的口哨声后，一个一个跳到老师那里治疗受伤的脚（左右脚各治一次）。在小朋友去治脚的路上，老师可以变成大灰狼阻挡他们。

三、结束部分

（1）放松游戏"机器人放电"。小朋友原地站立，双手举高，老师说"手放电，吱"，小朋友手臂放下；老师说"头放电，吱"，小朋友就把头低下；老师说"全身放电"，小朋友就坐在地上（可重复玩2~3遍）。（2）结束语，和小朋友再见

h. 小小解放军

大 单 元	立定跳远	周 单 元	小小解放军
使用器材	海绵垫、轮胎、羊角球		
教学目的	（1）培养幼儿对体育锻炼的兴趣。 （2）通过游戏测试幼儿立定跳远的能力		

活动过程

一、准备和热身部分

（1）集合整队，师幼问好。（2）口令带动，气氛营造。（3）律动热身"大鳄鱼"。播放音乐《大鳄鱼》，小朋友模仿大鳄鱼的样子快、慢交替跑。

二、基本部分

1. 开飞机热身

玩法：把所有的小朋友变成解放军，我要带着解放军去开小飞机。分四组：第一组一号飞机，第二组二号，以此类推。听到老师说"一号飞机"，那一号飞机就要把手打开，听到"出发"，就要一个跟着一个飞出去，绕过前面的轮胎，从队伍后面回到自己的位置。（听到老师说几号飞机，被叫到号的飞机就要快速打开手，慢了可以暂停一次，这样小朋友才会集中注意力）

2. 解放军训练

玩法：分两组，在每组前面的起跳、距起跳75厘米和95厘米处各画一条线。小解放军要先跳过小河，再爬过草地（海绵垫），最后跑到终点踢一下羊角球（用绳子将羊角球和轮胎绑在一起，不要绑太长）。注意：要让带班老师过来记录成绩比较差的幼儿。

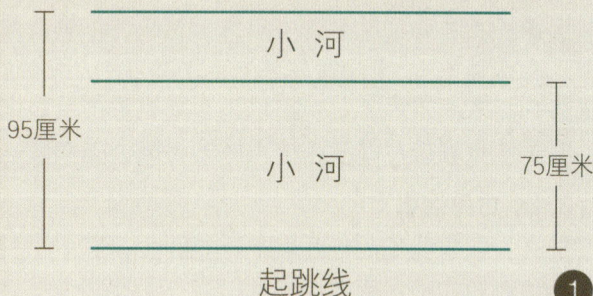

1 解放军训练

三、结束部分

（1）放松游戏"机器人放电"。小朋友原地站立，双手举高，老师说"手放电，吱"，小朋友手臂放下；老师说"头放电，吱"，小朋友就把头低下；老师说"全身放电"，小朋友就坐在地上（可重复玩2~3遍）。

（2）结束语，和小朋友再见

i. 小螃蟹过河

大 单 元	手臂力量	周 单 元	小螃蟹过河
使用器材	长绳		
教学目的	（1）培养幼儿对体育锻炼的兴趣。 （2）通过游戏加强幼儿的手臂力量		

活动过程

一、准备和热身部分

（1）集合整队，师幼问好。（2）口令带动，气氛营造。（3）热身游戏"种苹果"。小朋友在原地连续双脚向上跳，听到老师说"种苹果了"，全体小朋友迅速手牵手围成一个圆圈变成一个大苹果。

二、基本部分

1. 小螃蟹学本领

玩法： 今天老师来幼儿园的时候发现河边有好多小螃蟹。螃蟹是横着爬的，现在所有的小朋友变成小螃蟹了，老师说"大蟒蛇来了"，小螃蟹就要趴下（手脚撑地），肚子不能碰地板。老师说"小螃蟹向左爬"，那小朋友就要向左爬，说"小螃蟹向右爬"，就向右爬。

2. 小螃蟹过河

玩法： 刚刚小螃蟹都学好了本领，现在小螃蟹要过河了，队伍前面放两条绳子，平行间隔一定距离摆开。老师哨声响起，小螃蟹一个跟着一个横向爬过河。要求：爬的时候手脚都在绳子的外面。

3. 河变宽了

玩法： 刚刚河水上涨了，河道变宽了，等会小螃蟹越爬会越吃力了。将绳子摆成"八"字形，然后让小朋友爬过小河（动作同上）。

4. 小螃蟹大比拼

玩法：（场景同上）现在来比赛，看看哪只小螃蟹爬得快，分四组比赛。

三、结束部分

（1）放松游戏。（2）结束语，和小朋友再见

2　河变宽了

j. 炸大灰狼

大 单 元	投掷	周 单 元	炸大灰狼
使用器材	小沙包或小布球、绳子		
教学目的	（1）培养幼儿对体育锻炼的兴趣。 （2）通过游戏纠正幼儿错误的投掷动作，并进行练习。 注意：老师记录成绩差的幼儿并提醒多练习		

活动过程

一、准备和热身部分

（1）集合整队，师幼问好。（2）口令带动，气氛营造。（3）律动热身"小苹果"。播放音乐《小苹果》，老师带着小朋友跟随音乐节奏走，并做一些关节运动。

二、基本部分

1. 发现大灰狼

玩法：今天老师来幼儿园的时候发现有一只大灰狼也进了幼儿园，它要来咬我们，那等会小朋友拿炸弹把大灰狼炸跑好不好？那我们怎么投炸弹呢？首先，左脚在前，右脚在后，右手拿起炸弹，左手举高对着大灰狼的方向，老师说"投炸弹"，小朋友就把炸弹往前上方投出去。老师可以扮演大灰狼，告诉小朋友老师站左边就往左边投，站右边就往右边投。

2. 炸狼堡

玩法：刚刚大灰狼没有抓到小朋友，现在躲在城堡里了，那等会我们要把炸弹投到城堡里面去。在队伍前面放两条绳子，一条是投掷线，一条是目标线（就是大灰狼的城堡），两条线距离5米左右。分四组，每组第一个小朋友站在投掷线，听老师口令把炸弹投过目标线（炸大灰狼的城堡）。要求：小朋友双脚不能超过投掷线，要往前上方投；投过目标线才算炸到大灰狼的城堡。

3. 炸红太狼

玩法：投过目标线的小朋友就可以到别的地方去炸红太狼，由老师带领他们在别的地方练习炸红太狼。小朋友跟老师对扔炸弹，中间设置一条线，要求小朋友不能超过这条线。大灰狼一家被小朋友炸跑了，表扬小朋友胜利。

三、结束部分

（1）放松游戏。（2）结束语，和小朋友再见

k. 狼来了

大 单 元	拍球	周 单 元	狼来了
使用器材	篮球、呼啦圈、标志物		
教学目的	（1）培养幼儿对球类运动的兴趣。 （2）通过游戏加强幼儿单手拍球和相应的反应能力		

活动过程

一、准备和热身部分

（1）集合整队，师幼问好。（2）口令带动，气氛营造。（3）律动热身"大家一起来"。播放音乐《大家一起来》，老师带领小朋友跟着音乐节奏模仿小鸟原地跳、原地旋转、原地蹲下、原地走等动作，达到热身的效果。

二、基本部分

1. 原地拍球

玩法：今天老师教小朋友拍篮球，那篮球怎么拍呢？首先我们的手掌要打开，然后再把球拍下去，要把球拍到胸前的高度，眼睛看着球，手臂要抬高，待球升到最高点再把球往下拍（左右手交换拍球）。等会听到"大灰狼来了"就要把球藏起来（坐在屁股下面）。

2. 保护篮球

玩法：小朋友抱着球在场地里随便走动、玩耍，场地的东南西北各放了一个呼啦圈。等会听到"大灰狼来了"，小朋友就马上躲到四个呼啦圈的后面，不能被大灰狼抓到，大灰狼走了再继续出来玩。

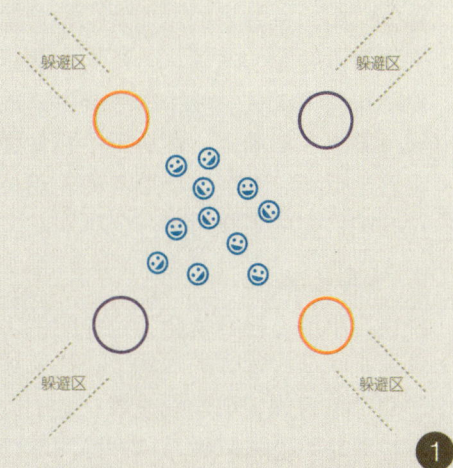

1　保护篮球

3. 行进中拍球

玩法：（1）刚刚大灰狼没有抢到我们的球，他说要再来一次，这次小朋友要在场地里边走边拍球，听到"大灰狼来了"，就拍着球躲在呼啦圈的后面排好队，大灰狼走了再出来拍球。
（2）分四组，在每一组的前方放置标志物（有一定距离），小朋友拍球过去再拍回来，尽量做到不掉球。

三、结束部分

（1）放松游戏。（2）结束语，和小朋友再见

1. 小小大力士

大 单 元	手臂力量、投掷	周 单 元	小小大力士
使用器材	轮胎、练习球、绳子		
教学目的	（1）加强幼儿的手臂力量和投掷的能力。 （2）培养幼儿参加游戏的兴趣		

活动过程

一、准备和热身部分

（1）集合整队，师幼问好。（2）口令带动，气氛营造。（3）律动热身"大家一起来"。播放音乐《大家一起来》，老师带领小朋友跟着音乐节奏模仿小鸟原地跳、原地旋转、原地蹲下、原地走等动作，达到热身的效果。

二、基本部分

1. 变成大力士

玩法：今天老师把小朋友变成了小小大力士，看看我们的小朋友是不是大力士呢？等会老师说"大力士准备"，小朋友就以俯卧撑的姿势趴下去（平板支撑5秒左右），老师要先示范。（可以让小朋友先完成三次平板支撑的动作，然后在原地练习投掷动作）

2. 大力士学本领

玩法：刚刚老师发现小朋友们都很棒。现在我们来学习拉轮胎的本领。分四组，每组一个轮胎，轮胎用绳子绑住。我们的手要举高放到耳朵边，绳子要放在肩膀上，然后用手抓住绳子往前拉。设置起点和终点线，小朋友将轮胎拉过终点线再拉回来，完成后交给下一个小朋友。

1 大力士学本领

3. 学投炸弹

玩法：小朋友已经学会了拉轮胎的本领，现在我们要来学习投炸弹的本领了。终点线的前面放置了四个练习球，球连着线放在地上固定好。小朋友拉着轮胎过去以后，再把练习球往前上方扔出去，然后拉回轮胎交给下一个小朋友。

三、结束部分

（1）放松游戏。（2）结束语，和小朋友再见

m. 独木桥

大 单 元	平衡	周 单 元	独木桥
使用器材	平衡木、桌子、海绵垫		
教学目的	(1)培养幼儿对体育锻炼的兴趣。 (2)利用器材的不同组合，让幼儿在游戏中增强平衡感		

活动过程

一、准备和热身部分

(1)集合整队，师幼问好。(2)口令带动，气氛营造。(3)律动热身。

二、基本部分

引导语：今天老师听说有一只小老虎生病了，什么东西都没有吃，等一下我们这些小老虎要去探望那只生病的小老虎。

1. 小老虎躲猎人

玩法：(按一定间隔放置平衡木)音乐响起，小老虎一个跟着一个慢跑去探望生病的小老虎，但路上遇到了猎人，猎人来的时候小老虎要脚跨平衡木坐好。(玩两次)

2. 小老虎过河

玩法：小老虎躲过猎人后，前面出现了一条河(将两条平衡木直着对接摆放，过两次)。过去之后又出现了另一条河(两条平衡木按"7"字形对接摆放，过两次)。

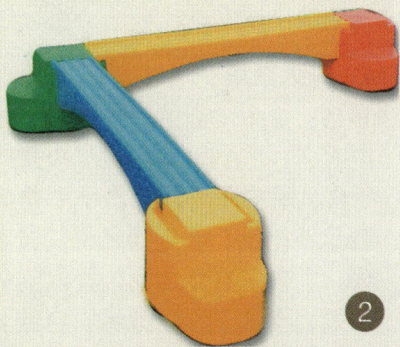

2　将平衡木摆成"7"字形

3. 小老虎翻山

玩法：过小河后还要翻过一座小山就到生病的小老虎家了(放桌子，在桌子前后各架一条平衡木，平衡木下面各放一张海绵垫)。小老虎上坡走上桌子，再下坡走下去。(注意固定平衡木)

三、结束部分

(1)放松游戏"吹泡泡"。小朋友手拉手围成一个圈，老师说"吹泡泡"时，小朋友手和手拉直，泡泡变大了；老师说"吐泡泡"时，小朋友手臂放下，泡泡变小了。(2)结束语，和小朋友再见

n. 放鞭炮

大 单 元	躲闪跑	周 单 元	放鞭炮
使用器材	徒手		
教学目的	（1）培养幼儿对体育锻炼的兴趣。 （2）通过游戏增强幼儿运动中的躲闪能力		

活动过程

一、准备和热身部分

（1）集合整队，师幼问好。（2）口令带动，气氛营造。（3）律动热身。

二、基本部分

引导语：过年的时候到处都在放鞭炮，今天老师要教小朋友做鞭炮。

1. 做小鞭炮

玩法：音乐响起的时候，小朋友在自己的位置上不停地跳，音乐停后，听到老师数到"3"，所有的小朋友跳起来说"嘣"。（玩两次）

2. 做大鞭炮

玩法：音乐响起的时候在自己位置上不停地跳起来，听到老师说做"小鞭炮"的时候，3位小朋友面对面伸出小手叠起来，变成小鞭炮不能动。听到老师说"做大鞭炮"的时候，男孩子在指定的位置以同样的方法做大鞭炮，女孩子在场地另一边做。大小鞭炮交换玩三次，以小鞭炮的形式结束这一环节。

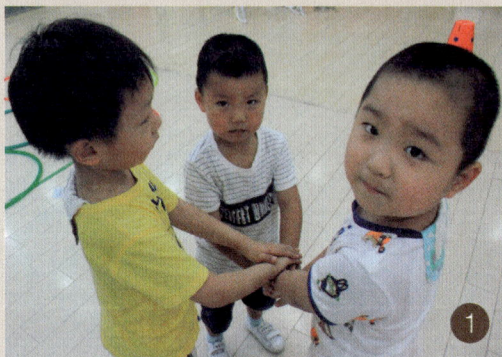

1 变成鞭炮

3. 放鞭炮

玩法：现在我要来点鞭炮了，点到的鞭炮要迅速喊"嘣"，然后跑到其他小鞭炮那里把手放好做更大的鞭炮，直到点完。出现人多围不下的情况时就点大鞭炮，点到的回点点站好，再从小鞭炮重复玩。

三、结束部分

（1）放松游戏"机器人放电"。小朋友原地站立，双手举高，老师说"手放电，吱"，小朋友手臂放下；老师说"头放电，吱"，小朋友就把头低下；老师说"全身放电"，小朋友就坐在地上（可重复玩2~3遍）。（2）结束语，和小朋友再见

o. 森林大冒险

大 单 元	躲闪跑	周 单 元	森林大冒险
使用器材	凳子		
教学目的	（1）培养幼儿对体育锻炼的兴趣。 （2）通过游戏加强幼儿在一定范围内自主奔跑和跑动中躲闪的能力		

活动过程

一、准备和热身部分

（1）集合整队，师幼问好。（2）口令带动，气氛营造。（3）律动热身。

二、基本部分

引导语：光头强天天在森林里砍树，今天老师要带小动物们去森林里冒险，看谁最勇敢。

1. 看谁最勇敢

玩法：因为森林里很危险，老师只带最勇敢、最自信的小动物去冒险，现在要看小马（男）和小羊（女）谁比较厉害。音乐响起，小朋友在自己的位置上不停地跑起来，音乐停了，听到"捉小马"的时候，小羊就要手牵手把小马围起来。捉小羊的时候方法相同。

2. 探路

玩法：进森林前小动物要先去探一下路，看看有没有危险，如果在音乐中听到枪声的时候就要一边跑一边跳过来（响一下跳一下），男、女生各玩一次。音乐响起出发，音乐停时回去排好队。

3. 进森林

玩法：（凳子随意间隔摆放）音乐响起时，被老师请到的小朋友可以随意在树（凳子）之间跑动，听到炸弹"嘣"的声音，就找一棵树藏好（坐凳子上，可以几个小朋友一起坐），男、女生交换玩一次。树被光头强砍了好多（收掉部分凳子），再继续以上环节。

三、结束部分

（1）放松游戏"机器人放电"。小朋友原地站立，双手举高，老师说"手放电，吱"，小朋友手臂放下；老师说"头放电，吱"，小朋友就把头低下；老师说"全身放电"，小朋友就坐在地上（可重复玩2~3遍）。（2）结束语，和小朋友再见

p. 做炸弹

大 单 元	拍球	周 单 元	做炸弹
使用器材	篮球		
教学目的	（1）培养幼儿对体育锻炼的兴趣。 （2）通过游戏加强幼儿单手拍球的能力。 （3）让幼儿尝试蹲着拍球		

活动过程

一、准备和热身部分

（1）集合整队，师幼问好。（2）口令带动，气氛营造。（3）律动热身。

二、基本部分

引导语：大灰狼天天欺负小动物，今天小朋友要做炸弹把狼窝炸掉。

1. 做炸弹

玩法：音乐响起的时候，小朋友在自己的位置上不停地拍球（拍得越认真，炸弹就越响）。大灰狼怕我们的炸弹，说要在我们做炸弹的时候来抓我们。做炸弹（拍球）的时候听到"大灰狼来了"就要蹲下来拍球，听到"大灰狼走了"再站起来拍。（重复三次）

2. 跟踪大灰狼

玩法：炸弹做好了，我们要跟踪大灰狼找到狼窝，没找到狼窝时不能浪费炸弹。音乐响起时，所有的小朋友拍着球跟着老师去找狼窝，听到"大灰狼来了"要蹲下来拍球。（重复几次并控制时间）

3. 炸狼窝

玩法：分两组，一组小朋友先把球放好，然后两组面对面站好（有一定距离）。有球的小朋友双手把球举起，听口令把球投向对面的小朋友，对面的小朋友捡球。（玩两次）

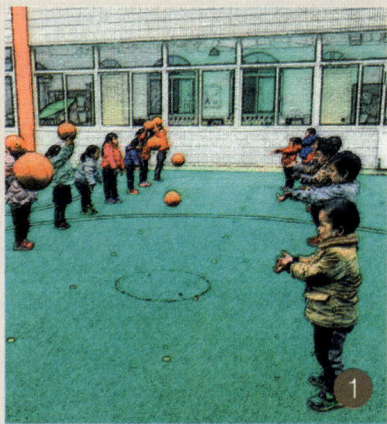

1　炸狼窝

三、结束部分

（1）放松游戏"机器人放电"。小朋友原地站立，双手举高，老师说"手放电，吱"，小朋友手臂放下；老师说"头放电，吱"，小朋友就把头低下；老师说"全身放电"，小朋友就坐在地上（可重复玩2~3遍）。（2）结束语，和小朋友再见

q. 好玩的轮胎

大 单 元	综合训练	周 单 元	好玩的轮胎
使用器材	轮胎、篮球		
教学目的	（1）通过游戏锻炼幼儿的手臂力量。 （2）通过游戏加强幼儿的手脚协调性和方向感		

活动过程

一、准备和热身部分

（1）集合整队，师幼问好。（2）口令带动，气氛营造。（3）热身游戏"大家一起转"。小朋友在原地站立变成大象，老师说"1、2、3、4、5"，大象就要转5圈，圈数可逐渐减少。

二、基本部分

引导语：你们喜欢小车吗？今天老师带你们去开小车，我看一下谁最棒。

1. 买车

玩法：所有的小朋友一个跟着一个绕圈跑，听到老师说"坏人来了"，我们就要躲到车里（站在轮胎上），不然坏人就会来抢东西。

2. 考驾照

玩法：（设置起点线和终点线）被老师请到的小朋友从起点跑到终点，然后再跑回来，一个跟着一个。

3. 开车去玩

玩法：被老师请到的小朋友把轮胎推到终点再推回来，然后下一个小朋友出发。

4. 做小小司机

玩法：把篮球放在轮胎的中间，被老师请到的小朋友把轮胎推到终点再推回来，然后下一个小朋友出发（篮球不能掉出来）。

2　做小小司机

三、结束部分

（1）放松游戏。（2）结束语，和小朋友再见

r. 好玩的布

大 单 元	综合训练	周 单 元	好玩的布
使用器材	滑溜布		
教学目的	（1）在游戏中锻炼幼儿的基本动作（跳、爬、钻等）。 （2）通过游戏锻炼幼儿的上下肢力量		

活动过程

一、准备和热身部分

（1）集合整队，师幼问好。（2）口令带动，气氛营造。（3）律动热身"大家一起来"。
播放音乐《大家一起来》，老师带领小朋友跟着音乐节奏模仿小鸟原地跳、原地旋转、原
地蹲下、原地走等动作，达到热身的效果。

二、基本部分

1. 跳一跳

玩法： 今天，老师要带着所有的小朋友去海边游玩。小朋友成四路纵队（男女各成两路纵
队）站好，每个纵队各有一名老师带领着小朋友一个跟着一个在滑溜布上做跳跃的基本动
作，达到热身的目的。

2. 划船比赛

玩法： 小朋友坐在滑溜布上，双手撑在身后的地面上，撑地向前挪动身体。

3. 小鱼游泳

玩法： 小朋友分成两组，在布的两边上下摇动滑溜布（像大海一样）。被老师请到的小朋
友变成小鱼从布下钻过去，完成后回到原来的位置摇动布。

4. 大鳄鱼来了

玩法： 老师变成大鳄鱼，当大鳄鱼从布下钻过去的时候，小朋友要用力地晃动布。当大鳄
鱼钻出来说要抓小鱼了，小鱼要钻进布下面躲起来。

5. 海马跳比赛

玩法： 分成两组，小朋友成一路纵队站好并将一条腿跨过布（两脚分别在布的两边），前
后拉开距离，两脚夹紧布向前跳。

三、结束部分

（1）放松游戏。（2）结束语，和小朋友再见

s. 地震了

大 单 元	综合训练	周 单 元	地震了
使用器材	桌子		

教学目的	（1）培养幼儿对体育锻炼的兴趣。 （2）通过游戏学习翻越的动作，增强对地震的自我保护能力。 （3）通过游戏锻炼翻越能力以及培养勇敢向前的精神

活动过程

一、准备和热身部分

（1）集合整队，师幼问好。（2）口令带动，气氛营造。（3）律动热身"大家一起来"。播放音乐《大家一起来》，老师带领小朋友跟着音乐节奏模仿小鸟原地跳、原地旋转、原地蹲下、原地走等动作，达到热身的效果。

二、基本部分

引导语：今天，老师要带着所有的小朋友来做地震演习。

1. 地震来了

玩法：放置若干桌子。小朋友一个跟着一个围圈跑，听到老师说"地震来了"就赶紧躲在桌子下面。（可多玩几次）

2. 走出教室

玩法：把小朋友分成四组，每组小朋友前面放四张桌子，小朋友从桌子上翻过去，然后跑到队伍后面排队。

3. 到安全的空地上

玩法：把小朋友分成两组（男孩、女孩子各一组），将桌子摆成两排（两排桌子之间的距离大概为40厘米），小朋友侧身从桌子间的过道走过去。

三、结束部分

（1）放松游戏。（2）结束语，和小朋友再见

40厘米

1　到安全的空地上

t. 好玩的凳子

大 单 元	综合训练	周 单 元	好玩的凳子
使用器材	凳子（人手一把）		
教学目的	（1）在游戏中锻炼幼儿的躲闪能力。 （2）在奔跑中锻炼幼儿的摆臂动作和身体的协调性。 （3）训练幼儿的快速反应能力，提高动作的灵敏性		

活动过程

一、准备和热身部分

（1）集合整队，师幼问好。（2）徒手口令带动。（3）律动热身"跨世纪运动会"。小朋友在原地跑，听到老师说"快跑"，就加速跑步；听到老师说"慢跑"，就慢速跑；听到老师说"投篮"，就在原地做连续向上跳动作。

二、基本部分

引导语：今天老师带你们去森林里玩，不能被大灰狼发现哦！

1. 吃薯条

玩法：小朋友在自己的点点上跑起来（原地），听到老师说"大灰狼来了"，就到凳子后面变成薯条，听到老师说吃"××薯条"，那个薯条（被点到的小朋友）就要到其他凳子后面变成另外的薯条。（可玩几次）

2. 带薯条去森林玩

玩法：（凳子随意摆放，凳子之间的距离为 1.5 米）四组同时进行，听到哨声后每组的第一个薯条出发，穿过我们的森林（凳子摆的）再跑回来。（玩两次，不能碰到小树，也不能撞到其他薯条）

3. 躲避大灰狼

玩法：大灰狼知道我们在森林里玩耍，它要来抓我们，我们不能被它抓到。听到老师说"大灰狼抓 ×× 薯条"，被点到的那组薯条就在森林里跑。大灰狼说"要吃薯条了"，就赶紧坐到凳子上。

4. 抓女孩子、男孩子

玩法：听到老师说"大灰狼抓女孩子（男孩子）"，女孩子（男孩子）就在森林里跑。听到"要吃薯条了"就找凳子坐下。（没凳子坐的小朋友到凳子靠背那里排队）

5. 所有的薯条

玩法：听到老师说"大灰狼抓所有的薯条"，所有的薯条就在森林里跑。听到老师说"要吃薯条了"就赶紧找凳子坐下来（其他规则同上）。

三、结束部分

放松活动，师幼道别

4. 中班第二学期

表5-5　中班第二学期体育课教学计划

学期总目标：1. 跑：能快速地在一定范围内四散追逐跑，能走、跑交替（或慢跑），能远足和成一路纵队跑。

2. 跳：会立定跳远，能双脚熟练地向前跳或在直线两侧行进跳，能高处往下跳和单双脚跳。

3. 投掷：掌握投掷挥臂的动作，形成投远的意识。

4. 拍球和平衡：能够在行进间拍球；能快速通过平衡木，能在单脚站立时凭意志坚持。

5. 针对各项内容，加强幼儿的上肢、下肢力量，以及手脚协调性和不怕苦、不怕累的精神。

6. 能按规则完成游戏任务

月份	周次	课程名称	教学目的	使用器材
二月	1	a. 开飞机	1. 培养幼儿对体育锻炼的兴趣。 2. 加强幼儿一个跟着一个跑的能力	凳子若干
	2	b. 受伤的袋鼠	1. 培养幼儿对体育锻炼的兴趣。 2. 锻炼幼儿单脚跳的能力，加强幼儿的下肢力量	标志物、桌子（每组一张）
	3	c. 助跑跨跳	1. 通过游戏，培养幼儿对体育锻炼的兴趣。 2. 学习助跑跨跳	跨栏、地垫、标志物
三月	4	d. 小小解放军	1. 培养幼儿对体育锻炼的兴趣。 2. 通过游戏加强幼儿匍匐爬的能力	小布球、海绵垫
	5	e. 大力士	1. 培养幼儿对体育锻炼的兴趣。 2. 通过游戏加强幼儿的手臂力量	海绵垫、滑溜布
	6	f. 炸大老虎	1. 培养幼儿对体育锻炼的兴趣。 2. 加强幼儿投掷动作的准确性和投掷距离	椅子、绳子、滑溜布、沙包（小布球或者报纸球）
	7	g. 翻滚的战士	1. 培养幼儿对体育锻炼的兴趣。 2. 加强幼儿前滚翻的能力	海绵垫、滑溜布

续表

月份	周次	课程名称	教学目的	使用器材
四月	8	h. 戏耍大老虎	1. 培养幼儿对体育锻炼的兴趣。 2. 通过游戏加强幼儿拍球的能力	凳子、篮球
	9	i. 奔跑吧! 孩子们	1. 培养幼儿对体育锻炼的兴趣。 2. 通过游戏提高幼儿的快跑能力	雪糕筒（若干）、小物件（若干）
	10	j. 炸坦克	1. 培养幼儿对球类运动的兴趣。 2. 通过游戏加强幼儿原地单手拍球和行进间拍球的能力	篮球（人手一个）、篮球筐
	11	k. 跳跃大闯关	1. 加强幼儿的手臂力量和投掷能力。 2. 加强幼儿的立定跳远能力	长绳、小地垫、标志物、粉笔
五月	12	l. 过桥	1. 培养幼儿对体育锻炼的兴趣。 2. 通过游戏加强幼儿的平衡能力	凳子
	13	m. 好玩的滑板车	1. 培养幼儿对体育锻炼的兴趣。 2. 通过游戏增强幼儿的手臂力量	滑板车、标志物
	14	n. 火炬传递	1. 培养幼儿对体育锻炼的兴趣。 2. 通过游戏学习接力跑	接力棒 6~8 根或海绵棒 6~8 根
	15	o. 左蹦右跳	1. 培养幼儿对体育锻炼的兴趣。 2. 通过游戏学习沿直线左右跳	绳子或橡皮筋（每组两条）、标志物
六月	16	p. 小猴的尾巴	1. 培养幼儿对体育锻炼的兴趣。 2. 通过游戏学习追逐跑	小毛巾或者短绳（若干）
	17	q. 保护鸡蛋	1. 培养幼儿对体育锻炼的兴趣。 2. 通过游戏提升幼儿夹物跳的能力	小布球（人手一个）、标志物
	18	r. 上山	1. 培养幼儿对体育锻炼的兴趣。 2. 通过游戏加强幼儿的下肢力量和单脚跳的能力	平衡木、海绵垫、桌子

a. 开飞机

大 单 元	跑	周 单 元	开飞机
使用器材	凳子若干		
教学目的	（1）培养幼儿对体育锻炼的兴趣。 （2）加强幼儿一个跟着一个跑的能力。 要求：把握好速度和距离		

活动过程

一、准备和热身部分

（1）集合整队，师幼问好。（2）徒手口令带动。（3）律动热身。

二、基本部分

引导语：今天老师把所有的小朋友变成了飞机，我看哪架飞机飞得最棒。

1. 原地热身

玩法：老师教小朋友跑步的动作。

2. 变成小飞机

玩法1：将凳子摆成半圆形，被老师请到的小朋友在凳子外面跑一圈，然后到队伍后面排队。

玩法2：小朋友分成四组，一组一组出发，被老师请到的组一个跟着一个出发，在凳子外面跑。（玩两三次，小朋友要注意自己前后方同伴的速度）

3. 飞机起飞

玩法：把凳子收了，被老师请到的组出发，跟着带队小朋友跑。（带队的小朋友要注意速度，后面的小朋友一定要跟上）

4. 飞机比赛

玩法：四组小朋友一起出发，看哪组小朋友飞得又稳又快。（提醒小朋友要跟上自己的队员）

三、结束部分

（1）放松游戏"吹跑乌云"。老师扮演乌云，小朋友大吸一口气后，对着乌云的方向用力吹气，看能不能把乌云吹跑（可重复2~3遍）。（2）结束语，和小朋友再见

b. 受伤的袋鼠

大 单 元	单脚跳	周 单 元	受伤的袋鼠
使用器材	标志物、桌子（每组一张）		
教学目的	（1）培养幼儿对体育锻炼的兴趣。 （2）锻炼幼儿单脚跳的能力，加强幼儿的下肢力量。 要求：幼儿能够单脚连续跳		

活动过程

一、准备和热身部分

（1）集合整队，师幼问好。（2）口令带动，气氛营造。（3）律动热身"勇敢的小兵兵"。全体小朋友原地站好变成小兵兵。老师说"1"，小兵兵就蹲下；老师说"2"，小兵兵就原地转一圈，看谁反应快。

二、基本部分

1. 小袋鼠学本领

玩法：小袋鼠的一只脚受伤了，但我们还是要出去找吃的，不能被大老虎抓到。老师教小朋友单脚跳的动作姿势（抬起来的脚如何放，要做示范）。音乐响起，小朋友在自己的位置上单脚不停地跳，音乐停了就双脚站好不动。

2. 勤奋的小袋鼠

玩法：为了不被大老虎抓到，小袋鼠开始练习了。每一组正前方3米处竖着摆放一张桌子，6米处摆放标志物为终点。幼儿在起点用右脚单脚跳到桌子的左侧，手扶桌子借力后完成后半段路，到达后（标志物处）换左脚在桌子的另一侧以同样的方法回来，到队伍后面排队。（一个跟一个间隔放行）

3. 捉小袋鼠

玩法：将幼儿分成若干组，被老师请到的小朋友出来在指定的区域内单脚跳，不能被大老虎（老师）捉到。（注意提醒小朋友累了可以换脚）

三、结束部分

（1）放松游戏"包饺子"。两个小朋友为一组一起包饺子，一起说着"包饺子包饺子，捏捏捏"，一名小朋友帮另一名小朋友捏一捏，按摩手臂、小脚、后背肌肉，放松一下，然后互换角色（重复2~3次）。（2）结束语，和小朋友再见

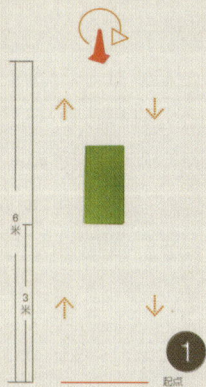

1　勤奋的小袋鼠

c. 助跑跨跳

大 单 元	跳	周 单 元	助跑跨跳
使用器材	跨栏、地垫、标志物		
教学目的	(1)通过游戏，培养幼儿对体育锻炼的兴趣。 (2)学习助跑跨跳。 要求：幼儿能够熟练掌握助跑跨跳的动作要领		

活动过程

一、准备和热身部分

(1)集合整队，师幼问好。(2)口令带动，气氛营造。(3)律动热身"勇敢的小兵兵"。全体小朋友原地站好变成小兵兵。老师说"1"，小兵兵就蹲下；老师说"2"，小兵兵就原地转一圈，看谁反应快。

二、基本部分

1. 有地雷

玩法：小朋友们，地上有地雷，我们不能踩到，现在大家跟我学怎样躲开地雷。(原地练习跨步动作，要做正面和侧面示范)

2. 勇往直前

玩法：现在我们准备去参加比赛，但是前面有东西挡住我们了，我们要跨过去。将幼儿分组，在每组前方3～4米处横放一个跨栏，在一定距离放一标志物为终点。幼儿助跑跨跳过跨栏后跑到终点，再单脚跳回队伍后面排队。(下一位幼儿在前一幼儿开始单脚跳时就可出发)

3. 腾飞的孩子

玩法：将上一环节的跨栏换成地垫(拼成90厘米的宽度)，具体玩法同上。

三、结束部分

(1)放松游戏"包饺子"。两个小朋友为一组一起包饺子，一起说着"包饺子包饺子，捏捏捏"，一名小朋友帮另一名小朋友捏一捏，按摩手臂、小脚、后背肌肉，放松一下，然后互换角色(重复2~3次)。(2)结束语，和小朋友再见

2　勇往直前

d. 小小解放军

大 单 元	匍匐爬	周 单 元	小小解放军
使用器材	小布球、海绵垫		
教学目的	（1）培养幼儿对体育锻炼的兴趣。 （2）通过游戏加强幼儿匍匐爬的能力		

活动过程

一、准备和热身部分

（1）集合整队，师幼问好。（2）口令带动，气氛营造。（3）律动热身。

二、基本部分

1. 变成解放军

玩法：今天我们来当解放军，分组练习平地匍匐爬。动作要领：身体要贴着海绵垫爬，哪个手在前，那么相反方向的脚也要在前。

2. 爬过小山头

玩法：将海绵垫以一定斜度放置（小山），幼儿爬过去。

3. 投掷炸弹

玩法：幼儿手拿小布球，爬过小山头，投掷手中的炸弹（小布球），然后再跑过去将炸弹捡回来，完成后回到队伍后面排队。

三、结束部分

（1）放松游戏"机器人放电"。小朋友原地站立，双手举高，老师说"手放电，吱"，小朋友手臂放下；老师说"头放电，吱"，小朋友就把头低下；老师说"全身放电"，小朋友就坐在地上（可重复玩2~3遍）。（2）结束语，和小朋友再见

1 爬过小山
2 投掷炸弹

e. 大力士

大 单 元	手臂力量	周 单 元	大力士
使用器材	海绵垫、滑溜布		
教学目的	（1）培养幼儿对体育锻炼的兴趣。 （2）通过游戏加强幼儿的手臂力量		

活动过程

一、准备和热身部分

（1）集合整队，师幼问好。（2）课前准备，口令带动。（3）律动热身。

二、基本部分

1. 小小大力士

玩法：小朋友变成小小大力士，站在原地听到"怪兽来了"，就以俯卧撑的姿势趴在地上不动。要求：膝盖跟肚子不可以碰到地板，坚持10秒后起来。

2. 大力士训练

玩法：分男女两组，前面各摆放两张海绵垫（纵向连起来摆）。小朋友趴在海绵垫上，双脚伸直并拢，以俯卧撑的姿势把身体撑起来向前移动。要求：脚伸直并拢，不能弯曲，单靠手臂的力量撑起身体往前移动。

3. 大力士挑战

玩法：老师准备两条滑溜布，打开到小朋友手臂伸展开来的宽度并用力拉直，小朋友双脚并拢，双手抓着滑溜布向前移动。

三、结束部分

（1）放松游戏"小猪吹泡泡"。小朋友手拉手围成一个圈，老师说"吹泡泡"时，小朋友手和手拉直，泡泡变大了；老师说"吐泡泡"时，小朋友手臂放下，泡泡变小了。（2）结束语，和小朋友再见

3　大力士训练

f. 炸大老虎

大 单 元	投掷	周 单 元	炸大老虎
使用器材	椅子、绳子、滑溜布、沙包（小布球或者报纸球）		
教学目的	（1）培养幼儿对体育锻炼的兴趣。 （2）加强幼儿投掷动作的准确性和投掷距离		

活动过程

一、准备和热身部分

（1）集合整队，师幼问好。（2）课前准备，口令带动。（3）口令热身：老师喊着口令，小朋友跟随口令做一系列头部、上肢、躯干、下肢的热身动作。

二、基本部分

1. 学扔炸弹

玩法：原地教小朋友投沙包的动作，两脚前后打开，左脚在前，右脚在后，右手置于肩上，左手向前斜上方举起来。老师说"扔炸弹咯"，小朋友就把右手往斜上方挥出去炸大老虎（老师），老师可以左右变换方向，小朋友也可以左右转着炸，左脚尖对着老师。

2. 炸大老虎

玩法：分男女两组（排横队）。用绳子绑住椅子当投掷线，老师站在队伍前面4.5米的地方当大老虎，队伍前面4.3米处拉滑溜布，高度不用太高，要让小朋友能看到老师。男孩子投完往后退，老师把沙包踢回给女孩子，女孩子再来投。要求：小朋友不能超过投掷线。

3. 围攻大老虎

玩法：通过椅子拉绳的方式围出一个正方形（长宽为9米），老师站在中间，小朋友分四组站在外面（四个面），手拿小布球往中间扔，老师在中间辅助把小布球往外踢出去。要求：小朋友不可以进去捡球。

三、结束部分

（1）放松游戏"小猪吹泡泡"。小朋友手拉手围成一个圈，老师说"吹泡泡"时，小朋友手和手拉直，泡泡变大了；老师说"吐泡泡"时，小朋友手臂放下，泡泡变小了。
（2）结束语，和小朋友再见

g. 翻滚的战士

大 单 元	前滚翻	周 单 元	翻滚的战士
使用器材	海绵垫、滑溜布		
教学目的	（1）培养幼儿对体育锻炼的兴趣。 （2）加强幼儿前滚翻的能力		

活动过程

一、准备和热身部分

（1）集合整队，师幼问好。（2）课前准备，口令带动。（3）律动热身"小苹果"。老师播放音乐《小苹果》，小朋友跟随老师进行慢走、慢跑（交替进行）的热身运动。

二、基本部分

1. 小战士学本领

玩法：老师将小朋友变成小战士，原地教小朋友前滚翻的动作要领，拿张海绵垫在队伍前面示范。双脚靠近海绵垫的边，弯腰低头，双脚用力向前蹬地，用后脑勺着海绵垫顺势向前翻滚，双手手掌要用力撑住。

2. 小战士训练（一）

玩法：分男女两组，前面各摆一张海绵垫，小朋友分组练习前滚翻，老师在旁边指导。对于不会翻的小朋友，老师可双手扶着他的脖子和屁股协助他翻过去。

3. 小战士训练（二）

玩法：分会翻和不会翻两组。不会翻的小朋友继续练习。对于会翻的小朋友，老师可以将海绵垫摆成7字形，让他们前滚翻后再侧身滚过海绵垫。要求：侧身滚时，小朋友要手抱脖子，双脚伸直并拢。

三、结束部分

（1）放松游戏"机器人放电"。小朋友原地站立，双手举高，老师说"手放电，吱"，小朋友手臂放下；老师说"头放电，吱"，小朋友就把头低下；老师说"全身放电"，小朋友就坐在地上（可重复玩2~3遍）。（2）结束语，和小朋友再见

h. 戏耍大老虎

大 单 元	拍球	周 单 元	戏耍大老虎
使用器材	凳子、篮球		

教学目的	（1）培养幼儿对体育锻炼的兴趣。 （2）通过游戏加强幼儿拍球的能力。 要求：幼儿能够在行进间拍球

活动过程

一、准备和热身部分

（1）集合整队，师幼问好。（2）课前准备，口令带动。（3）律动热身。

二、基本部分

1. 原地拍球

玩法：小朋友人手一个篮球并站在点点上，老师教拍球动作：首先双脚前后打开，左脚在前，右脚在后，用右手拍球，手掌打开把球往下拍，随着球的一上一下拍球，手臂要抬起来往下做按压的动作，眼睛看着球。

2. 戏耍大老虎

玩法：人手一把凳子围成圈，小朋友围着自己的凳子转圈拍球。当听到"大老虎来了"就马上坐到凳子上拍球，当听到"大老虎走了"又继续围着凳子拍球。

3. 大老虎抢球

玩法：大老虎没有抢到你们的球很生气，它说要在你们拍球时抢球。小朋友围着凳子拍球，如果自己的球被大老虎拍到滚出去了，那就要跑出去捡球并把球拍着回来，然后继续围着凳子拍球。老师扮演大老虎时，可以一次抢几个球扔出去，但是注意不要抢距离太近的球，以免小朋友之间发生碰撞。

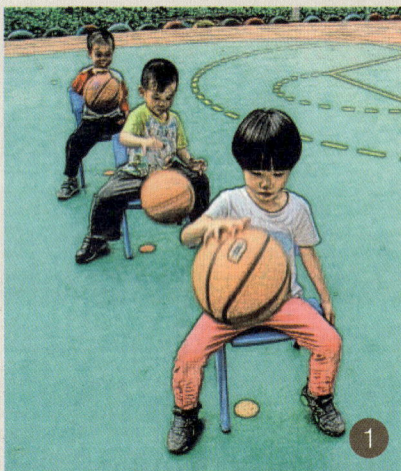

1 坐着拍球

三、结束部分

（1）放松游戏"手牵手"。全体小朋友手牵手围成一个大圆圈，老师说"圆圈变小"，就慢慢向圆心走；老师说"圆圈变大"，就慢慢往后退。（2）结束语，和小朋友再见

i. 奔跑吧！孩子们

大 单 元	跑	周 单 元	奔跑吧！孩子们
使用器材	雪糕筒（若干）、小物件（若干）		
教学目的	（1）培养幼儿对体育锻炼的兴趣。 （2）通过游戏提高幼儿的快跑能力		

活动过程

一、准备和热身部分

（1）集合整队，师幼问好。（2）徒手口令带动。（3）律动热身。

二、基本部分

引导语：今天老师跟小朋友来比赛，看谁跑得最快。

1. 热身

玩法：原地练习起跑和加速跑的动作。

2. 推雪糕筒比赛

玩法1：小朋友分组，听到口哨声就快速跑到雪糕筒的地方再跑回来。

玩法2：两组之间比赛，听到口哨声出发，快速跑到雪糕筒那里并推倒它，然后再跑回来。下一组听到口哨声出发，跑过去把筒扶起来。（注意：两组之间谁先跑到雪糕筒那里就谁推，后到的不能推，直接回来排队，扶也是一样）

3. 小组比赛

玩法：在终点放小物件，第一个小朋友听到口哨声出发，拿一个小物件回来放到队伍前面，然后下一个出发，看哪组拿得快。（注意：前面的小朋友没回来，后面的就不能出发，一次只能拿一个小物件）

三、结束部分

放松结束，师幼道别

2　推雪糕筒比赛

j. 炸坦克

大　单　元	行进间拍球	周　单　元	炸坦克
使用器材	篮球（人手一个）、篮球筐		
教学目的	（1）培养幼儿对球类运动的兴趣。 （2）通过游戏加强幼儿原地单手拍球和行进间拍球的能力		

活动过程

一、准备和热身部分

（1）集合整队，师幼问好。（2）口令带动，气氛营造。（3）律动热身。

二、基本部分

1. 小士兵训练

玩法：老师讲解拍球的技术动作，小朋友扮演小士兵练习拍球。

2. 做炸弹

玩法：分成6组，小朋友听哨声出发，拍着球走到终点再回来，下一个人听哨声再出发。

3. 炸坦克

玩法：分成6组，小朋友对着前面的坦克（篮球筐）投掷炸弹（篮球），再跑过去拍着球回来。注意：老师要规定小朋友回来时的路线，不要影响下组出发。

三、结束部分

（1）放松游戏"机器人放电"。小朋友原地站立，双手举高，老师说"手放电，吱"，小朋友手臂放下；老师说"头放电，吱"，小朋友就把头低下；老师说"全身放电"，小朋友就坐在地上（可重复玩2~3遍）。（2）结束语，和小朋友再见

k. 跳跃大闯关

大　单　元	跳跃	周　单　元	跳跃大闯关
使用器材	长绳、小地垫、标志物、粉笔		
教学目的	（1）加强幼儿的手臂力量和投掷能力。 （2）加强幼儿的立定跳远能力。 要求：能够熟练掌握立定跳远的动作要领		

活动过程

一、准备和热身部分

（1）集合整队，师幼问好。（2）课前准备：口令带动。（3）律动热身。

二、基本部分

1. 快乐的小袋鼠

玩法：老师原地教并让幼儿练习立定跳远的动作，包括：摆臂、落地时缓冲等要点。

2. 挑选运动员

玩法：小袋鼠运动会马上就要开始了，现在要挑选运动员了，厉害的要去参加比赛。用小地垫拼成 80 厘米的宽度，幼儿分组进行立定跳远测试。分组的组数视老师的数量而定，每一组需要一个老师记录成绩（达标的、会跳但不达标的、不会跳的）。

3. 小袋鼠训练

玩法：按上一环节的情况进行分组。（1）达标组，在队伍前方间隔摆放 4 个宽度为 80 厘米的地垫让幼儿连续跳跃。（2）会跳但不达标组，方法同上（把宽度 80 厘米改为 60 厘米）。（3）不会跳组，摆放长绳让该组幼儿练习连续跳，加强其下肢力量，为跳跃打好基础。（老师应将重点放在第 2 组，尽量让该组幼儿达标）

4. 正式比赛

玩法：不会跳的继续练习连续跳（注意放松），会跳但不达标组和达标组参加考试。老师在 80 厘米处用线标注，在幼儿跳跃后检查幼儿距离该条参照线的成绩。

三、结束部分

（1）放松游戏"吹跑大灰狼"。老师扮演大灰狼，幼儿大口吸气，对着大灰狼的方向用力吹气，看能不能把大灰狼吹跑（重复玩 3~4 次）。（2）师幼道别

1. 过桥

大 单 元	平衡	周 单 元	过桥
使用器材	凳子		
教学目的	（1）培养幼儿对体育锻炼的兴趣。 （2）通过游戏加强幼儿的平衡能力		

活动过程

一、准备和热身部分

（1）集合整队，师幼问好。（2）口令带动，气氛营造。（3）律动热身。

二、基本部分

1. 大老鹰来了

玩法：小朋友跟着老师一个跟一个慢跑，当听到"大老鹰来了"，就回到原地单脚站。

2. 过小桥

玩法：将小朋友分成4组，在每组队伍前方间隔着摆放6～8把凳子，小朋友从凳子上走过去。

3. 过大桥

玩法：将凳子之间的间隔拉大一些，小朋友从加大难度的桥上走过去。

4. 过陡桥

玩法：老师将凳子的靠背紧靠在一起（两把凳子为一组），每组凳子之间空一定距离，小朋友要跨过凳子的靠背和凳子间的间距才能过桥，挑战难度更大。

1　过陡桥

三、结束部分

（1）放松游戏"机器人放电"。小朋友原地站立，双手举高，老师说"手放电，吱"，小朋友手臂放下；老师说"头放电，吱"，小朋友就把头低下；老师说"全身放电"，小朋友就坐在地上（可重复玩2~3遍）。（2）结束语，和小朋友再见

m. 好玩的滑板车

大 单 元	手臂力量	周 单 元	好玩的滑板车
使用器材	滑板车、标志物		
教学目的	（1）培养幼儿对体育锻炼的兴趣。 （2）通过游戏增强幼儿的手臂力量		

活动过程

一、准备和热身部分

（1）集合整队，师幼问好。（2）课前准备，口令带动。（3）律动热身。

二、基本部分

1. 小小大力士

玩法：小朋友变成了小小大力士站在原地，当听到"怪兽来了"，就以俯卧撑的姿势趴在地上不动。要求：膝盖跟肚子不可以碰到地板，坚持10秒后起来。

2. 大力士开车

玩法：分四组，每组一辆滑板车，小朋友双脚盘起来坐在滑板车上，手用力地往后滑动，推着滑板车往前走，超过标志物的时候站起来把车拿回来给下一个人。要求：脚不能碰地。

2　大力士游泳

3. 大力士游泳

玩法：小朋友趴在滑板车上，使身体成一平面，双手向后滑动，推着滑板车往前移动。要求：全身不可以碰到地板。

三、结束部分

（1）放松游戏"甩一甩"。小朋友先自由地甩手，听到老师说"快快地甩手"，就加快速度甩手；听到老师说"慢慢地甩手"，就放慢速度甩手（可重复2~3遍）。（2）结束语，和小朋友再见

n. 火炬传递

大 单 元	跑	周 单 元	火炬传递
使用器材	接力棒6～8根或海绵棒6～8根		
教学目的	（1）培养幼儿对体育锻炼的兴趣。 （2）通过游戏学习接力跑。 要求：掌握接软棒、硬棒的动作要领		
活动过程			

一、准备和热身部分

（1）集合整队，师幼问好。（2）徒手口令带动。（3）律动热身。

二、基本部分

引导语：我们是很厉害的运动员，等一下老师带你们去玩接力跑，看谁厉害。

1. 原地热身

玩法：小朋友成为了火炬传递手，在原地跑步。

2. 拍手接力

玩法：把小朋友分成四组。小朋友从起点跑到终点，然后回来拍下一个小朋友的手，下一个小朋友接着跑。

3. 接力动作练习

玩法：（1）老师讲解并示范接力动作的技术要领（面对面接力）。接棒人站在起跑线后，右臂前伸，手心向前，虎口朝上，准备接棒；传棒人以右手握棒，到传棒前最后1～2步时，右臂前伸，并将接力棒竖立于手中，然后将棒迅速传给接棒人，接棒人接棒后迅速跑出。如果是海绵棒，接棒人手心向上，传棒人把棒放在接棒人手上。（2）小朋友练习接棒动作。

4. 火炬传递

玩法：分成四组，两组与两组之间隔一段距离相对而站，小朋友面对面排队进行接力。注意：要观察小朋友的动作，不对的要及时纠正。

三、结束部分

放松结束，师幼道别

0. 左蹦右跳

大 单 元	跳跃	周 单 元	左蹦右跳
使用器材	绳子或橡皮筋（每组两条）、标志物		
教学目的	（1）培养幼儿对体育锻炼的兴趣。 （2）通过游戏学习沿直线左右跳。 要求：跳起来时要空中转向		
活动过程			

一、准备和热身部分

（1）集合整队，师幼问好。（2）课前准备，口令带动。（3）律动热身。

二、基本部分

1. 左顾右盼

玩法：今天大老虎想抓小兔子，小兔子要机灵点，不能被抓到了，现在我教你们怎么发现大老虎。原地练习空中转体（老师示范，小朋友跟着做）。小朋友看着老师手指的方向，老师指向哪边，就要跳起来空中转体，落地时要面向老师指的方向。

2. 找萝卜

玩法： 大老虎已经发现小兔子了，所以小兔子找萝卜的时候要多注意后面，看有没有老虎跟在后面。将绳子摆成平行线（两条绳子之间的距离为 40 厘米），距离平行线的末端 1 ～ 2 米处（偏左）放一标志物为终点，小朋友要从平行线的一端跳到另一端，到达末端后绕过标志物回到队伍后面排队。注意：强调落地时要转体。

3. 艰难的道路

玩法： 老师将绳子拿起，高度为 10 厘米，两条绳子之间的距离调整为 30 厘米（玩法同上一环节）。

三、结束部分

（1）放松游戏"吹跑大灰狼"。老师扮演大灰狼，小朋友大口吸气，对着大灰狼的方向用力吹气，看能不能把大灰狼吹跑（重复玩 3~4 次）。（2）结束语，和小朋友再见

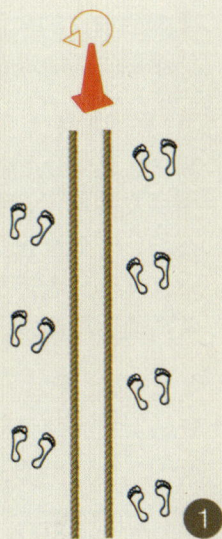

1　找萝卜

p. 小猴的尾巴

大 单 元	跑	周 单 元	小猴的尾巴
使用器材	小毛巾或者短绳（若干）		
教学目的	（1）培养幼儿对体育锻炼的兴趣。 （2）通过游戏学习追逐跑。 要求：被追者不能回头，要一直往前跑，追逐者眼睛看着目标加速追上		

活动过程

一、准备和热身部分

（1）集合整队，师幼问好。（2）徒手口令带动。（3）律动热身。

二、基本部分

引导语：猎人发现了我们小猴子的尾巴（小毛巾或短绳），要来抓我们的尾巴，我们不能被抓到哦！

1. 热身

玩法： 带着小朋友一个跟着一个慢跑，听到"猎人来了"就停下来把尾巴藏好。（玩两三次）

2. 练习追逐

玩法： 两个小朋友一组，一前一后出发，前面的小朋友不能被抓到，直至跑到终点。注意：

要提醒前面的小朋友不能看后面的小朋友，后面的小朋友要看着前面的小朋友。

3. 正式比赛

玩法：两个小朋友一组，后面的小朋友去抓前面小朋友的尾巴，抓到尾巴的就回来。如果一直抓不到，老师自己把握时间。注意：要提醒前面的小朋友不能看后面的小朋友，后面的小朋友要看着前面的小朋友。

4. 终极比赛

玩法：被老师请到的小朋友出来，老师去抓小朋友的尾巴，小朋友不能被老师抓到。

三、结束部分

放松活动，师幼道别

1　抓尾巴

q. 保护鸡蛋

大单元	夹物跳	周单元	保护鸡蛋
使用器材	小布球（人手一个）、标志物		
教学目的	（1）培养幼儿对体育锻炼的兴趣。 （2）通过游戏提升幼儿夹物跳的能力		
活动过程			

一、准备和热身部分

（1）集合整队，师幼问好。（2）口令带动，气氛营造。（3）律动热身。

二、基本部分

1. 大灰狼来了

玩法：所有小朋友变成小鸡，听到"大灰狼来了"，就要保护好鸡蛋（小布球），把鸡蛋拿起来用腿夹住跳起来，大灰狼走了就把鸡蛋放下。
要求：要把小布球夹在大腿内侧，跳的时候不要掉下来。

2. 小鸡逃跑

玩法：现在大灰狼发现小鸡在保护鸡蛋了，所以这次听到"大灰狼来了"，小鸡就要用腿夹着鸡蛋跳出去，不要被打灰狼抓住。

3. 小鸡回家

玩法：小鸡发现家了！大灰狼一来，小鸡就夹着鸡蛋跳回家（标志物处）。

4. 救回鸡蛋

玩法：小鸡躲在鸡窝的时候，大灰狼（老师）把鸡蛋扔出去了，失去鸡蛋的小鸡就要跑过去拿回鸡蛋并夹住它跳回鸡窝。

三、结束部分

（1）放松游戏"踢一踢"。老师说"轻轻地踢脚"，小朋友就双脚交替慢慢踢；老师说"快快地踢脚"，小朋友就双脚交替快快地踢（可重复2~3遍）。（2）结束语，和小朋友再见

r. 上山

大 单 元	平衡走	周 单 元	上山
使用器材	平衡木、海绵垫、桌子		
教学目的	（1）培养幼儿对体育锻炼的兴趣。 （2）通过游戏加强幼儿的下肢力量和单脚跳的能力		
活动过程			

一、准备和热身部分

（1）集合整队，师幼问好。（2）口令带动，气氛营造。（3）律动热身。

二、基本部分

1. 保护小脚

玩法：大老虎要咬小朋友的小脚，小朋友要保护好自己。大灰狼咬哪个小朋友的小脚，这个被咬的小朋友就把小脚抬起来。（老师教单脚站立的技术动作）

2. 过桥

玩法：将小朋友分组，在每组前放一条平衡木，小朋友走过平衡木。

3. 上山

玩法：老师把平衡木架在桌子上，桌子下放海绵垫，小朋友走有坡度的平衡木到桌子上，再从桌子上跳下来。

三、结束部分

（1）放松游戏"机器人放电"。小朋友原地站立，双手举高，老师说"手放电，吱"，小朋友手臂放下；老师说"头放电，吱"，小朋友就把头低下；老师说"全身放电"，小朋友就坐在地上（可重复玩2~3遍）。（2）结束语，和小朋友再见

5. 大班第一学期

表5-6　大班第一学期体育课教学计划

学期总目标：1. 跑：加强20米快跑和折返跑的能力，在躲闪跑中不出现大动作的碰撞。
　　　　　　2. 跳：加强立定跳远的动作练习；单脚跳过程中会自我调整，在交换脚跳、高处往下跳的过程中会进行重力缓冲。
　　　　　　3. 投掷和拍球：幼儿的投掷动作能连贯、规范；学习站在凳子上拍球。
　　　　　　4. 针对以上各项内容，加强幼儿的上肢、下肢力量，手脚协调性和耐力。
　　　　　　5. 发展幼儿勇敢、不畏困难等意志品质

月份	周次	课程名称	教学目的	使用器材
九月	1	a. 炸小鱼	1. 通过游戏提升幼儿的躲闪能力及反应能力。 2. 通过游戏提升幼儿跑步的速度、灵活性、耐力以及对周围环境变化做出快速反应的能力	按摩球（大球）
	2	b. 三打白骨精	1. 培养幼儿对体育锻炼的兴趣。 2. 通过折返跑的游戏和比赛加强幼儿的耐力和竞争意识	泡沫棒、凳子、轮胎、筐子（数量各为4）
	3	c. 种苹果树	1. 通过游戏培养幼儿的团队合作精神，以及提升幼儿身体的灵敏性和反应能力。 2. 通过游戏提升幼儿躲闪跑的能力	徒手
	4	d. 勇往直前	1. 锻炼幼儿快跑的能力。 2. 加强幼儿听哨音出发的反应能力	哨子
十月	5	e. 老鹰与小鸡	1. 培养幼儿对体育锻炼的兴趣。 2. 通过游戏加强幼儿单脚跳跃的能力和下肢力量	徒手
	6	f. 愤怒的小鸟	1. 培养幼儿对体育锻炼的兴趣。 2. 通过从高处往远处跳的游戏锻炼幼儿勇敢、不怕困难的坚强意志	桌子、凳子、海绵垫、粉笔

续表

月份	周次	课程名称	教学目的	使用器材
	7	g. 翻山越岭	1. 培养幼儿对体育锻炼的兴趣。 2. 通过游戏让幼儿练习站在凳子上拍球	篮球、凳子
	8	h. 灰姑娘找鞋子	1. 培养幼儿对体育锻炼的兴趣。 2. 通过游戏锻炼幼儿单脚跳的能力	徒手
十一月	9	i. 世界大战	1. 培养幼儿对体育锻炼的兴趣。 2. 通过游戏让幼儿更清晰地理解侧身投掷的站姿和挥臂动作，从而增强其投掷能力	滑溜布、小布球、沙包
	10	j. 蚂蚁搬家	1. 培养幼儿对体育锻炼的兴趣。 2. 通过游戏增强幼儿的手臂力量和合作意识	轮胎、呼啦圈
	11	k. 忍者神龟	1. 培养幼儿对体育锻炼的兴趣。 2. 通过游戏加强幼儿手、脚和腹部的力量	沙包、标志物
	12	l. 篮球宝贝	1. 培养幼儿对体育锻炼的兴趣。 2. 加强幼儿站在凳子上拍球的能力	篮球、凳子
	13	m. 小红帽探外婆	1. 培养幼儿对体育锻炼的兴趣。 2. 通过游戏增强幼儿的平衡感和自我调整的能力	平衡木、凳子、接力环
十二月	14	n. 勇敢小士兵	1. 培养幼儿对体育锻炼的兴趣。 2. 通过游戏练习匍匐爬，从而增强幼儿的手臂力量和观察力	海绵垫
	15	o. 顽皮的小猴子	1. 培养幼儿对体育锻炼的兴趣。 2. 通过游戏学习前滚翻，加强练习从高处往下跳的动作	海绵垫、桌子、凳子
	16	p. 神奇的绳子	1. 培养幼儿对体育锻炼的兴趣。 2. 通过游戏学习拔河的动作并尝试进行拔河比赛	长绳或滑溜布
一月	17	q. 光头强砍树	1. 培养幼儿对体育锻炼的兴趣。 2. 通过游戏锻炼幼儿躲闪的能力。 3. 通过游戏锻炼幼儿双脚跳的能力。 4. 通过游戏锻炼幼儿的反应能力和观察力	雪糕筒（按幼儿人数，越多越好）
	18	r. 大力士	1. 培养幼儿对体育锻炼的兴趣。 2. 通过游戏加强幼儿身体的协调性和力量	海绵垫

月份	周次	课程名称	教学目的	使用器材
	19	s. 篮球高手	1. 培养幼儿对体育锻炼的兴趣。 2. 通过游戏锻炼幼儿的躲闪能力。 3. 练习行进间拍球（绕 S 弯）	篮球（人手一个）、雪糕筒（若干）
	20	t. 壁虎的尾巴	1. 通过游戏锻炼幼儿身体的协调性。 2. 通过游戏增强幼儿的躲闪速度和身体的灵敏性	毛巾或短绳（按幼儿人数）、篮球若干

a. 炸小鱼

大 单 元	跑	周 单 元	炸小鱼
使用器材	按摩球（大球）		
教学目的	（1）通过游戏提升幼儿的躲闪能力及反应能力。 （2）通过游戏提升幼儿跑步的速度、灵活性、耐力以及对周围环境变化做出快速反应的能力		

活动过程

一、准备和热身部分

（1）集合整队，师幼问好。（2）口令带动，气氛营造。（3）律动热身。

二、基本部分

1. 小鱼游泳

玩法：（1）将所有的小朋友变成小鱼，指定一定的区域为池塘（因地制宜，也可以用粉笔画），然后小鱼在池塘里游泳（随意跑动）。（2）可以在池塘里进行游泳比赛，看谁游得最快且不会碰到其他小朋友。

2. 发现渔夫

玩法：小鱼在游的时候发现渔夫（老师）在池塘外走来走去，小鱼要躲避渔夫（渔夫走到哪里，小鱼就要游走躲开渔夫）。

3. 炸小鱼

玩法：（1）渔夫（老师）发现了很多小鱼，就拿着炸弹来炸，小鱼要在池塘里躲闪渔夫滚过来的炸弹（按摩球），被炸弹碰到的小鱼就要出来。注意：在躲闪过程不要撞到其他小鱼。（2）可以请小朋友来当渔夫，可分男、女两组来玩。

三、结束部分

（1）放松游戏。（2）结束语，和小朋友再见

b. 三打白骨精

大 单 元	跑	周 单 元	三打白骨精
使用器材	泡沫棒、凳子、轮胎、筐子（数量各为 4）		
教学目的	（1）培养幼儿对体育锻炼的兴趣。 （2）通过折返跑的游戏和比赛加强幼儿的耐力和竞争意识		

活动过程

一、准备和热身部分

（1）集合整队，师幼问好。（2）口令带动，气氛营造。（3）热身游戏"加油"。播放背景音乐，小朋友一个跟着一个两手侧平举变成小飞机慢跑出去。听到老师说"加油啦"，小朋友要迅速地找到一个伙伴，相互在体侧挠痒痒（假装加油，可重复2~3遍）。

二、基本部分

1. 一打白骨精

玩法：将小朋友分成四组，在每组前方几米处放一把凳子。第一个小朋友拿着棒跑过去打一下凳子，再回来将棒交给下一个小朋友，进行接力比赛。

2. 二打白骨精

玩法：老师在凳子前方几米处加放一个轮胎，小朋友先跑过去打一下凳子，再跑过去打一下轮胎后回来，交棒给下一个小朋友，接力打妖怪。

3. 三打白骨精

玩法：老师在轮胎前方几米处加放一个大的筐子，小朋友先跑过去打一下凳子，然后跑到轮胎处打一下，再跑到筐子处打一下回来，交棒给下一个小朋友，接力打妖怪。

三、结束部分

（1）放松游戏"吹跑大妖怪"。老师扮演大妖怪，小朋友大吸一口气后，对着大妖怪的方向用力吹气，看能不能把大妖怪吹跑（可重复2~3遍）。（2）结束语，和小朋友再见

三棒

二棒

一棒

① 起点

1 三打白骨精

c. 种苹果树

大 单 元	跑	周 单 元	种苹果树
使用器材	徒手		
教学目的	（1）通过游戏培养幼儿的团队合作精神，以及提升幼儿身体的灵敏性和反应能力。 （2）通过游戏提升幼儿躲闪跑的能力		

活动过程

一、准备和热身部分

（1）集合整队，师幼问好。（2）口令带动，气氛营造。（3）律动热身"水果操"。小朋友模仿一种水果（如：香蕉、苹果、雪梨、葡萄等），做一些关节运动（如：弯腰、压腿、体侧屈等动作）。

二、基本部分

1. 吃苹果

玩法： 所有小朋友在自己的位置蹲下，老师说"吃苹果了"，小朋友就跳起来吃。老师往不同的方向做手势，小朋友就往相应的方向跳，小朋友之间要有足够的距离，以防碰撞。

2. 种苹果树

玩法： 苹果吃完了，小朋友要去种树了。将男孩子和女孩子分别变成青苹果和红苹果，老师说"种苹果树了"，两种苹果各自围成一个圆圈。

3. 大灰狼吃苹果

玩法： 当听到老师说"大灰狼吃红苹果"，所有女孩子钻进男孩子的圆圈里面，要有两个男孩子把手放开。大灰狼（老师）在圈外伸手去抓红苹果（女孩子），里面的小朋友要闪躲。当大灰狼说"吃青苹果"，男孩子就钻进女孩子的圈里面，玩法同前。注意：躲闪的小朋友不能蹲下，不能向两边散开。

1 大灰狼吃苹果

三、结束部分

（1）放松游戏。（2）结束语，和小朋友再见

d. 勇往直前

大 单 元	跑	周 单 元	勇往直前
使用器材	哨子		
教学目的	（1）锻炼幼儿快跑的能力。 （2）加强幼儿听哨音出发的反应能力		

活动过程

一、准备和热身部分

（1）集合整队，师幼问好。（2）口令带动，气氛营造。（3）律动热身。

二、基本部分

引导语：老师今天把所有的小朋友都变成小飞人了。

1. 小飞人训练

玩法：小朋友站在原地，两脚前后打开，手臂做起跑的动作（同一边的脚和手的方向相反）。根据老师拍手的节奏来摆臂（先慢慢地拍，然后越来越快）。

2. 小飞人起跑

玩法：小朋友站在跑道上，听哨音一响，第一个先跑，跑过 20 米的终点线。注意：小朋友在跑的时候眼睛看前面，跑直线，冲过终点线。

3. 小飞人跑步比赛（一）

玩法：小朋友分两组站在 20 米的跑道上，哨音一响，两组的第一个小朋友一起跑，看哪个小朋友先到终点线。

4. 小飞人跑步比赛（二）

玩法：两组小朋友的起点线分前后（间隔 2 米左右），听哨音一起出发（后面的小朋友追前面的小朋友）。注意：追到了只可以碰一下，不可以推拉小朋友。

三、结束部分

（1）放松游戏"吹泡泡"。小朋友站好，两手在胸前围成一个小圆圈变成一个小泡泡，老师说"吹泡泡了"，小朋友就用嘴假装往小圆圈里面吹气，手臂慢慢打开，泡泡变大。
（2）结束语，和小朋友再见

e. 老鹰与小鸡

大 单 元	单脚跳	周 单 元	老鹰与小鸡
使用器材	徒手		
教学目的	（1）培养幼儿对体育锻炼的兴趣。 （2）通过游戏加强幼儿单脚跳跃的能力和下肢力量		

活动过程

一、准备和热身部分

（1）集合整队，师幼问好。（2）口令带动，气氛营造。（3）热身游戏"小鸡玩耍"。小朋友扮成小鸡，自由地在操场上慢跑玩耍。

二、基本部分

1. 大老鹰吃鸡腿

玩法：今天老师要把所有的小朋友都变成小鸡，有一只大老鹰说它很久没吃到鸡腿了，看到这里有很多小鸡，它要过来吃鸡腿。听到大老鹰要吃"右鸡腿"，我们就要把右脚抬起来不停地跳，要吃"左鸡腿"，就要把左脚抬起来跳。（重复玩两三遍，大老鹰没走，脚就不能放下来，放下来就会被吃掉）

2. 小鸡玩耍

玩法：刚刚的小鸡太棒了，现在我要带小鸡去草地上玩耍。哎呀！不小心被大老鹰听到了，它会在路上突然出现抓我们。等下所有的小鸡一个一个跟着老师一起单脚跳出去玩，听到"大老鹰来了"，所有的小鸡要用另外一只脚跳回自己的点点躲起来。（重复玩两遍，跳回点点的时候要小心，不能撞在一起了）

3. 老鹰抓小鸡

玩法：按人数把小朋友分成两组，一组做大老鹰，一组做小鸡。小鸡在指定的区域里面活动，大老鹰组先派一只老鹰出去抓小鸡，当大老鹰单脚跳着来抓的时候，小鸡就要单脚跳着躲开。看情况不停地换老鹰，直到把小鸡抓完，然后两组轮换。

三、结束部分

（1）放松游戏"小鸡按摩"。两个小朋友为一组，相互进行身体部位的捏、捶等按摩动作。

（2）结束语，和小朋友再见

f. 愤怒的小鸟

大　单　元	高往远跳	周　单　元	愤怒的小鸟
使用器材	桌子、凳子、海绵垫、粉笔		
教学目的	（1）培养幼儿对体育锻炼的兴趣。 （2）通过从高处往远处跳的游戏锻炼幼儿勇敢、不怕困难的坚强意志		

活动过程

一、准备和热身部分

（1）集合整队，师幼问好。（2）口令带动，气氛营造。（3）热身游戏"大灰狼来了"。老师带领小朋友一个跟着一个在操场上慢跑，听到老师说"大灰狼来了"，小朋友就快速跑到海绵垫上面站着。

二、基本部分

1. 原地起跳

玩法：让小朋友站在原点双脚起跳，强调起跳和落地的基本动作，落地要脚尖先着地，膝盖要弯曲。所有的小朋友都变成小鸟，听到老师说"小鸟"，所有的小鸟就要跳起来说"叽"。（重复几次，熟悉动作）

2. 向下跳

玩法：熟练原地跳之后，小朋友到桌子上开始练习向下跳。老师要强调摆臂和落地动作，摆臂前后一致，落地要有缓冲。（在桌子上站稳了才可以开始跳）

3. 愤怒的小鸟

玩法：（1）男、女生各一队，分别从凳子站上桌子，老师发令，两个小朋友一起跳，看哪个小朋友踩中画在海绵垫上的小猪头像（画了小猪头像的海绵垫前后也都要放置海绵垫）。（2）不断拉大小猪头像的距离，循环比赛。

三、结束部分

（1）放松游戏"机器人放电"。小朋友原地站立，双手举高，老师说"手放电，吱"，小朋友手臂放下；老师说"头放电，吱"，小朋友就把头低下；老师说"全身放电"，小朋友就坐在地上（可重复玩2~3遍）。（2）结束语，和小朋友再见

g. 翻山越岭

大 单 元	拍球	周 单 元	翻山越岭
使用器材	篮球、凳子		
教学目的	（1）培养幼儿对体育锻炼的兴趣。 （2）通过游戏让幼儿练习站在凳子上拍球		

活动过程

一、准备和热身部分

（1）集合整队，师幼问好。（2）口令带动，气氛营造。（3）热身游戏"保护罩"。小朋友在原地双脚向上跳，听到老师说"大鳄鱼来了"，两个小朋友要迅速在一起手牵手围成一个圆圈（形成保护罩），把自己保护好，这样就不会被大鳄鱼抓住（可重复玩2~3遍）。

二、基本部分

1. 大灰狼抢球

玩法：老师在原地教小朋友拍球的动作。动作要领：双脚前后打开，拍球的手与置于后面的脚同边，另外一只手做护球动作，拍球高度要到胸口。今天老师带所有的小朋友来玩好玩的篮球，有一只大灰狼没球玩，它发现我们小朋友有很多球，它要过来抢你们的球。等下拍球的时候听到"大灰狼来了"，所有的小朋友就要把球举高，这样球才不会被大灰狼抢走。

2. 拍球比赛

玩法：分四组，在每组前方两米处放一把凳子，听老师口哨拍着球出发，到了凳子这要站到凳子上，拍5下球再下来，然后拍着球回到队伍。注意：上凳子和下凳子时都要拍着球，下来的时候不可以跳下来。

3. 森林游玩

玩法：所有的小朋友一起拍着球在森林里玩（凳子相隔一段距离随意摆放）。听到"大灰狼来了"，每个人拍着球找到一把凳子并站在上面拍球；听到"大灰狼走了"才能下来随意走动拍球。注意：在凳子上拍的时候如果球掉了，要慢慢走下来去捡，不可跳下来。

三、结束部分

（1）放松游戏"小球来按摩"。小朋友手拿篮球坐在地上，两脚并拢伸直，将篮球放在腿上来回滚动进行按摩。（2）结束语，和小朋友再见

h. 灰姑娘找鞋子

大 单 元	单脚跳	周 单 元	灰姑娘找鞋子
使用器材	徒手		
教学目的	(1)培养幼儿对体育锻炼的兴趣。 (2)通过游戏锻炼幼儿单脚跳的能力		

活动过程

一、准备和热身部分

(1)集合整队，师幼问好。(2)口令带动，气氛营造。(3)热身游戏"巫婆来了"。小朋友在原地双脚跳，听到老师说"巫婆来了"，就要快速走到老师后面一个跟着一个排好(一路纵队)，不能发出声音(可玩2~3次)。

二、基本部分

1. 老巫婆抢鞋子

玩法：把所有小朋友都变成灰姑娘。有个老巫婆要来抢你们的水晶鞋，听到"抢左脚"，就要把左脚抬起来不停地跳，听到"抢右脚"就抬右脚不停地跳。

2. 灰姑娘找鞋子

玩法：让所有的小朋友先把一只脚的鞋子脱放在指定位置，跟小朋友说"不好了！老巫婆把我们的鞋子藏起来了，我们要去把鞋子给找回来"。小朋友把脱了鞋子的脚抬起来单脚跳出去找鞋子，找到鞋子并穿上，然后把另外一只脱掉再继续找。注意：穿鞋子的时候提醒小朋友要穿快点，跳的时候没穿鞋子的脚不能够放下来。

3. 赶走老巫婆

玩法：分男女两组。老巫婆太可恶了，等下老师要带着小朋友去把老巫婆赶走。先请女孩子边单脚跳边追赶老巫婆(老师扮演)，听到"老巫婆走了"就要跳回自己的位置，再请男孩子出来边单脚跳边追赶老巫婆。注意：要提醒小朋友小心，不要撞到其他小朋友。

1 老巫婆抢鞋子

三、结束部分

(1)放松游戏"舞会开始"。两个小朋友为一组，手牵手围成一个圆圈，伴随温馨的音乐让小朋友自由地跳起舞来。(2)结束语，和小朋友再见

i. 世界大战

大 单 元	投掷	周 单 元	世界大战
使用器材	滑溜布、小布球、沙包		
教学目的	（1）培养幼儿对体育锻炼的兴趣。 （2）通过游戏让幼儿更清晰地理解侧身投掷的站姿和挥臂动作，从而增强其投掷能力		

活动过程

一、准备和热身部分

（1）集合整队，师幼问好。（2）口令带动，气氛营造。（3）口令热身：老师喊着口令，小朋友跟随口令做一系列头部、上肢、躯干、下肢的热身动作。

二、基本部分

1. 石头、剪刀、布

玩法：小朋友会不会"石头、剪刀、布"啊？今天我们来进行一场"石头、剪刀、布"的比赛。比完后问小朋友，小脚的"石头、剪刀、布"会不会？石头就是脚并拢，布就是脚打开，剪刀就是前后脚站立。再进行一场小脚的"石头、剪刀、布"比赛，比完以后告诉孩子投掷的动作和玩这个游戏一样，左脚在前，右脚在后（剪刀脚），一只手放在耳朵边（石头手），另一只手对着前面要投掷的地方（布手）。小朋友在原地练习投掷动作，老师说"石头、剪刀、布"，小朋友就把石头手扔出去。

2. 投掷沙包

玩法：分四组，人手一个沙包。老师设置一条投掷线和终点线（两线之间的距离是5.5米）。小朋听哨声把沙包往前上方投出去（投过终点线），老师指导投不过的小朋友。

3. 投过滑溜布

玩法：男女各一横排站好，左右拉开距离，人手一个沙包，队伍前面5.5米处放一条滑溜布作为目标，要求小朋友投过滑溜布。老师说"石头、剪刀、布"，男孩子先投，投完以后往后退，女孩子再投，然后一起把沙包捡回来。（可玩几次）

4. 投过城墙

玩法：把滑溜布拉起来变成一堵墙，要求小朋友往上投，要投过墙壁（尽可能投远）。

5. 世界大战

玩法：男女面对面（间隔4米），各站一横排，老师将滑溜布拉起来拦在中间，每人一个小布球往对方的地方扔。要求：一定要从布的上面扔过去，不可以跑到对方的地方捡球。

6. 甩走炸弹

玩法： 所有小朋友拉好滑溜布，老师把小布球放在里面，小朋友用力甩滑溜布，把小布球甩出去。

三、结束部分

（1）放松游戏"舞龙"。小朋友排成一路纵队，把滑溜布举在头顶上变成一条长长的龙，老师带领着小朋友慢慢向前走，做左右摆动滑溜布的动作。（2）结束语，和小朋友再见

j. 蚂蚁搬家

大 单 元	手臂力量	周 单 元	蚂蚁搬家
使用器材	轮胎、呼啦圈		
教学目的	（1）培养幼儿对体育锻炼的兴趣。 （2）通过游戏增强幼儿的手臂力量和合作意识		
活动过程			

一、准备和热身部分

（1）集合整队，师幼问好。（2）口令带动，气氛营造。（3）热身带动：老师带领小朋友做手腕和肩关节的运动。

二、基本部分

1. 食蚁兽来了

玩法： 小朋友，小蚂蚁是个大力士，它可以搬起比自己身体大的东西，那现在老师把我们的小朋友变成小蚂蚁。等会老师说"食蚁兽来了"，小蚂蚁就要马上以俯卧撑的姿势趴在地上不动，变成小石头，那食蚁兽就抓不到你们了，食蚁兽走了就站起来。

2. 蚂蚁搬家（一）

玩法： 食蚁兽发现我们的家了，现在小蚂蚁要把家搬走。首先我们要学习怎么搬家：分四组，每组一个轮胎，两个小蚂蚁搬一个家，小蚂蚁站在轮胎的左右两边，用靠近轮胎的那只手来搬。老师设置起点、终点，小朋友把家搬过终点后再搬回来交给下一组小朋友。

3. 蚂蚁搬家（二）

玩法： 小蚂蚁变强壮了，现在一只小蚂蚁搬一个家，双手从轮胎圈里面穿过去，然后抱起轮胎走过终点再走回来。要求：走的时候要保持重心微微向后，不能走太快，以防摔跤。

4. 躲避食蚁兽

玩法： 小蚂蚁搬好家了，结果又被食蚁兽发现了。将呼啦圈摆成一个圆，小蚂蚁的家就放

在呼啦圈上，所有小蚂蚁出去找食物，一个跟着一个慢跑。当听到老师说"食蚁兽来了"，小蚂蚁就马上找一个家躲起来，三个人藏一个家。食蚁兽知道小蚂蚁藏在家里了，它要到家里来抓你们。多放一个空的呼啦圈，等会食蚁兽说抓"××家的小蚂蚁"，这个家的小蚂蚁就要把家抬起来放到对面的空呼啦圈里。要求：小朋友搬家的时候不要太快，后面的小朋友不能推着前面的小朋友走，以防摔跤；强调没有被食蚁兽抓的小蚂蚁不能动。食蚁兽没有抓到小蚂蚁，小蚂蚁胜利。

三、结束部分

（1）放松游戏"开火车"。小朋友一个跟着一个变成长长的火车慢慢地走，听到老师说"过山洞"，小火车慢慢蹲下来走；听到老师说"山洞已经过了"，小火车又站起来走，最后开回教室里。（2）结束语，和小朋友再见

k. 忍者神龟

大 单 元	手臂力量	周 单 元	忍者神龟
使用器材	沙包、标志物		
教学目的	（1）培养幼儿对体育锻炼的兴趣。 （2）通过游戏加强幼儿手、脚和腹部的力量		
活动过程			

一、准备和热身部分

（1）集合整队，师幼问好。（2）口令带动，气氛营造。（3）律动热身"小苹果"。老师播放音乐《小苹果》，小朋友跟随老师进行慢走、慢跑（交替进行）的热身运动。

二、基本部分

1. 小乌龟学本领

玩法：今天老师把小朋友都变成小乌龟了，看看我们小乌龟学了本领后会不会变成忍者神龟。那等会听到老师说"大鳄鱼来了"，所有的小朋友就要肚子朝上，手和脚向后撑地（仰面），变成翻转的小乌龟。等会老师说"小乌龟向左爬"就向左爬，说"小乌龟向右爬"就向右爬，但是不能撞到旁边的小朋友。

2. 小乌龟爬行比赛

玩法：把小乌龟分成四组队伍，前面设置起点和终点，每组

1 小乌龟运蛋

第一只小乌龟听到老师口哨声后仰面爬出去，到达终点再站起来走回来。要求：爬的时候屁股不能着地，注意两边小朋友的距离（不能碰撞），要直线爬行。

3. 小乌龟运蛋

玩法： 刚刚小乌龟都学会了仰面爬行的本领，现在小乌龟要比赛运蛋，每组第一个小朋友先出发，肚子上放一个沙包（蛋）并将它运到终点，然后再站起来拿回交给下一个小朋友。要求：运蛋的时候不能将蛋掉在地上。刚刚小乌龟都很棒，表扬最棒的小乌龟。

三、结束部分

（1）放松游戏。（2）结束语，和小朋友再见

1. 篮球宝贝

大 单 元	拍球	周 单 元	篮球宝贝
使用器材	篮球、凳子		
教学目的	（1）培养幼儿对体育锻炼的兴趣。 （2）加强幼儿站在凳子上拍球的能力		
活动过程			

一、准备和热身部分

（1）集合整队，师幼问好。（2）口令带动，气氛营造。（3）律动热身"小苹果"。播放音乐《小苹果》，老师带着小朋友跟随音乐节奏走，并做一些关节运动。

二、基本部分

1. 原地拍球

玩法：（1）今天老师教你们拍球，首先我们先原地站在点点上拍球，手掌打开，眼睛看着球，手随着球的一上一下把球拍下去，要连续拍，不能掉球（先用右手拍球）。听到老师口哨声就换只手拍球（换成左手拍球）。（2）学习蹲下起立拍球，听到哨声就蹲下拍球。右手拍球时，右脚跪地，身体立直不能弯腰。听到"大灰狼来了"，就把球坐在屁股下面，把球藏起来休息一下。

2. 行进间运球

玩法： 分4组，每组前面各摆放4把凳子，每把凳子间隔3米。小朋友绕着凳子（S形）拍球，绕过最后面的凳子再绕回来，下一个小朋友出发。

2　行进间运球

3. 高低拍球

玩法：边拍球边走到凳子那里，站到凳子上拍5下，再往前走到下一个凳子，还是一样拍5下，然后从旁边拍球回来，下一个小朋友出发。要求：站到凳子上拍球的时候力度要加大，把球拍高一点，不能被凳子绊倒，球也不能拍得离凳子太近。

三、结束部分

（1）放松游戏"木头人"。小朋友跟在老师后面慢慢地走，当听到老师说"木头人，不许说话，不许动"，所有小朋友随意摆出一个造型动作静止不动（可重复玩2~3次）。（2）结束语，和小朋友再见

m. 小红帽探外婆

大单元	平衡	周单元	小红帽探外婆
使用器材	平衡木、凳子、接力环		
教学目的	（1）培养幼儿对体育锻炼的兴趣。 （2）通过游戏增强幼儿的平衡感和自我调整的能力		

活动过程

一、准备和热身部分

（1）集合整队，师幼问好。（2）口令带动，气氛营造。（3）律动热身。

二、基本部分

引导语：小红帽今天要像以往一样去探望外婆，但是这次大灰狼在路上挖了好多陷阱。

1. 小红帽隐身术

玩法：小红帽为了在森林里不被大灰狼抓到，想了一个好办法，那就是变成小树（单脚站立）。听到"大灰狼来了"，所有小朋友要变成小树不能动，尽量坚持。老师将表现较差的小朋友记录下来，交待课外时间多练习。

2. 小红帽过桥

玩法1：小红帽遇到了一座桥（平衡木加小凳子组合的桥），分两组过桥（玩一次）。

玩法2：老师把凳子左右错开一定间距摆放，小红帽过第二座桥（玩两次）。

3. 保护帽子

玩法：大灰狼抓不到小红帽，就想要她的帽子，所以过桥的时候不能把帽子弄掉了。在"小红帽过桥"的基础上，把接力环放在小朋友的头上，老师根据时间可多次重复玩。

三、结束部分

（1）放松游戏"小红帽跳舞"。小红帽顺利通过小桥，跟随老师翩翩起舞，做一些柔和、放松的舞蹈动作。（2）结束语，和小朋友再见

n. 勇敢小士兵

大 单 元	匍匐爬	周 单 元	勇敢小士兵
使用器材	海绵垫		
教学目的	（1）培养幼儿对体育锻炼的兴趣。 （2）通过游戏练习匍匐爬，从而增强幼儿的手臂力量和观察力		

活动过程

一、准备和热身部分

（1）集合整队，师幼问好。（2）口令带动，气氛营造。（3）律动热身。

二、基本部分

引导语：今天有一个坏人捉了一只小兔子，等一下我们要去救这只小兔子。

1. 比比谁最棒

玩法：因为救小兔子很危险，我们要找力气最大的小士兵去救它。当听到"做山洞"的时候，小朋友手脚着地、屁股抬起（尽量抬最高，使"山洞"最大）。当听到"炸弹响了"，小朋友迅速站起来。（重复玩两次）

2. 过草地

玩法：分两组，小朋友之间间隔一段距离匍匐爬过海绵垫（老师注意纠正动作，玩一次）。

3. 过山洞

玩法：前面有一个好长的山洞，我们要爬过去但不能碰到山洞壁。老师把小朋友分成两组，一组做山洞，一组做钻洞的人，海绵垫纵向摆放。山洞组的小朋友把手和脚分别放在海绵垫的两侧撑起来做山洞（提醒该组小朋友，有人来钻的时候就撑起来，没人来的时候可以趴下休息，钻的

1 过山洞

小朋友不能碰到山洞壁）。注意：老师要安排好钻山洞组小朋友之间的距离，不能太密，一轮过后换另一组做山洞。

三、结束部分

（1）放松游戏"踢踢甩甩"。老师说"慢慢甩手"，小朋友就慢慢甩手，老师说"快快甩手"，小朋友就快速甩手；老师说"慢慢踢脚"，小朋友就慢慢踢脚，老师说"快快踢脚"，小朋友就快速踢脚（可重复2~3次）。（2）结束语，和小朋友再见

o. 顽皮的小猴子

大 单 元	前滚翻和高处往下跳	周 单 元	顽皮的小猴子
使用器材	海绵垫、桌子、凳子		
教学目的	（1）培养幼儿对体育锻炼的兴趣。 （2）通过游戏学习前滚翻，加强练习从高处往下跳的动作		

活动过程

一、准备和热身部分

（1）集合整队，师幼问好。（2）口令带动，气氛营造。（3）律动热身。

二、基本部分

引导语：听说森林里很快就要开运动会了，小猴子在认真地训练着。

1. 小猴子吃香蕉

玩法：小猴子为了能好好练习，要吃饱才行。等一下老师把香蕉抛向哪个方向（用手假装香蕉），小猴子就要向着那个方向跳起来把香蕉吃掉。注意：跳起落地时缓冲的动作。

2. 小猴子翻跟斗

玩法：小猴子为了更灵活，它要练习翻跟斗。分两组，复习并加强练习前滚翻的动作。

3. 超越自我

玩法：小猴子通过锻炼已经越来越厉害了，现在要挑战更高难度。小朋友前滚翻过后再爬上桌子，站稳后跳下海绵垫（注意缓冲）。小朋友完成后，老师可在桌子上加放一把凳子（老师要扶稳凳子，玩法同上）。

三、结束部分

（1）放松游戏"哭和笑"。老师说哪种情绪状态（哭或笑），小朋友就用表情、动作、声音将这个状态表现出来，比如开心就大笑，哭就假装擦眼泪、模仿哭时的声音等。（2）结束语，和小朋友再见

p. 神奇的绳子

大 单 元	拔河	周 单 元	神奇的绳子
使用器材	长绳或滑溜布		

教学目的	（1）培养幼儿对体育锻炼的兴趣。 （2）通过游戏学习拔河的动作并尝试进行拔河比赛

活动过程

一、准备和热身部分

（1）集合整队，师幼问好。（2）口令带动，气氛营造。（3）律动热身。

二、基本部分

引导语：森林里举办的运动会有很多项目，老师准备也带着小动物们去参加比赛。

1. 看谁力气大

玩法：音乐响起的时候，小朋友们在自己的位置上模仿各种动物的动作；音乐停时，所有小朋友做俯卧撑的动作并保持好不动。（重复玩两次）

2. 开路先锋

玩法：小动物在锻炼的时候听说运动会的场地上有一棵大树，它把运动场挡住了，小动物们要去把树移走。把绳子或滑溜布的一端绑在树上，小朋友站在绳子的两侧（两边的人数和站立的间距要均衡），两脚前后开立，两手紧握绳子，重心向后，用力往后拉。老师可轻微晃动绳子（模仿拔河时的晃动）。

1　拔河比赛

3. 拔河比赛

玩法：小动物拔河比赛正式开始了，将小朋友分成两组进行比赛。（老师讲解比赛的规则）

三、结束部分

（1）放松游戏"打气"。小朋友跟着老师模仿脚踩气筒打气的样子，用手假装压气筒，说"喊喊喊"（模仿打气的声音），最后老师说"轰——"，小朋友假装倒在地上坐着。
（2）结束语，和小朋友再见

q. 光头强砍树

大 单 元	双脚跳	周 单 元	光头强砍树
使用器材	雪糕筒（按幼儿人数，越多越好）		
教学目的	（1）培养幼儿对体育锻炼的兴趣。 （2）通过游戏锻炼幼儿躲闪的能力。 （3）通过游戏锻炼幼儿双脚跳的能力。 （4）通过游戏锻炼幼儿的反应能力和观察力		

活动过程

一、准备和热身部分

（1）集合整队，师幼问好。（2）徒手口令带动。（3）热身游戏"光头强来了"。光头强拿枪来了，我们不能被他的枪打到。他开一枪我们跳一下，开两枪就跳两下，拿机关枪就要一直跳。（老师模仿枪声，可玩几次）

二、基本部分

引导语：小朋友，老师和你们来玩光头强砍树的游戏，看一下谁最棒。

1. 光头强砍树

玩法：请一些小朋友扮演光头强，一些扮演熊大，场地上放一些雪糕筒。音乐响起，游戏开始，所有小朋友都要双脚跳。光头强把雪糕筒推倒，熊大扶起来（光头强的人数要比熊大少），音乐停时游戏结束。

2. 男女光头强

玩法：请一些男孩子扮演光头强，所有的女孩子扮演熊大。音乐响起，游戏开始，光头强把雪糕筒推倒，熊大扶起来，音乐停时游戏结束。（交换角色再玩一次）

3. 老师光头强

玩法：老师扮演光头强砍树（推倒雪糕筒），小朋友做熊大保护森林（扶起雪糕筒）。

三、结束部分

（1）放松游戏"写字"。小朋友手叉腰站好，老师说出任何一个数字，就要扭动臀部和腰部，把老师报的数字"写"出来（玩4次以上）。（2）结束语，和小朋友再见

r. 大力士

大 单 元	综合训练	周 单 元	大力士
使用器材	海绵垫		
教学目的	（1）培养幼儿对体育锻炼的兴趣。 （2）通过游戏加强幼儿身体的协调性和力量		

活动过程

一、准备和热身部分

（1）集合整队，师幼问好。（2）徒手口令带动。（3）热身游戏"变身"。所有的小朋友在自己的点点上跑起来，听到老师说"变身"，就把手撑在地上，脚并拢伸直。（可玩几次）

二、基本部分

引导语：今天老师把所有的小朋友变成了大力士，我看看谁最棒！

1. 大力士变身

玩法：所有的小朋友在自己的点点上站着，听到老师说"变身"，就找到好朋友面对面站着，然后将自己的手掌与对方的相贴（不能动），听到老师说"停"就回到自己的位置。

2. 大力士比赛

玩法：两个小朋友面对面，中间放海绵垫，手伸直。听到老师说"大力士比赛"，就用力往对方那边推垫子，听到老师说"停"就不能再推了。

3. 增加大力士

玩法：两个小朋友为一组，二对二比赛，手伸直。听到老师说"大力士比赛"，就用力往对手组的那边推垫子，听到老师说"停"就不能再推了。

4. 终极挑战

玩法：请12个小朋友跟老师比赛，玩法同上。

三、结束部分

（1）放松游戏"彩虹的约定"。播放音乐《彩虹的约定》，小朋友与老师化作蝴蝶，在操场上跟随音乐节奏飞舞起来，一会低飞，一会旋转，放松身体。（2）结束语，和小朋友再见

s. 篮球高手

大 单 元	综合训练	周 单 元	篮球高手
使用器材	篮球（人手一个）、雪糕筒（若干）		
教学目的	（1）培养幼儿对体育锻炼的兴趣。 （2）通过游戏锻炼幼儿的躲闪能力。 （3）练习行进间拍球（绕S弯）		

活动过程

一、准备和热身部分

（1）集合整队，师幼问好。（2）徒手口令带动。（3）律动热身"即兴带动"。播放音乐，小朋友跟随音乐节奏做一些关节准备运动。

二、基本部分

引导语：今天老师带所有的小朋友去玩篮球，我看看谁是篮球高手。

1. 动作练习

玩法：在原地练习基本的拍球动作。

2. 出去玩耍

玩法：将雪糕筒间隔一定距离摆放，小朋友练习行进间拍球（绕S弯）。

3. 篮球高手

玩法：把小朋友分成两组，被老师请到的组在规定的区域里拍球，老师拍着篮球去抢小朋友的篮球，小朋友要躲开，不能被老师抢到篮球。

4. 终极挑战

玩法：分两组小朋友比赛，在规定的区域里面，小朋友拍着球去把其他小朋友的篮球拍掉，同时还要保护好自己的篮球不被其他人拍掉，看谁拍掉别人的篮球最多。

三、结束部分

（1）放松游戏"喘气的小动物"。老师说哪种小动物，小朋友就模仿这种小动物的叫声，然后再学小动物喘气的样子，嘴巴要吸气、吐气（老师至少说3种动物）。（2）结束语，和小朋友再见

t. 壁虎的尾巴

大　单　元	综合训练	周　单　元	壁虎的尾巴
使用器材			

大　单　元	综合训练	周　单　元	壁虎的尾巴
使用器材	毛巾或短绳（按幼儿人数）、篮球若干		
教学目的	（1）通过游戏锻炼幼儿身体的协调性。 （2）通过游戏增强幼儿的躲闪速度和身体的灵敏性		

活动过程

一、准备和热身部分

（1）集合整队，师幼问好。（2）徒手口令带动。（3）热身游戏"聪明的小壁虎"。幼儿扮成小壁虎在原地跳，听到老师说"抓壁虎尾巴"，小朋友就两人一组，背靠背站一起，把尾巴藏起来（重复 2～3 次）。

二、基本部分

引导语：今天老师要把你们变成壁虎，要保护好自己的尾巴哦！

1. 变身

玩法：小朋友在自己的点点上跑，听到老师说"变身"，就把尾巴（毛巾或短绳）装好变成壁虎。

2. 看谁厉害

玩法：每个小朋友找一个好朋友，听到老师说"比赛咯"，就开始抢对方的尾巴，看谁厉害。

3. 大灰狼来了

玩法：把小朋友分成两组，被老师请到的组在规定的区域里，老师说"大灰狼来了"就要躲开，不能被大灰狼（老师）咬到尾巴。

4. 终极挑战

玩法：被老师请到的小朋友拍着篮球来比赛，音乐一响就开始拍着球去抢别人的尾巴，被抢到的小朋友淘汰。

三、结束部分

放松活动，师幼道别

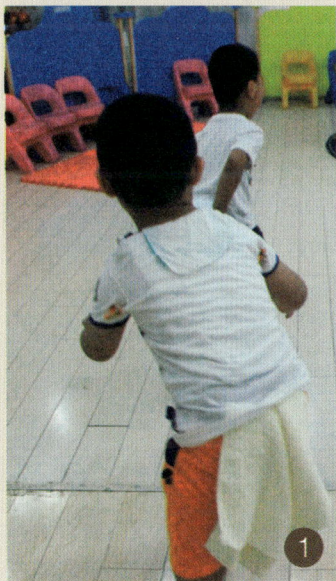

1　看谁厉害

6. 大班第二学期

表 5-7　大班第二学期体育课教学计划

学期总目标：1. 跑：掌握多种跑步方法，能独立想出新的跑步方法（如：持物跑、后退跑、往
返跑等），有强烈的提高跑速的愿望，能参加竞赛跑；能绕复杂障碍走、跑交替
300 米左右。
2. 跳：加强练习立定跳远的动作；在单脚跳的过程中会自我调整，在交换脚跳、高
处往下跳中会进行重力缓冲；拥有良好的弹跳力。
3. 投掷和拍球：在投掷过程中动作连贯、规范。
4. 针对以上各项内容加强幼儿上肢、下肢的力量，以及手脚的协调性和耐力。
5. 发展幼儿勇敢、不畏困难等意志品质

月份	周次	课程名称	教学目的	使用器材
二月	1	a. 谁最快	1. 通过游戏提升幼儿的躲闪能力及反应能力。 2. 通过游戏锻炼幼儿的折返跑能力	海绵棒、凳子
	2	b. 顽强的小朋友	1. 培养幼儿对体育锻炼的兴趣。 2. 通过游戏加强幼儿单脚连续跳的能力以及下肢力量	标志物（每组两个）、易脱换的鞋子
	3	c. 解放军训练	1. 通过游戏培养幼儿的团队合作精神，提高幼儿身体的灵敏性和反应能力。 2. 通过游戏锻炼幼儿持物跑的能力	滑溜布、平衡木(2～4条)、海绵垫(4～6张)
三月	4	d. 小小搬运工	1. 培养幼儿对体育锻炼的兴趣。 2. 通过游戏加强幼儿的手臂力量	书包（轮胎或米袋）
	5	e. 跳跃大闯关	1. 培养幼儿对体育锻炼的兴趣。 2. 通过游戏加强幼儿双脚连续跳的能力	小地垫、标志物、粉笔
	6	f. 你推我扶	1. 培养幼儿对体育锻炼的兴趣。 2. 通过篮球游戏提高幼儿高低拍球的能力	雪糕筒（尽量多）、篮球（人手一个）
	7	g. 翻转的蜘蛛	1. 培养幼儿对体育锻炼的兴趣。 2. 通过游戏加强幼儿仰身手脚爬的能力，提高幼儿手脚的协调性	标志物

月份	周次	课程名称	教学目的	使用器材
四月	8	h. 小兵打仗	1. 培养幼儿对体育锻炼的兴趣。 2. 通过游戏提高幼儿的投掷能力	羽毛球网或滑溜布，小布球、沙包（按幼儿人数）
	9	i. 谁站得最稳	1. 培养幼儿对体育锻炼的兴趣。 2. 通过游戏加强幼儿对脚步变化的反应能力	滑溜布
	10	j. 圣火传递	1. 培养幼儿对体育锻炼的兴趣。 2. 通过游戏学习相向接力的动作。 3. 学习接软（硬）棒的方法	接力棒（硬棒、软棒）、雪糕筒
	11	k. 车轮滚滚	1. 培养幼儿对体育锻炼的兴趣。 2. 通过游戏提升幼儿滚轮胎的能力	轮胎（每组一个）、扭扭车（每组一辆）、粉笔
五月	12	l. 猴子打滚	1. 培养幼儿对体育锻炼的兴趣。 2. 通过游戏增强幼儿的前滚翻能力	海绵垫
	13	m. 贪吃蛇	1. 培养幼儿对体育锻炼的兴趣。 2. 通过游戏提升幼儿的平衡能力和团队合作的意识	凳子
	14	n. 小火车	1. 培养幼儿对体育锻炼的兴趣。 2. 通过游戏练习一个跟着一个跑	雪糕筒、绳子
	15	o. 智斗大灰狼	1. 培养幼儿对体育锻炼的兴趣。 2. 通过游戏提高幼儿的手臂力量	桌子
六月	16	p. 好玩的呼啦圈	1. 培养幼儿对体育锻炼的兴趣。 2. 通过游戏加强幼儿追逐跑的能力	呼啦圈（人手一个）
	17	q. 踏踏踏	1. 培养幼儿对体育锻炼的兴趣。 2. 通过游戏加强幼儿对自己脚步的控制能力和下肢力量	轮胎
	18	r. 看谁站得稳	1. 通过游戏锻炼幼儿的躲闪能力。 2. 培养幼儿的抗眩晕能力和对自身的控制力	小地垫（每组两块）、凳子（每组两把）

a. 谁最快

大 单 元	跑	周 单 元	谁最快
使用器材	海绵棒、凳子		
教学目的	（1）通过游戏提升幼儿的躲闪能力及反应能力。 （2）通过游戏锻炼幼儿的折返跑能力。 重点：拍打物体后的转身动作		

活动过程

一、准备和热身部分

（1）集合整队，师幼问好。（2）口令带动，气氛营造。（3）热身游戏"小小飞机"。小朋友变成飞机，跟随老师在操场上高飞（慢跑）和低飞（蹲下走），交替进行。

二、基本部分

1. 准备大比拼

玩法：小朋友在自己的位置上练习折返跑的动作。

2. 接力大比拼（一）

玩法：将小朋友分成四组进行接力比赛，每组的前面几米处放一把凳子，第一个小朋友拿着棒子跑过去打一下凳子，再回来交棒给下一个小朋友。

3. 接力大比拼（二）

玩法：将小朋友分成四组。小朋友先跑过去打一下凳子回来，然后再跑到凳子处打一下回来，交棒给下一个小朋友接力。注意：打两次凳子的玩好了，可再加大难度打三次凳子，小朋友自己数打的次数。

4. 谁最快

玩法：将小朋友分成四组，每个小朋友要打三次凳子，然后下一个出发，看哪组最先完成。

1　谁最快

三、结束部分

（1）放松游戏"放鞭炮"。小朋友站在自己的位子上，听到老师说"鞭炮响了，啪"，身体就抖一下，老师说了几声"啪"就抖几下，连续说"啪"就连续抖。最后，老师说"轰——"，所有小朋友就倒下在地上坐着。（2）结束语，和小朋友再见

b. 顽强的小朋友

大 单 元	跳	周 单 元	顽强的小朋友
使用器材	标志物（每组两个）、易脱换的鞋子		
教学目的	（1）培养幼儿对体育锻炼的兴趣。 （2）通过游戏加强幼儿单脚连续跳的能力以及下肢力量		

活动过程

一、准备和热身部分

（1）集合整队，师幼问好。（2）口令带动，气氛营造。（3）律动热身。

二、基本部分

1. 试一试

玩法：小朋友，要是你们一只脚疼但又想出去玩的时候，就要一只脚跳着去玩了，我现在看一下，谁单脚跳最厉害（老师正面和侧面示范正确动作）。音乐响起时，小朋友在原地单脚跳（左右都要练习）。

2. 受伤的小脚

玩法：小朋友们，刚才小朋友有一只脚受伤了，不能穿鞋子了，所以等一下出去要脱鞋子。将小朋友分组，每一组用标志物做好起点和终点。小朋友出发前要把指定的一只鞋子脱掉拿着，跳到终点再跳回来，到队伍后面排队（第二轮换另一只鞋子）。

3. 抓大老虎

玩法：有老虎受伤了，小朋友要去把它抓回来。请一些小朋友做老虎，另一些小朋友单脚跳着追老虎（第二轮交换角色）。

三、结束部分

放松游戏，师幼道别

c. 解放军训练

大 单 元	力量	周 单 元	解放军训练
使用器材	滑溜布、平衡木（2～4条）、海绵垫（4～6张）		
教学目的	（1）通过游戏培养幼儿的团队合作精神，提高幼儿身体的灵敏性和反应能力。 （2）通过游戏锻炼幼儿持物跑的能力		

活动过程

一、准备和热身部分
（1）集合整队，师幼问好。（2）徒手口令带动。（3）律动热身。

二、基本部分
引导语：今天老师把所有的小朋友变成了解放军，看看谁最棒。

1. 解放军热身
玩法：所有的小朋友手脚着地跟着老师爬，听到"敌人来了"就站起来不能动。

2. 解放军训练
玩法：小朋友分成三组，第一组小朋友跑到海绵垫那里，趴在海绵垫上，脚不能动，用手的力量带动身体向前爬。第二组小朋友跑到滑溜布那里，滑溜布下面放垫子，小朋友脚伸直不能动，用手拉滑溜布，带动身体向前进。第三组小朋友跑的平衡木那里，趴在平衡木上，脚伸直不能动，用手拉平衡木两边，带动身体向前进。注意：三组同时进行，相互交换。

1　解放军训练

三、结束部分
放松结束，师幼道别

d. 小小搬运工

大 单 元	力量	周 单 元	小小搬运工
使用器材	书包（轮胎或米袋）		
教学目的	（1）培养幼儿对体育锻炼的兴趣。 （2）通过游戏加强幼儿的手臂力量		

活动过程

一、准备和热身部分
（1）集合整队，师幼问好。（2）口令带动，气氛营造。（3）热身游戏"小小搬运工"。

小朋友扮成搬运工，在老师身后一个跟着一个慢跑出去（寻找需要搬运的物品）。在慢跑过程中可穿插蹲下走、前脚掌走，同慢跑交替进行。

二、基本部分

1. 搬运工热身

玩法：小朋友在自己的位子上练习这节课要学习的动作。

2. 提着跑

玩法：将小朋友分成四组，每组前面放着书包，书包有一定的重量。小朋友用手提着书包跑到终点再跑回来，下一个出发。注意：轮胎、米袋或者书包的重量要根据小朋友的能力来定。

3. 抱着跑

玩法：将小朋友分成四组，每组前面放着书包，书包有一定的重量。小朋友抱着书包跑到终点再跑回来，下一个出发。

4. 背着跑

玩法：将小朋友分成四组，每组前面放着书包，书包有一定的重量。小朋友背着书包跑到终点再跑回来，下一个出发。

三、结束部分

（1）放松游戏"机器人充电"。小朋友蹲在地上扮成电量不足的机器人，老师说"机器人充电"，小朋友就全身颤抖且慢慢地站起来，直到完全站直（充满电）。（2）结束语，和小朋友再见

e. 跳跃大闯关

大 单 元	跳跃	周 单 元	跳跃大闯关
使用器材	小地垫、标志物、粉笔		
教学目的	（1）培养幼儿对体育锻炼的兴趣。 （2）通过游戏加强幼儿双脚连续跳的能力。 要求：双臂自然摆动		
活动过程			

一、准备和热身部分

（1）集合整队，师幼问好。（2）课前准备，口令带动。（3）律动热身。

二、基本部分

1. 快乐的小袋鼠

玩法： 老师原地教小朋友立定跳远的动作并让其练习，包括：摆臂动作、落地时缓冲等。

2. 挑选运动员

玩法： 小袋鼠运动会马上就要开始了，现在要挑选运动员了，厉害的要去比赛。老师用小地垫拼成100厘米的距离，分组进行测试，分组的数量看老师的数量，每一组需要一名老师记录成绩（达标的、不达标的）。

3. 按项目进行训练

玩法： 根据上一环节的情况进行分组。（1）达标组，在队伍前间隔摆放4个距离为100厘米的地垫让其连续跳跃。（2）不达标组，方法同上（把距离100厘米改为80厘米）。

注意： 老师应将训练重点放在不达标组，尽量让其达标。

4. 正式比赛

玩法： 用线标注100厘米的距离，让小朋友脱离参照物进行立定跳远测试，老师检查成绩。

三、结束部分

（1）放松游戏"写字"。小朋友手叉腰站好，老师说出任何一个数字，就要扭动臀部和腰部，把老师报的数字"写"出来（玩4次以上）。（2）结束语，和小朋友再见

f. 你推我扶

大 单 元	拍球	周 单 元	你推我扶
使用器材	雪糕筒（尽量多）、篮球（人手一个）		
教学目的	（1）培养幼儿对体育锻炼的兴趣。 （2）通过篮球游戏提高幼儿高低拍球的能力。 要求：能够自由地控制好拍球的高度		
活动过程			

一、准备和热身部分

（1）集合整队，师幼问好。（2）课前准备，口令带动。（3）律动热身。

二、基本部分

1. 讨厌的小蚂蚁

玩法： 原地练习高低拍球（注意站立时的拍球高度和蹲下时的动作）。有小蚂蚁要咬我们，听到"小蚂蚁来了"，小朋友就要蹲下拍球；听到"小蚂蚁走了"就要站起来拍球。

2. 砍树和种树

玩法： 小蚂蚁走了，我们要去砍树了，但是砍了之后要种上小树苗才行。将小朋友组织成一路纵队或者两路纵队（看雪糕筒的数量），将雪糕筒间隔摆放成半圆形。小朋友一个跟着一个在指定的一侧拍着球出发，前一名小朋友将雪糕筒轻轻放倒，后一名小朋友将其扶起。

3. 砍树和种树比赛

玩法： 将小朋友分成男女两组比赛，一方拍着球去把雪糕筒放倒，另一方将其扶起，直到指定的时间结束。（一轮后互换）

三、结束部分

（1）放松游戏"模仿冷热"。老师说"冷"，小朋友就要模仿冷的感觉（如全身颤抖）；老师说"热"，小朋友就要模仿热的感觉（如大声喘气），游戏可重复2~3遍。（2）结束语，和小朋友再见

g. 翻转的蜘蛛

大　单　元	手臂力量	周　单　元	翻转的蜘蛛
使用器材	标志物		
教学目的	（1）培养幼儿对体育锻炼的兴趣。 （2）通过游戏加强幼儿仰身手脚爬的能力，提高幼儿手脚的协调性		
活动过程			

一、准备和热身部分

（1）集合整队，师幼问好。（2）课前准备，口令带动。（3）律动热身。

二、基本部分

1. 蜘蛛与壁虎

玩法： 小朋友变成了小蜘蛛，小蜘蛛研究出了一种新的爬行方法，就是翻转过来肚子朝天爬。听到"壁虎来了"，小朋友就马上肚子朝上，手脚撑地，屁股不可以碰到地板。壁虎（老师）往前爬，小蜘蛛就往后爬；壁虎往后爬，小蜘蛛就往前爬。

2. 小蜘蛛学本领

玩法： 分四组队伍，每组的第一个小朋友仰面爬出去，在超过前面的标志物后，站起跑回来。老师可以在中间挡住小朋友，小朋友可以往旁边爬几步超过老师后再往终点爬。要求：屁股不可以碰到地板，要爬直线，眼睛看前面。

3. 比赛

玩法：分四组队伍进行接力比赛，第一个小朋友仰面爬过终点后再跑回来，拍下一个小朋友的手，下一个小朋友出发，看哪组小朋友最快爬完为胜利。

三、结束部分

（1）放松游戏"互相加油"。两个小朋友为一组，一个小朋友帮另一个小朋友挠痒痒（在体侧挠），然后互相拥抱加油（交换角色重复玩几遍）。（2）结束语，和小朋友再见

h. 小兵打仗

大 单 元	投掷	周 单 元	小兵打仗
使用器材	羽毛球网或滑溜布，小布球、沙包（按幼儿人数）		
教学目的	（1）培养幼儿对体育锻炼的兴趣。 （2）通过游戏提高幼儿的投掷能力		
活动过程			

一、准备和热身部分

（1）集合整队，师幼问好。（2）徒手口令带动。（3）律动热身。

二、基本部分

引导语：今天带所有的小朋友去打仗，看哪一组的小朋友胜利。

1. 小兵训练

玩法：（1）小朋友在自己的点点上练习投掷动作（分解教学）。（2）分两组，被老师请到的组拿沙包投，看一下谁投得最远。

2. 炸大灰狼

玩法：把羽毛球网拉起来，老师变成大灰狼在网的一边，小朋友在网的另一边用沙包来炸大灰狼。注意：老师要提醒小朋友投掷的动作。

3. 小兵打仗

玩法：小朋友分成两组，面对面站立，中间用两张羽毛球网拉起来（间隔一定的距离）。音乐一响，小朋友捡起小布球砸向对面，一次只能砸一个，两边互相投掷，音乐停就停止。（注意小朋友的动作，没有羽毛球网的可用其他器材代替）

三、结束部分

放松活动，师幼道别

i. 谁站得最稳

大 单 元	平衡	周 单 元	谁站得最稳
使用器材	滑溜布		
教学目的	（1）培养幼儿对体育锻炼的兴趣。 （2）通过游戏加强幼儿对脚步变化的反应能力		

活动过程

一、准备和热身部分

（1）集合整队，师幼问好。（2）徒手口令带动。（3）律动热身。

二、基本部分

1. 左右、前后摇晃

玩法：把小朋友分成四组，被老师请到的小朋友拿着滑溜布用力拔，老师左右或者前后摇晃，小朋友要站好不能摔跤。注意：滑溜布的一头要绑好固定，注意小朋友的站位。

2. 加大难度

玩法：把小朋友分成男女两组，玩法同上。

3. 拔河

玩法：分两组（男女平均分），两组面对面进行拔河比赛，老师在中间左右摇晃，看哪组能胜利。

三、结束部分

放松活动，师幼道别

j. 圣火传递

大 单 元	接力练习	周 单 元	圣火传递
使用器材	接力棒（硬棒、软棒）、雪糕筒		
教学目的	（1）培养幼儿对体育锻炼的兴趣。 （2）通过游戏学习相向接力的动作。 （3）学习接软（硬）棒的方法		

活动过程

一、准备和热身部分
（1）集合整队，师幼问好。（2）课前准备，口令带动。（3）律动热身。

二、基本部分

1. 学习圣火的传递方法
玩法： 两名老师共同示范如何传递接力棒。首先，做好起跑姿势，双脚前后打开，手一前一后置于腰两边，同边的手和脚方向相反，不同手、同脚，右手拿棒。另一名老师站在两米外，也做好起跑姿势，右手接棒，接棒瞬间做好错位跑动。注意：硬棒接力时，要把棒竖起拿，接棒的小朋友拿住棒的上面部分；软棒接力时，要做一个拍打按压的动作。

2. 分组练习传递火炬
玩法： 男女各两组，首先用拍掌的方式练习。第一个小朋友跑出去绕过雪糕筒回来，到起点的时候跟下一个小朋友拍掌，下一个小朋友要注意看回来小朋友伸的是哪只手，要是左手你也要用左手拍掌，是右手你也用右手拍掌。（注意错位跑动）

3. 绕雪糕筒 S 形接力
玩法： 方法同上，只是去的时候绕着雪糕筒 S 形跑，到最后一个雪糕筒再绕回来，还是要注意回来的小朋友是伸哪只手。

1　绕雪糕筒接力

4. 正式比赛
玩法： 用接力棒代替拍手，整组的小朋友正式进行接力比赛。

三、结束部分
（1）放松游戏"喘气的小动物"。老师说哪种小动物，小朋友就模仿这种小动物的叫声，然后再学小动物喘气的样子，嘴巴要吸气、吐气（老师至少说 3 种动物）。（2）结束语，和小朋友再见

k. 车轮滚滚

大 单 元	推轮胎	周 单 元	车轮滚滚
使用器材	轮胎（每组一个）、扭扭车（每组一辆）、粉笔		
教学目的	（1）培养幼儿对体育锻炼的兴趣。 （2）通过游戏提升幼儿滚轮胎的能力		

活动过程

一、准备和热身部分
（1）集合整队，师幼问好。（2）口令带动，气氛营造。（3）律动热身。

二、基本部分
1. 练习推轮胎

玩法：今天有一个地方有好多轮胎要运走，需要小朋友帮忙，但小朋友要先学本领。将小朋友分成8路纵队，4路和4路相对站立，之间隔6～7米，小朋友将轮胎从一边推到另一边，交对面组的小朋友，然后到队伍后排队。注意：老师教推的动作时，要让所有小朋友都能看到示范动作。

2. 迷路的小伙伴

玩法：小朋友们，要是迷路了就要调头，不能运到错的地方。老师将8路纵队组织成4路纵队，在队伍前方6～7米处画圆圈作为终点。小朋友将轮胎推到终点后把轮胎停住，再走到轮胎另一面将其推回起点。

3. 劳动的结果

玩法：为了奖励勤劳的小朋友，老师专门准备了小车给你们。轮胎摆放在起点（圆圈内），小车放在终点（粉笔画的另一个圆圈内）。小朋友将轮胎推到终点后将其放下，骑小车回到起点，交给后面的小朋友，再到队伍后排队。后面的小朋友先骑小车到轮胎处，再把轮胎推回来，以此类推。

三、结束部分
（1）放松游戏。（2）结束语，和小朋友再见

1. 猴子打滚

大 单 元	前滚翻	周 单 元	猴子打滚
使用器材	海绵垫		
教学目的	（1）培养幼儿对体育锻炼的兴趣。 （2）通过游戏增强幼儿的前滚翻能力。 要求：幼儿能够熟练完成前滚翻的动作		
活动过程			

一、准备和热身部分
（1）集合整队，师幼问好。（2）口令带动，气氛营造。（3）律动热身。

二、基本部分

引导语：今天小朋友们都变成了小猴子啦，小猴子翻跟头的本领可大了，我们来试试吧！

1. 猴子打滚（一）

玩法：老师示范前滚翻的动作，指出动作要领：低头含胸、弯腰、手撑地、后脑着地、脚蹬手推、收脚。小朋友分组进行练习，老师纠正错误的动作。

2. 猴子打滚（二）

玩法：增加难度，每组 2 张海绵垫，摆放成"7"字形，小朋友前滚翻过第一张海绵垫后，侧滚过另一边的海绵垫。

三、结束部分

（1）放松游戏"木头人"。小朋友跟在老师后面慢慢地走，当听到老师说"木头人，不许说话，不许动"，所有小朋友随意摆出一个造型动作静止不动（可重复玩2~3次）。

（2）结束语，和小朋友再见

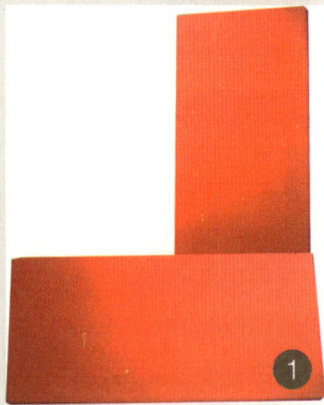

1　将海绵垫摆成"7"字形

m. 贪吃蛇

大 单 元	平衡	周 单 元	贪吃蛇
使用器材	凳子		
教学目的	（1）培养幼儿对体育锻炼的兴趣。 （2）通过游戏提升幼儿的平衡能力和团队合作的意识		
活动过程			

一、准备和热身部分

（1）集合整队，师幼问好。（2）口令带动，气氛营造。

二、基本部分

1. 小蛇热身

玩法：小朋友在原地练习单脚站立。

2. 贪吃蛇练习

玩法：5人为一组，小朋友练习运用凳子向指定位置搭桥行进的方法（每组要多一把凳子）。6把凳子排好，5名小朋友站在凳子上，最后多一把空凳子。如果要行进，最后一名小朋友把那把空凳子放到最前面，然后站好，以此类推。

3. 贪吃蛇

玩法： 在场地内分散放置若干把凳子。音乐一响，小朋友就开始搭桥过去吃分散开的凳子。当搭桥到一把凳子的时候，那组就多一把凳子，说明吃到一把凳子，接着搭到下一把凳子处。

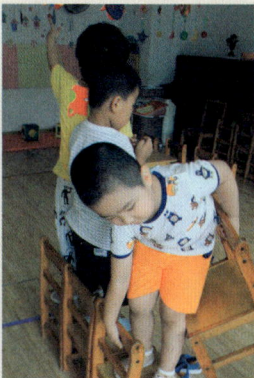

2 贪吃蛇

三、结束部分

（1）放松游戏"雪人融化"。小朋友站立并将手上举（扮成雪人），老师说"手臂融化了"，小朋友就把手臂放下；老师说"身体融化了"，小朋友就弯下腰；老师说"全身都融化了"，小朋友就迅速坐在地上（玩2~3次）。

（2）结束语，和小朋友再见

n. 小火车

大 单 元	一个跟着一个跑	周 单 元	小火车
使用器材	雪糕筒、绳子		
教学目的	（1）培养幼儿对体育锻炼的兴趣。 （2）通过游戏练习一个跟着一个跑。 要求：能够控制好跑步的速度和距离		
活动过程			

一、准备和热身部分

（1）集合整队，师幼问好。（2）课前准备，口令带动。

二、基本部分

1. 分组开火车

玩法： 把小朋友分成六组，前面放六个标志物（雪糕筒），第一组跑出去绕过雪糕筒回来，第二组再出发，以此类推。要求：每组小朋友之间的前后距离要一致，要学会控制速度和距离，前面快你就快，前面慢你就慢。

2. 火车齐出发

玩法： 六组火车同时出发，绕过雪糕筒回来，第二次换一个带头人（因为每个小朋友跑步的速度不同）。注意：绕的时候要求六组朝同一个方向绕，避免相撞，每个小朋友之间要保持相同的距离，自己控制好速度。

3. 绕雪糕筒S形开车

玩法： 小朋友跑过去的时候绕着雪糕筒S形跑，跑到最后一个雪糕筒处再绕回来，其他要求同第二环节。

4. 绕开障碍

玩法： 小朋友在规定区域（可以用绳子围起来）里面随意开火车（每次三组），小朋友之间要注意避让，每个小朋友前后距离要一致，老师可以进去挡在火车前面，火车头看到老师过来挡了就要带领火车拐弯走。

三、结束部分

（1）放松游戏"切西瓜"。全体小朋友手牵手围成一个大圆圈变成一只西瓜。老师说"我要切西瓜了"，小朋友要迅速放开手走到另外的空地上，然后手牵手围成一个更大的圆圈（变成更大的西瓜，可重复玩2~3遍）。（2）结束语，和小朋友再见

o. 智斗大灰狼

大 单 元	手臂力量	周 单 元	智斗大灰狼
使用器材	桌子		
教学目的	（1）培养幼儿对体育锻炼的兴趣。 （2）通过游戏提高幼儿的手臂力量		
活动过程			

一、准备和热身部分

（1）集合整队，师幼问好。（2）课前准备，口令带动。（3）律动热身。

二、基本部分

1. 狼来了

玩法： 小朋友站在原地慢跑，听到"大灰狼来了"就手脚着地支撑着身体起来（仰面），屁股不可以碰到地板。听到"大灰狼走了"就继续在点点上慢跑。

2. 智斗大灰狼

玩法： 将桌子分两组摆放，小朋友也分男女两组。小朋友围着桌子慢跑，听到"大灰狼来了"就马上蹲下，然后手撑地并将脚架在桌子上。要求：先蹲下来手撑地，再把一只脚架上桌子，然后再把另外一只脚慢慢抬上去。听到"大灰狼走了"就继续围着桌子慢跑。

3. 过河

玩法：小朋友分男女两组，桌子还是分两组摆放。第一个小朋友坐到桌子上，用手臂力量把自己的身体撑起来往前移动，第一个小朋友移了一定的距离后，下一个再出发。

要求：一定要屁股离开桌子，只能用双手的力量撑起身体往前移动。

三、结束部分

（1）放松游戏"彩虹的约定"。播放音乐《彩虹的约定》，小朋友与老师化作蝴蝶，在操场上跟随音乐节奏飞舞起来，一会低飞，一会旋转，放松身体。（2）结束语，和小朋友再见

1　过河

p. 好玩的呼啦圈

大 单 元	追逐跑	周 单 元	好玩的呼啦圈
使用器材	呼啦圈（人手一个）		
教学目的	（1）培养幼儿对体育锻炼的兴趣。 （2）通过游戏加强幼儿追逐跑的能力		
活动过程			

一、准备和热身部分

（1）集合整队，师幼问好。（2）口令带动，气氛营造。
（3）律动热身。

二、基本部分

1. 自由练习

玩法：小朋友人手一个呼啦圈，分散开并自由地将呼啦圈滚出去，然后再抓回来。注意：先轻轻地滚呼啦圈。

2. 分组练习

玩法：小朋友分两组，老师滚两个呼啦圈，两个小朋友跑过去抓。（场地大可分4组）

3. 呼啦圈大作战

玩法：老师滚一个呼啦圈，两个小朋友去抓，谁先抓

2　呼啦圈大作战

到谁就胜利，不可以争抢，也可以滚两个呼啦圈，四个小朋友去抓。

三、结束部分

（1）放松游戏"机器人放电"。小朋友原地站立，双手举高，老师说"手放电，吱"，小朋友手臂放下；老师说"头放电，吱"，小朋友就把头低下；老师说"全身放电"，小朋友就坐在地上（可重复玩2~3遍）。（2）结束语，和小朋友再见

q. 踏踏踏

大 单 元	脚步练习	周 单 元	踏踏踏
使用器材	轮胎		
教学目的	（1）培养幼儿对体育锻炼的兴趣。 （2）通过游戏加强幼儿对自己脚步的控制能力和下肢力量		

活动过程

一、准备和热身部分

（1）集合整队，师幼问好。（2）口令带动，气氛营造。（3）原地热身。

二、基本部分

1. 上上下下

玩法：三人或者四人一个轮胎练习踏步，一脚在轮胎上，一脚踩地，听到"蚂蚁来了"就双脚交替地踩起来。

2. 分组练习

玩法：把小朋友分成四组，轮胎直线摆成两组（每组大约6个轮胎）。小朋友分两边出发，从轮胎上踩踏过去后再跑回来。

3. 躲避坏人

玩法：把轮胎连起来组成一组，小朋友一个跟着一个出发，听到"坏人来了"，就要站到轮胎上。

三、结束部分

（1）放松游戏"包饺子"。两个小朋友为一组一起包饺子，一起说着"包饺子包饺子，捏捏捏"，一名小朋友帮另一名小朋友捏一捏，按摩手臂、小脚、后背肌肉，放松一下，然后互换角色（重复2~3次）。（2）结束语，和小朋友再见

r. 看谁站得稳

大 单 元	抗眩晕	周 单 元	看谁站得稳
使用器材	小地垫（每组两块）、凳子（每组两把）		

教学目的	（1）通过游戏锻炼幼儿的躲闪能力。 （2）培养幼儿的抗眩晕能力和对自身的控制力

活动过程

一、准备和热身部分
（1）集合整队，师幼问好。（2）课前准备，口令带动。（3）律动热身。

二、基本部分

1. 谁是小石头

玩法：音乐响起，幼儿开始在原地转圈；音乐停了，幼儿也停下，然后看谁站得最稳，老师要提醒幼儿转圈速度不能太快。（注意时间）

2. 找房子

玩法：将幼儿分成8路纵队，4组与4组之间相向站立。在每路纵队正前方3米处放一块小地垫。幼儿在起点的凳子旁转圈，每一圈都要用手拍打一次凳了，3圈后向前走到地垫上再返回，下一位出发。第二轮由3圈加至7圈，方法同上。

3. 找朋友

玩法：组织方法同上，幼儿转7圈后找到地垫，然后与对面组的幼儿相互击掌后才能返回。

三、结束部分
（1）放松游戏"吹跑大灰狼"。老师扮演大灰狼，小朋友大口吸气，对着大灰狼的方向用力吹气，看能不能把大灰狼吹跑（重复玩3~4次）。（2）结束语，和小朋友再见

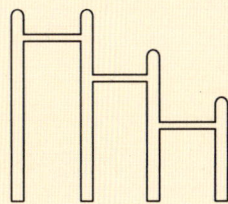

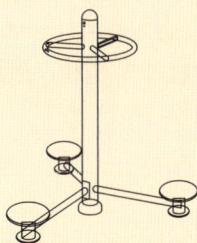

06

模块 6

幼儿园户外体育活动

《幼儿园工作规程》中明确指出，幼儿园的"每日户外体育活动不得少于1小时"，因此户外体育活动是幼儿园体育活动的重要组织形式。户外体育活动具有弥补幼儿早操活动和体育课这两种组织形式不足的作用；有时也可以作为体育课的延伸，让幼儿练习和巩固在体育课中学习的新游戏或体操。

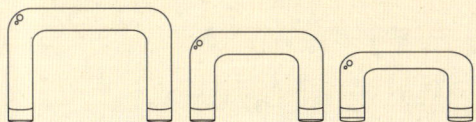

一　户外体育活动的概念和内容

户外体育活动是指在户外进行的，以各类器械、各种游戏、基本动作和三浴锻炼（阳光浴、水浴和空气浴）等作为活动内容，在教师直接指导或间接指导下的集体体育活动或分散体育活动。户外体育活动的时间一般安排在上午两节教学活动后或幼儿午睡后，每次活动的时间为15～30分钟，每次活动应根据季节变化、地域差异等因素增加或减少活动时间。

二　户外体育活动的形式

目前，幼儿园户外体育活动大多以户外区域体育活动的形式开展，这种形式能充分利用幼儿园环境，在遵循幼儿生长发育规律的基础上，因地制宜地把各种不同的场地科学地创设成不同的运动区域；还可投放不同的材料，让幼儿在良好的体育环境中能自由结伴、自选内容、自主地进行体育活动。这种活动形式能很好地弥补幼儿园因活动场地面积有限而产生的户外体育活动开展不便的不足。

1. 因地制宜设置幼儿园户外体育活动区域

幼儿园的户外体育活动区域可按照幼儿园环境、基本动作类型和场地或器材特征来设置。

（1）按幼儿园环境设置区域。

幼儿园可设置塑胶地、水泥地、草地、小山坡、小树林、葡萄架、戏水池、沙地、攀岩墙、鹅卵石小路、勇敢者道路、屋顶空间、感统室、拳击房、海洋球房、体操房等区域。

1　塑胶地
2　草地
3　小山坡
4　戏水池
5　沙地
6　攀岩墙

（2）按基本动作类型设置区域。

幼儿园可设置奔跑区、跳跃区、投掷区、平衡区、钻爬区、攀登区、悬垂区、综合区等区域。

（3）按场地或器材特征设置区域。

幼儿园可设置大、中型固定的运动器械区（滑滑梯、跳床等）、玩球区、玩车区、戏水区、玩沙区、身体素质综合区等区域。

1　奔跑区
2　跳跃区
3　投掷区
4　平衡区
5　钻爬区
6　悬垂区
7　运动器械区
8　玩球区

2. 科学投放幼儿园户外体育区域的材料

（1）奔跑区。

① 螺旋跑、蛇形跑：可投放滚铁环、风火轮、独轮车、标志物（可乐瓶、雪糕筒）等。

② 往返跑：可投放红旗、风车、小筐等。

③ 听信号变向变速跑：可投放小汽车、信号灯、交通标志等。

④ 自由追逐跑：可投放马缰绳、带魔术贴的尾巴、带魔术贴的背心和绒毛玩具、小背篓等。

⑤ 躲闪跑：可投放沙包、棉布包、盾牌和软剑等。

⑥ 合作跑：可投放担架、舞龙、大抬筐、花轿等。

（2）跳跃区。

① 不同方向连续跳：可投放圈、自制小荷叶、小脚印、跳跳袋、软棍、竹竿等。

② 行进间连续跳：可投放跳房子（跳格子）的图形、小脚印等。

③ 原地纵跳：可投放悬挂物、跳跳床、跳跳链等。

④ 向下跳：可投放不同高度的跳台，如：桌子、椅子、垫子、跳跃刻度尺等。

⑤ 立定跳远：可投放跳跃刻度尺、小荷叶、小脚印等。

⑥ 助跑跨跳：可投放一定高度的小跨栏、自制的不同高度和宽度的障碍物、平面小河、纸棒、废旧月饼盒、鞋盒、布袋、短绳、大绳、轮胎等。

⑦ 撑跳：可投放有一定高度的平衡板、小鞍马等，或是能让幼儿用手撑上去（撑起身体）跳过的物件。

9　独轮车和雪糕筒
10　信号灯和交通标志
11　跳房子的图形
12　地垫、跨栏、呼啦圈

（3）投掷区。

① 双手、头上、胸前、腹前的投掷材料：

a. 小班：可投放自制纸球、沙包、软球等。

b. 中班：可投放大小不同的球、沙包作为投掷物；动物纸篓、可乐瓶制作的垂钓物等作为投掷目标。

c. 大班：可投放大小、轻重不同的球作为投掷物；圆筒和可乐瓶制作的接环、废旧纸盒制作的背篓、篮球架等作为投掷目标。

② 肩上、肩侧、体侧的投掷材料：

a. 小班：可投放沙包、各种纸（布）制作的小球、纸飞机以及废旧纸制成的纸棒、纸球等。

b. 中班：可投放沙包，大小不同的球，一次性纸盘制作的七彩飞盘、飞镖，系穗的小沙包（用尼龙绳做）作为投掷物；投箱、投篮、小纸篓、废旧纸盒、塑料瓶制作的球门等作为投掷目标。

c. 大班：可投放小叉制作的飞镖，各种小球、沙包作为投掷物；小背篓、布袋可作为流动的投掷目标；动物画面、彩带可作为隐形的投掷目标；投篮、投箱、动物纸篓、废旧小勺等可作为固定的投掷目标。

（4）平衡区。

① 练习在窄道上移动时，可投放高矮、宽窄不同的平衡木。

② 单梯、双梯。

③ 大小不同的平衡板。

④ 长短、宽窄不同的地板革条、纸棍等。

⑤ 在进行缩小支撑面积的练习时，可投放大小不同的高跷、平衡鞋、梅花桩、树墩、滑板等。

1	墙面投掷	4	树墩
2	投掷箱	5	洞
3	平衡木	6	爬网

⑥ 在以不同方式摆放的轮胎上（平放、立放、堆积）练习平衡走。

（5）钻爬区。

① 手膝着地爬：可投放高矮不同的弓形门、薄厚不同的垫子、各种纸箱制作的"洞"。

② 手脚着地爬：可投放低矮的障碍。比如用两个大雪碧瓶子，中间拉上一根橡皮筋；或是有"地雷"和"电网"的爬道等。

③ 匍匐爬：可投放低矮的障碍（同上）、爬网等。

④ 正面钻：可投放桌子、各种弓形门等。

⑤ 侧面钻：可投放弓形门（门上悬挂高矮不同的饰物）、爬网等。

⑥ 仰爬：可投放爬网等。

⑦ 滚翻：可投放垫子、滚筒等。

（6）攀登区。

攀登活动主要是以攀登器械为主，这些器械有攀登架、攀登网、攀登棍（绳）、轮胎堆、爬梯等，或是一些自然的攀登环境，如：台阶、斜坡、小山等。

（7）悬垂区。

悬垂区是用来锻炼幼儿上肢力量的区域，可投放有一定高度的单杠或双杠等。

（8）球类区。

适合幼儿的球类活动有两种，一是运动球，二是自制球。运动球一般选择小篮球、小足球等；自制球是利用废旧环保材料制成的纸球、布球等（自制球的相关内容可参考模块 9，这里不再赘述）。此外，在开展小篮球、小足球活动时，要考虑幼儿的年龄特点，在活动内容的安排上要注重差异性，如表 6-1、表 6-2 所示。

| 7 | 攀登墙 | 9 | 悬垂单杠 | 11 | 篮球区 |
| 8 | 轮胎坡 | 10 | 滑道 | 12 | 足球区 |

表 6-1　小篮球的活动内容

项目	年龄段	内容
小篮球	小班	滚球；双手拍球；单手拍球；腹前抛球
	中班	左右手有节奏地交替拍球；单手连续拍球；相互传球和抛接球；双手左右拨球；行进间拍球
	大班	在障碍物上拍球（高低、钻拱门）；转圈拍球、接球；在行进间传接球；学习投篮（利用篮筐、悬挂纸盒、塑料篮等）

表 6-2　小足球的活动内容

项目	年龄段	内容
足球	小班	学习左右脚踢球（可将足球用网兜固定悬吊）；近距离踢球进门
	中班	学会用正脚背、脚内侧踢球；学会听信号运球、停球；学会近距离定点射门；学会左右脚交替运球
	大班	学会抢球；学会近距离助跑射门；学会用脚尖把球挑起；学会左右拉球

三　户外体育活动的组织方法

1. 以班级为单位

在教师的带领下，全班幼儿去指定的活动区域，自主选择器械进行活动，教师观察并给予间接指导与帮助。

活动建议：教师要设定计划，每天更换区域，让幼儿一周内能在每个户外体育区域活动，促进其身体的全面发展。

2. 以同龄级组为单位

在教师的带领下，让同龄级组的幼儿自由选择户外体育区域活动，自主、自由地结伴在区域内活动，以更好地培养幼儿的主体性。

活动建议：（1）为了有次序地开展活动，每个区域要设定活动提示牌，提示牌注明本区域可容纳的人数，可用发手环的形式控制人数，如果手环发完了，说明本区域人数已满，可引导幼儿选择另外一个区域。（2）用音乐作为铃声（每 10 分钟响一次），幼儿自由选择更换下一个区域。

3. 以混龄组为单位

全园所有大中小班级同时参加混龄区域体育游戏，是一种大带小、小跟大的活动模式，可在运动中培养幼儿的团结、合作意识，提升交往能力。

（四）开展户外体育活动的注意事项

（1）教师须熟悉每一个区域的器材名称、玩法、交换方式以及活动时间、集合信号等。

（2）教师在户外体育活动中，应深入观察、了解幼儿的个体差异，以便更好地帮助和指导幼儿。

（3）在户外体育区域活动中，教师要注重幼儿优良品德和常规的建立，培养幼儿遵守游戏规则的意识，积极引导幼儿在游戏活动中能互助、互让，能团结友爱、机智勇敢、不怕困难。

（4）教师要定期检查体育区域器材的安全和卫生情况，比如器材的螺帽是否生锈、松动（定期清洗），沙池、水池是否有尖锐的物体等。

1 以班级为单位组织活动
2 以同龄级组为单位组织活动
3 以混龄组为单位组织活动

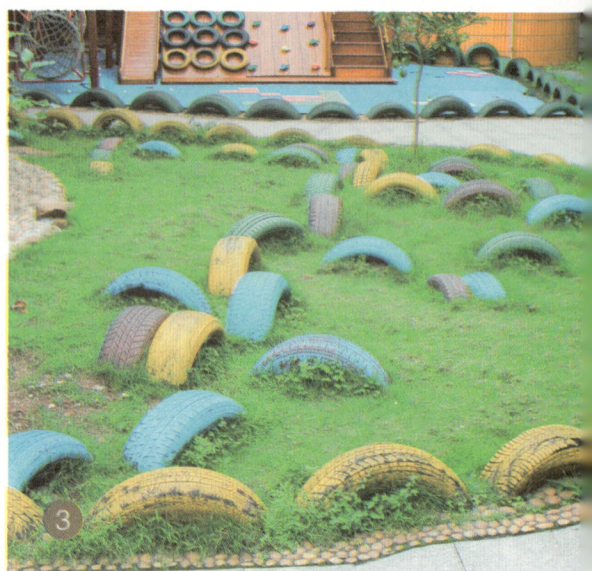

1　投掷区　　　4　攀登区
2　攀登区　　　5　悬垂区、攀爬区
3　平衡区

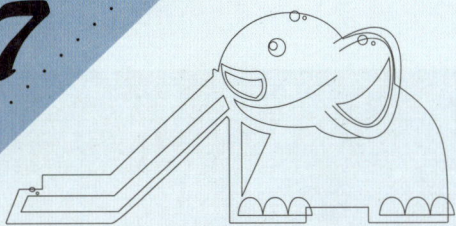

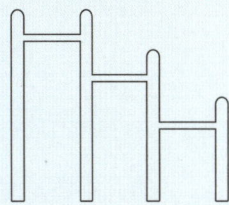

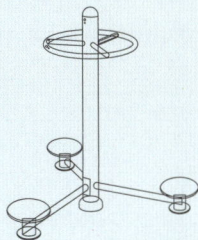

模块 7

幼儿小篮球活动

　　小篮球运动实际上指的就是使用小型篮球、球场以及球筐和球架，并参照成人篮球运动的规则和要求来开展的幼儿篮球运动。小篮球的活动内容包括：小篮球基本动作训练、小篮球游戏活动和小篮球球操等。

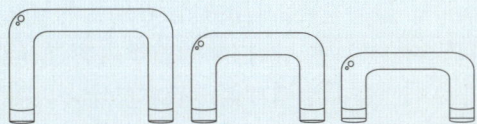

一 小篮球及其球场的规格

幼儿小篮球的外形同一般篮球，直径为 18 厘米，重量为 450~500 克，圆周为 68~70 厘米；球场长 22 米，宽 12 米，篮圈高为 2.8 米。这种特定的、小规格的篮球非常符合幼儿的运动需要。

1　篮球场

二 小篮球运动的应用价值和应用策略

1. 应用价值

首先，小篮球运动的开展有助于培养幼儿的篮球兴趣和篮球意识。成人篮球运动规则和场地器材设施并不符合幼儿的身体发育水平，因为对于幼儿来说，手小球大、身高不足、力气不够、理解能力和体能有限，这严重影响了幼儿玩篮球的兴趣，不利于幼儿篮球意识的培养。而小篮球运动采用小型篮球、小型场地、小型球筐和球架，并在遵循成人篮球运动基本规则的基础上，对篮球运动的技术和理论进行了简化，更适合幼儿的身体发育水平，对幼儿来说也更易于掌握和开展。

其次，小篮球运动的开展有助于幼儿身心素质的全面发展。小篮球运动包含了走、跳、跑以及平衡和弯腰等基本的动作，对于幼儿速度素质、弹跳素质、灵敏素质以及协调能力等多个方面的发展都具有促进作用，能够有效地改善和提升幼儿器官系统的功能。除此之外，小篮球运动作为一项集体性的体育运动项目，还能够培养幼儿的团结协作精神和组织纪律意识，丰富幼儿园的文化生活，陶冶幼儿的情操。

2. 应用策略

首先，教师要根据幼儿的身心特点和年龄特征来制定分级教学目标体系。小篮球运动在幼儿教育应用中的分级教学目标体系，就是要根据不同年龄段的幼儿来制定不同级别的教学目标。例如：在接球教学中，针对小班的幼儿可将教学目标制定为"能够用手和手臂抱住落地的反弹球"，而针对大些的幼儿则可以将教学目标制定为"能够大胆主动地利用手臂接住弧线来球，能够熟练接住反弹球，能够侧向滑步"。

其次，要注意根据幼儿发展的年龄特征来科学确定不同年龄段幼儿的教学内容。例如：针对小班的幼儿来开展小篮球运动时，最为主要的目的是培养幼儿的篮球兴趣，因此，教学内容应以小篮球运动的基本动作和基本技术为主，如拍球的教学内容选择双手拍球以及双手拍球走即可；而在中班幼儿的教学中，则应适当地增加篮球技术的学习内容，同样是拍球教学，此时就可以增加单手拍球行进、单手运球过障碍以及原地交叉手拍球等教学内容。

最后，要注意采用趣味化、游戏化的教学方式来开展小篮球教学活动，以提高幼儿的学习兴趣和参与活动的积极性。例如：在教授小篮球的防守动作，培养幼儿的防守意识时，可以组织开展"小螃蟹防守游戏"，让幼儿模仿小螃蟹将四肢充分伸展到位，并进行横向的移动，这种教学方式符合幼儿的注意规律和兴趣规律，能够有效地提升小篮球在幼儿教育中的应用成效。

三 各年龄段小篮球活动的内容

各年龄段小篮球活动的内容如表 7-1 所示。

表 7-1　各年龄段小篮球活动的内容

阶段	目标	内容
小班	● 初步了解小篮球活动，对小篮球活动产生兴趣 ● 学习小篮球运动的简单知识和基本动作，初步建立小篮球活动的常规和运动规则意识	● 简单了解篮球运动 ● 学习搓球（揉球） ● 学习多种滚球方式（如：单人滚球、双人滚接球、滚球绕"8"字，利用多种辅助物滚球等） ● 学习原地单手拍球、双手拍球、单手拍球行进走 ● 学习双手胸前投篮 ● 学习抛接球的动作
中班	● 进一步培养和提升幼儿对小篮球的探究兴趣和参与活动的积极性 ● 丰富小篮球运动的内容，提高动作技能 ● 加强培养运用手臂、手腕控制球的能力以及手眼协调能力 ● 学会分享，有合作意识	● 学习原地左右手交替运球，单手运球动作连贯、有节奏，能连续运球 30 次以上，掌握胸前接球的动作 ● 学习站在辅助物上单、双手运球 ● 学习原地高低（蹲下）运球 ● 学习转圈运球 ● 学习行进间（走、跑）运球 ● 学习相互双手胸前传接球 ● 学习投篮 ● 学习双手上下拨球
大班	● 丰富篮球的动作技能，提高玩球的多样性和趣味性 ● 较为熟练地掌握各种运球技能，提升传接球能力 ● 了解篮球的比赛规则，能进行篮球比赛 ● 树立正确的竞争意识，培养良好的团队合作意识和勇敢顽强的精神	● 学习花样拍、运球（站在高物上运球、运球转圈、圈内运球、绕障碍物运球、运球抢球等） ● 学习胯下运球 ● 学习双手胸前击地传接球 ● 学习抛接球——拍掌 ● 学习行进间投篮 ● 学习绕直线、曲线运球前进和快速运球前进 ● 学习在运动中传接球 ● 简单了解篮球运动的规则并进行篮球比赛

（四） 小篮球的基本动作

1　持球
2　单手拍球（1）
3　单手拍球（2）
4　双手肩上拨球

1. 持球

动作说明：两脚开立，双手持球于腹部，如图 1 所示。

强调：持球时五指要用力张开，掌心空出。

2. 单手拍球

动作说明 1：左脚在前，右脚在后，右手在体侧拍球，如图 2 所示。

动作说明 2：两脚开立，右手在体前拍球，如图 3 所示。

强调：右手拍球，左手成胸前平屈做护球动作。

5　单手左右拨控球
6　绕 S形运球
7　原地双手拍球

3. 双手肩上拨球

动作要领：两脚开立，双手持球，在胸部或头上用手指左右拨动，如图 4 所示。

强调：拨球时，动作要连贯。

4. 单手左右拨控球

动作说明：右腿弯曲，左腿伸直，篮球在右脚侧前方，右手指向左拨球，左手扶球；左腿弯曲，右腿伸直，循环往复，如图 5 所示。

强调：左右拨球时要注意身体重心的左右移动。

5. 绕 S形运球

动作说明：左右手交替绕雪糕筒移动拍球。

强调：身体面向前进方向时，如在雪糕筒左侧，就用左手拍球，如在雪糕筒右侧，就用右手拍球，如图 6 所示。

6. 原地双手拍球

动作说明：两脚开立，双手持球，腕部上下抬压带动五指用力上下按压拍球，如图 7 所示。

强调：拍球时要注意拍球的节奏和膝部颤动的协调。

7. 原地双手抛接球

动作说明：两腿弯曲，双手持球于腹部，用手指向上拨动将球抛高于头部，接球时双臂主动前伸迎球，如图1所示。

强调：在练习中可根据幼儿能力增加拍掌动作，即上抛球时，拍掌一次或拍掌二三次再接球。

8. 双人面对面传球

动作说明：两人面对面用双手传球，如图2所示。

强调：面对面传球时，要注意两个人之间的距离。

1 原地双手抛接球
2 双人面对面传球
3 拨球运动（1）
4 拨球运动（2）

五. 幼儿篮球操

篮球操可以提升幼儿身体的协调性、灵敏度等身体素质，是幼儿小篮球活动的主要形式之一。这里以实效大班篮球操为例：

实效大班篮球操

音乐前奏：1个8拍
单手持球，提踵（2拍1次）。

第一节：拨球运动（4×8拍）
第一个八拍同第二个八拍，单手持球原地踏步，如图3所示。
第三个八拍同第四个八拍，在两脚之间左右拨球，如图4所示。

5 滚球运动（1）
6 滚球运动（2）

7　绕球运动（1）
8　绕球运动（2）
9　绕球运动（3）
10　拍球运动（1）
11　拍球运动（2）

第二节：滚球运动（4×8拍）

第一个八拍：1～4拍，双手持球由脚面沿着腿部滚动至腹部，如图5所示。

　　　　　　5～8拍，身体向左转90度，同时左脚在前、右脚向后伸直，如图6所示。

四个八拍动作相同，但每个八拍要转90度，做四个方向。

第三节：绕球运动（4×8拍）

第一个八拍：双手持球，由腹部开始向左围绕腰部滚动一周，如图7所示。

第二个八拍：双手持球，由腹部开始向右围绕腰部滚动一周，如图8所示。

第三个八拍：双手持球由左脚开始绕8字一次，如图9所示。

第四个八拍同第三个八拍。

第四节：拍球运动（4×8拍）

第一个八拍同第二个八拍：右腿单腿跪地（低拍球），右手拍球，如图10所示。

第三个八拍同第四个八拍：左脚在前站立（高拍球），右手拍球，如图11所示。

第五节：抛球运动（4×8拍）

第一个八拍：1～4拍,双手持球,双脚开立,体前屈左右摆动。

　　　　　　5拍，双脚并拢，两手持球于胸部。

　　　　　　6拍，向上抛球（球抛到头上方即可），如图12所示。

　　　　　　7拍双手接球，8拍还原。

四个八拍动作相同。

第六节：拍球转向（4×8拍）

第一个八拍：1～4拍，左脚在前，右脚后伸，右手拍球，如图1所示。

5～8拍，向左转体90度，左脚在前，右脚后伸，右手拍球，如图2所示。

四个八拍动作相同，做四个方向的拍球动作，如图3所示。

第七节：拍球转身（4×8拍）

第一个八拍：1～4拍，原地右手拍球，如图4所示。

5～8拍，向左转360度（一圈）接球，如图5所示。

四个八拍动作相同。

第八节：投球运动（4×8拍）

1～4拍，双手持球，双脚并拢向左跳4下。

5～6拍，双手持球向左伸，左侧弓步，如图6所示。

第二个八拍同第一个八拍，但方向相反。

第三个八拍：双手持球，双脚并拢，球由左侧—腹部—双手向右伸，向右侧点步，如图7所示。

第四个八拍：双手持球，双脚并拢，球由右侧—腹部—双手向左伸，向左侧点步。

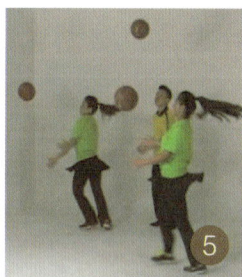

1	拍球转向（1）
2	拍球转向（2）
3	拍球转向（3）
4	拍球转身（1）
5	拍球转身（2）
6	投球运动（1）
7	投球运动（2）

六 小篮球活动案例

1. 小班

小猫滚球

广东省肇庆市直属机关第一幼儿园　密肖华

【活动目标】

(1)学习用手按住滚过来的球的方法,锻炼手的控球能力。

(2)体验合作玩球的快乐和互助友爱的精神。

【活动准备】

皮球(每人一个)、录音磁带。

【活动过程】

一、开始和准备部分

(1)幼儿听音乐模仿小猫走路的样子进场。

(2)热身运动:猫妈妈带领宝宝一起做热身运动操(伸伸臂、弯弯腰、踢踢腿、蹦蹦跳)。

二、基本部分

1. 小猫学本领(一)

(1)导语:小猫已经长大了,该学习更多的本领了。妈妈看谁最勇敢,想的方法多,掌握的本领多。

(2)小猫自由玩球。

2. 小猫学本领(二)

(1)抓老鼠:按住滚过来的球。将幼儿分成两路纵队。猫妈妈为宝宝买来很多皮球,请两个宝宝一起滚着玩。老师和一名幼儿示范滚球的方法:两个人面对面,滚球时,两手把球向前推出去,对面的幼儿两手分开接住滚来的球,接着再滚回去。(幼儿可根据自己的能力拉大两人之间的距离)

8　抓老鼠

(2)组织幼儿练习滚球。要求:幼儿两两相对,边念儿歌边滚球:大皮球,圆溜溜,推来滚去乐悠悠。表扬配合得好的宝宝。

(3)追老鼠:幼儿先将球滚出,然后立即追上去,直至追上并按住皮球。

三、结束部分

带领幼儿玩大皮球的游戏。让幼儿坐在地上,两腿伸直,双手抱住大皮球,在腿上前后滚动(按摩),使身体放松。

滚滚乐

广东省肇庆市直属机关第一幼儿园　密肖华

【活动目标】
（1）对滚球感兴趣，充分体验在不同路线滚球的乐趣。
（2）能手眼协调地控制球向指定方向滚动。

【活动准备】
篮球（人手一个）、城堡积塑、带斜坡的平衡木。

【活动过程】

一、开始和准备部分
（1）孩子拿着球听哨声绕着操场跑，跑到圆点位置停下来，请孩子找到红色的圆点站好。
（2）热身运动：老师和孩子一起跟随音乐做简单的球操。

二、基本部分

1. 练习滚球的动作

师：今天老师是熊猫爸爸，小朋友是小熊猫，小熊猫最喜欢玩球了，让我们一起来玩球吧。请小熊猫站在黄线上，我们用手把球推到另一边。（音乐开始，玩2次）

2. 自由探索：花样滚球

（1）向幼儿介绍四条不同形状的小路。

路线主要分为四条：第一条是弯曲的小路，老师要提醒孩子注意运球的速度，此处可锻炼孩子的控球能力；第二条路线是带斜坡的平衡木，孩子们可以体验在斜坡上滚球的不同感受；第三条路线是直线小路；第四条路线是纸箱组成的山洞。孩子们可以自由选择路线，走完一条路后可以接着尝试另外一条路，这样避免了很多孩子等待的现象，尊重了孩子的个体差异，更调动起了孩子们主动思考、积极探索的兴趣。在这个过程中，老师的主要任务就是仔细观察、及时帮助和支持幼儿游戏，使每一个孩子在原来的基础上都有进步。

师：场地上有4条不同形状的小路，我们滚球通过这4条小路，小熊猫可以自由地选择小路进行游戏。（音乐开始，自由探索活动开始）

（2）幼儿尝试沿着小路把球推到另一边。

（3）老师做短暂性的小结，并请个别幼儿示范他们是如何通过小路的。

师：刚才小熊猫已经尝试滚球走过这4条小路了，请XX来示范走这条小路。（幼儿相互交流、演示）

（4）老师示范弯曲小路、斜坡小路以及有山洞的小路的正确推球方法。

（5）幼儿继续练习，老师从旁指导。

3. 游戏：看谁滚得快

介绍游戏的方法和规则。将4条小路合起来变成2条小路，将幼儿分成两队进行游戏。

师：小熊猫，你们想不想到小兔家玩。现在请这队的小熊猫滚球走右边的小路，请另一队的小熊猫滚球走左边的小路。听到哨子声，小熊猫才能出发。（交换路线游戏2次）

三、结束部分

音乐开始，让球在小朋友的肚子上滚一滚"亲亲小熊猫的小肚皮"；在腰上、肩膀上滚一滚，在大腿和小腿上跳一跳，然后踏步出操场。

2. 中班

我最能"抢"

广东省肇庆市直属机关第一幼儿园　密肖华

【活动目标】

（1）发展幼儿的快速反应及抢断能力。

（2）体验运动游戏的乐趣，培养幼儿对篮球运动的兴趣及遵守游戏规则的精神。

【活动准备】

篮球（20个）、呼拉圈（20个）、小椅子（6把）、轮胎（4个）。

【活动过程】

一、开始和准备部分

师幼问好；老师带领幼儿做热身动作。

二、基本部分

1. 游戏：在球海中奔跑

玩法：在球场上无规则地放置 20个篮球，请小球员在球海中模仿老师边做动作边奔跑，要求不能碰到球。

2. 游戏：我最能"抢"（一）

玩法：在球场中间放置等于或少于上课幼儿人数的篮球，幼儿绕操场边线慢跑，听到老师的哨声后，以最快速度跑向球场中间抢到球举高。随着游戏次数的增加，球的数量相应地减少。

3. 游戏：我最能"抢"（二）

玩法：球场中间放置少于上课幼儿人数的篮球，并放置少于篮球数量的呼拉圈，幼儿绕操场边线慢跑，听到老师的哨声后，以最快速度跑向球场中间抢到球，然后再抱球跑向呼拉圈站好将球举高。随着游戏次数的增加，呼拉圈的数量不断地减少。

4. 游戏：我最能"抢"（三）

玩法：球场中间放置与上课幼儿人数相等的篮球，并放置少于篮球数量的呼拉圈，球场周边放置6把椅子，幼儿绕操场边线慢跑，听到老师的哨声后，以最快速度跑向球场中间抢到球，然后抱球放在呼拉圈里面，再找一把椅子坐下，看谁胜出。

5. 游戏：我是最能"抢"的篮球高手

玩法：（一对一基本对抗游戏）每次 2名幼儿，分别站在本方球架（轮胎）前，裁判将球抛向空中后，幼儿迅速抢球，抢到球后将球运向对方球架（2个车轮高），谁将球放进对方球架，谁为胜利者。

三、结束部分

（1）放松运动。

（2）小结，收拾器材，师幼道别。

运球高手——捡豆豆

广东省肇庆市直属机关第一幼儿园　密肖华

【活动目标】

（1）提高幼儿行进间运球的能力，以及左右手对球的把控能力和快速反应能力。

（2）感受篮球运动的乐趣，培养幼儿自觉遵守游戏规则的意识和集体主义精神。

【活动准备】

篮球（人手1个）、纸球（若干）、5种不同颜色的背心（若干）、自制隧道架（6道）。

【活动过程】

一、开始和准备部分

（1）师幼互动。

（2）热身小游戏：我最快。

玩法：球场上放置纸球若干，幼儿在球场上慢跑，老师发出结束信号，看谁拿到的纸球最多。

（3）专项篮球肢体拉伸准备运动。

二、基本部分

1. 复习原地运球和行进间运球

（1）强调听指挥运球（急停）。

（2）强调球在身体侧面运行。

（3）强调听音乐调整运球速度。

2. 学习高低运球的快速衔接

（1）学习从原地运球基本姿势快速过渡到蹲下低运球；蹲下低运球快速恢复至原地运球基本姿势。

（2）学习蹲下低运球过渡至坐下低运球；坐下低运球恢复至蹲下低运球。

（3）练习"原地运球基本姿势—蹲下低运球—坐下低运球"三种运球方式不停轮换过渡。

3. 运球高手：捡豆豆

玩法1：地上放置若干纸球，幼儿绕着球场边线行进间运球，听到哨子声音后迅速进去把纸球捡起来，看谁捡得多。强调规则：捡纸球过程中篮球不能停止运动。

玩法2：分队进行运球捡豆豆比赛，看哪队捡到的豆豆多。强调规则：捡纸球过程中篮球不能停止运动。表扬遵守规则的小朋友和获胜队伍，鼓励失败队伍以后争取胜利。

4. 运球高手：过隧道捡豆豆

玩法：将幼儿分成 5 路纵队排列，听到游戏开始的哨声后，每组第一个游戏者迅速运球通过前面的隧道后把纸球捡回来，再把篮球交给下一个游戏者，以此类推，看 2 分钟内哪组捡的纸球多。强调规则：通过隧道和捡纸球过程中，篮球均不能停止运动。

三、结束部分

（1）放松运动。

（2）小结，收拾器材，师幼道别。

3. 大班

谁也防不住我

广东省肇庆市直属机关第一幼儿园　密肖华

【活动目标】

（1）发展幼儿的快速变向跑和快速应变能力。

（2）学会摆脱防守球员接边线球的方法。

（3）体验篮球运动的乐趣，培养幼儿对篮球运动的兴趣。

【活动准备】

篮球（2个）、大标志筒（2个）、4种不同颜色的训练背心（各6件）。

【活动过程】

一、开始和准备部分

师幼问好；教师带领幼儿做热身动作。

二、基本部分

1. 游戏：看指挥跑

玩法：幼儿间隔一定距离站成2路纵队，看老师手中的指挥棒，棒朝哪个方向指，幼儿要以最快速度向那个方向跑，老师手中的指挥棒不断变换。（强调幼儿蹬地转身变向跑的动作）

在幼儿熟悉游戏后，提高要求：两名幼儿面对面站立，一人看老师指挥棒跑，另一人跟随对面的幼儿跑，不能让他跑掉。

2. 游戏：谁也防不住我

玩法：在球场上的对角位分别放置 2个标志筒，2个幼儿为 1组好朋友。1个幼儿要不断地想办法甩掉防守自己的幼儿摸到标志筒，另一个幼儿则想办法防守好，不让进攻的幼儿轻易摸到标志筒。

3. 游戏：谁也防不住我接边线球

玩法：球场上的对角边线处分别站立一位老师（手持篮球），2个幼儿为 1组好朋友。1个幼儿要不断地想办法跑动，甩掉防守自己的幼儿，然后接到老师手中传出的篮球；另一个幼儿则得想办法防守好，不让进攻的幼儿轻易接到边线球。

三、结束部分

（1）放松运动。

（2）小结，师幼道别。

不倒翁

广东省肇庆市直属机关第一幼儿园　密肖华

【活动目标】

（1）发展幼儿快速奔跑和快速反应的能力。

（2）提高幼儿快速运球的能力，培养其专注力和集体合作精神。

【活动准备】

篮球（人手1个）、不倒翁（1个）、海绵圆柱体（1个）、4种不同颜色的训练背心（各6件）。

【活动过程】

一、开始和准备部分

师幼问好，热身运动。

二、基本部分

1. 游戏：1捉3

玩法：将孩子分成人数相等的4组，分别站在属于自己的区域。听到前进口令后全体向前踏步行进，当听到老师报出某种颜色的指令后，穿这种颜色背心的幼儿立刻转变成"捉"人者，穿另外3种颜色背心的孩子迅速躲闪逃离，以回到自己的区域为安全，"捉"人者不能再捉。以被捉人数的多少来评定队伍名次（按背心颜色）。之后可增加难度，从徒手捉过渡到运球捉。

2. 游戏：抢3线点

玩法：全体孩子站在自己的区域，面向球场的3条横线，3条线上一共有18个点。当听到老师喊"奔跑"的指令后，全体孩子迅速持球奔跑，找3条线上的点站好。以穿哪种颜色背心占点的人数多来评定队伍名次。游戏可在持球跑的基础上过渡到运球进行。

3. 游戏：不倒翁

玩法：全体孩子持球围成 1个大圆圈。老师站在圈中央手扶竖立在地面的不倒翁（大海绵棒）。当老师喊某种颜色（同时放开不倒翁或海绵棒）时，所有这一颜色的孩子迅速奔跑到中央扶住即将要倒下的不倒翁（海绵棒），不让其跌倒在地面上。以不倒翁（海绵棒）是否碰到地面判定队伍成功或失败。游戏由不倒翁玩具过渡到海绵棒，由持球跑过渡到运球行进。

三、结束部分

（1）放松运动。

（2）小结，师幼道别。

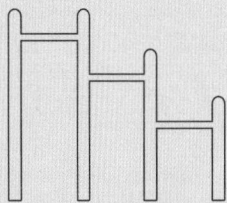

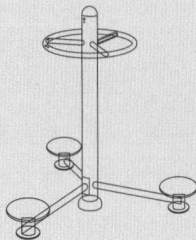

模块 8

一物多玩的应用实例

一物多玩指运用一种物品开展多种游戏，从而达到创造性使用玩具的目的。在体育活动中运用一物多玩，就是把这个物品演变成运动器械，我们更多提倡教师利用一些废旧环保材料和一些天然作物自制运动器械，例如：利用废旧报纸、轮胎、竹梯、可乐瓶、长条凳、桌椅、饼干盒、环保袋等器械发展幼儿的走、跑、跳、投掷、攀登、平衡、钻爬等基本动作能力，以促进幼儿身体的全面发展。

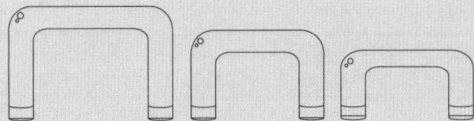

1

溜溜布

广州市番禺区直属机关幼儿园　韩晓志

溜溜布的宽度为 1.5 米, 长度为 10~15 米。

玩法 1: 将布平放, 幼儿在上面爬, 如图 1 所示。情境设置: 解放军匍匐前进、游泳等。

玩法 2: 将布拉高至 0.3~0.5 米, 幼儿在布下爬; 拉高至 0.7 米, 幼儿在布下弯腰跑; 拉高至 1 米, 幼儿头顶布走; 拉高至 1.3 米, 幼儿跳起头顶布; 拉高至 1.3 米以上, 幼儿跳起手触布。

玩法 3: 将布合拢, 变成大绳子, 幼儿做悬垂游戏, 如图 2 所示。

玩法 4: 将布放在地上, 幼儿跳过布宽 (宽度在 0.2~1 米的范围内递增), 进行跳跃游戏。

玩法 5: 传送带游戏, 幼儿分散在布的两边抖动布传送物品, 从起点传至终点。

玩法 6: 将布置于不同高度, 幼儿玩跳高游戏。

玩法 7: 将布握紧成绳子, 大家一起模仿蛇的样子。

玩法 8: 幼儿双手分别抓在布宽的两边, 模仿舞龙的样子。

1　玩法 1
2　玩法 3

② 桌子

广州市番禺区直属机关幼儿园 韩晓志

玩法 1：幼儿爬上一张桌子，跳下（走下）来。

玩法 2：四张桌子支撑一张桌子，幼儿爬大山（注意安全保护）。

玩法 3：将 4~10 张桌子拼成隧道，幼儿从桌子下面爬过去，玩火车过隧道的游戏。

玩法 4：幼儿分别以手膝着地、手脚着地等动作从桌下爬过，如图 3 所示。

玩法 5：火车过隧道、爬山坡、爬大山交替进行。

玩法 6：将桌子翻转，玩合作抬东西的游戏。

玩法 7：在桌面上放一个球，2~4 人合作将桌子抬起，要求球不落地。

玩法 8：模仿游戏。幼儿趴在桌子上，四肢打开模仿飞机；钻到桌子下，模仿乌龟；背上桌子，模仿蜗牛。

3 玩法 4

③ 奶粉罐

广州军区司令部幼儿园 伍华春

温馨提示：奶粉罐的面积大小、长宽、高低及摆放间隔以幼儿年龄及能力而定。

玩法 1：单足立。以奶粉罐为底柱，幼儿单脚站立在奶粉罐上以保持身体平衡。

玩法 2：向前双脚跳。将 8 个奶粉罐间隔放置在地面上，幼儿向前双脚逐个跳过。

玩法 3：左右双脚跳。将奶粉罐原地放置在地面上，幼儿左右双脚跳过奶粉罐。

玩法 4：移动接物。幼儿手拿空奶粉罐移动，接对方抛过来的轻小实物。

玩法 5：左右、前后单脚跨跳。奶粉罐原地放置在地面上，幼儿左右、前后跨跳过奶粉罐。

玩法 6：助跑式跨跳。将 4 个奶粉罐原地放置在地面上，设定助跑距离，幼儿快速助跑跨跳越过奶粉罐。

玩法 7：小推车。将铁线从奶粉罐中间穿过制成滚动车轮，幼儿手抓推棒滚动奶粉罐。

玩法 8：打保龄球。将 7 个奶粉罐放置成三角形，幼儿手拿小篮球在设定的距离将球扔出，撞击组合成三角形的奶粉罐。

玩法 9：绕跑接力。10 个奶粉罐间隔放置在地面上，幼儿绕过奶粉罐（S 形）向前跑，到达最后一个奶粉罐后再跑回来，下一个出发。

4

彩虹伞

广州军区司令部幼儿园　伍华春

玩法 1: 幼儿抓住彩虹伞边缘,一起上下摆动。

玩法 2: 一名幼儿或几名幼儿在彩虹伞上面坐下,其他幼儿抓住彩虹伞边缘一起上下摆动。

玩法 3: 幼儿抓住彩虹伞边缘,一起举高过头顶,再同时按到地上。

玩法 4: 一名幼儿或几名幼儿在彩虹伞下面坐下或蹲下,其他幼儿抓住彩虹伞边缘一起上下摆动。

玩法 5: 所有幼儿抓住彩虹伞边缘,手部举高松开并立即钻到彩虹伞下面,把彩虹伞边拉到屁股的位置坐下,用屁股压住彩虹伞。

玩法 6: 所有幼儿一起抓住彩虹伞边缘,举高后按下,彩虹伞鼓起,幼儿一起拍打彩虹伞,把气流拍打出去。

玩法 7: 一名幼儿坐在彩虹伞中间,其他幼儿抓住边缘,某一个方向的幼儿一起用力拉彩虹伞,其他方向的幼儿保持彩虹伞形状,不能使出反作用力。

玩法 8: 在彩虹伞上面放一些比较轻的塑料球(如:乒乓球等),幼儿抓住彩虹伞边缘一起上下摆动。

玩法 9: 在彩虹伞上面放一些比较轻的塑料球(如:乒乓球等),一名幼儿坐在彩虹伞中间,其他幼儿抓住彩虹伞边缘上下摆动,坐中间的幼儿可以做各种动作。

玩法 10: 幼儿抓起彩虹伞边缘,以彩虹伞为圆心,一起走、跑。

5

塑料瓶

广州市第二幼儿园　陈苍

玩法 1: 原地抛接塑料瓶。

玩法 2: 用塑料瓶玩叠积木游戏。

玩法 3: 将塑料瓶放倒或竖立,练习跨越。

玩法 4: 用塑料瓶做障碍,练习绕障碍跑。

玩法 5: 用塑料瓶做沙包,练习投掷。

玩法 6: 用塑料瓶做标志物,练习折返摸物。

玩法 7: 用塑料瓶打保龄球。

玩法 8: 玩滚塑料瓶游戏。

6

竹梯

广州军区司令部幼儿园　伍华春

玩法 1：作为攀爬类动作的练习器械时，幼儿可在竹梯上爬动，或是双手双脚分别置于竹梯的两边侧向爬，如图1所示。

玩法 2：作为操作类动作的练习器械时，两名幼儿可一起抬竹梯。

玩法 3：作为平衡类动作的练习器械时，竹梯平放，幼儿可在上面走动，如图2所示。

玩法 4：作为跳跃类动作的练习器械时，幼儿可在竹梯的搁架处练习跳跃，或是双脚从竹梯一边跳至另一边，如图3所示。

玩法 5：作为钻爬类动作的练习器械时，幼儿可钻过竹梯的搁架。

玩法 6：还可以与其他的器械（如：轮胎）一起，搭建成各种动作练习的综合器械。

1　玩法 1
2　玩法 3
3　玩法 4

7

垫子（海绵垫）

广州育紫幼儿体育发展中心　徐瑜淞

玩法 1： 在垫上做爬行练习，如：手膝着地爬、手脚着地爬、匍匐爬、侧身爬、坐爬以及各种爬行动作的后退爬，如图1所示。

玩法 2： 在垫上做翻滚练习，如：前滚翻、后滚翻、侧身滚。

玩法 3： 在垫上做跳跃练习，如：从上往下跳、蹲撑跳、跪撑跳，如图2所示。

玩法 4： 翻垫子比赛，如图3所示。

玩法 5： 身体趴下，手脚撑在垫子两边，横着身体撑着过去，如图4所示。

玩法 6： 两队幼儿分别用手抓紧垫子的两边进行拉垫子比赛。

玩法 7： 将垫子摆放在地上，两队幼儿站在垫子两边，手撑在垫子的两边进行手推垫子比赛。

玩法 8： 幼儿合力抬垫子，如图5所示。

1　玩法1（坐爬）
2　玩法3
3　玩法4
4　玩法5
5　玩法8

8

塑料桶

广州育紫幼儿体育发展中心   徐瑜淞

玩法 1: 滚桶。将塑料桶平躺放置,幼儿在后面用手、用脚推或系上绳子在前面拉等。

玩法 2: 跳桶。幼儿将塑料桶放稳并跳过;或让塑料桶滚动起来跳过;亦或是将两个塑料桶中间用绳子连接,幼儿跳过绳子;再或者用绳子系住桶口,一个幼儿抓住一头,让桶滚起来,当桶过来时,其他幼儿跳过桶或绳子。

玩法 3: 拍桶。老师通过拍桶发出不同的声音,幼儿根据不同声音做不同的动作。

玩法 4: 投桶。将桶作为目标,幼儿在指定位置用物体投中桶壁,或投进桶内;可将桶移动起来,投移动靶。

玩法 5: 抬桶。两名幼儿用两根木棍,将塑料桶从一个地方抬起,运到另外一个地方。

玩法 6: 套头摸瞎。幼儿或老师将桶套在头上,进行抓瞎游戏。

玩法 7: 拉桶。将塑料桶一头系上若干绳子,幼儿每人一根绳子,合力将塑料桶抬起,以此来击中垂吊在半空的物体。

玩法 8: 抱桶接物。两人一组,一人抱起桶,站在指定区域,一人在不远处向指定区域投弹,抱桶的人要尽量接住炸弹,不让它爆炸。

玩法 9: 骑桶。单个幼儿可骑在塑料桶上前进,也可将塑料桶连在一起变成"桶龙"玩。

9

布袋

广州市第二幼儿园   陈苍

玩法 1: 幼儿站在布袋里,两手拉紧布袋两侧,连续向前行走。

玩法 2: 幼儿站在布袋里,两手拉紧布袋两侧,连续向前跳。

玩法 3: 布袋平铺在地面上,进行并脚跳跃布袋练习。

玩法 4: 布袋平铺在地面上,进行助跑跨越布袋练习。

玩法 5: 把布袋叠成小方块,进行投掷练习。

玩法 6: 把布袋整理平整,拉住布袋的两个平行角,放在头上当风筝奔跑。

玩法 7: 头顶叠好的布袋练习平衡走。

玩法 8: 用布袋往返运东西。

玩法 9: 把布袋当飞碟,甩出去。

10

沙包

广州育紫幼儿体育发展中心 徐瑜淞

玩法1：踢沙包。把沙包放在脚面上，向前方或者上方用力踢沙包，如图1所示。

玩法2：夹包跳。把沙包放在两脚或两腿中间夹紧，连续向前跳，如图2所示。

玩法3：投沙包。用沙包击中目标物体，比如投准、打怪兽等，如图3所示。

玩法4：抓沙包。把沙包放在手背上，用手背把沙包抛起来，迅速翻手抓住沙包。接着把沙包向上抛起，迅速翻手用手背接住沙包，依此方法反复进行。

玩法5：踢包游戏。用左右脚内侧向上踢包（如踢毽一样）；也可在沙包上系上绳，用手拎着绳踢；或把沙包放在脚面上向前踢出，对面的幼儿接住，再往回踢。

玩法6：顶沙包。把沙包放在头顶上，幼儿保持身体平衡，小心翼翼向前走，不要让沙包掉下来，还可以把沙包放在肩膀、胳膊、手臂等部位，如图4所示。

1 玩法1
2 玩法2
3 玩法3
4 玩法6

11

报纸

广州市第一幼儿园　何浩锋

玩法 1：幼儿手拿报纸放在胸前，然后快速地向前跑，将双手放开使报纸不掉落，如图 5 所示。

玩法 2：两名幼儿用身体夹住报纸走，使报纸不掉落。

玩法 3：幼儿把报纸放在头上走，使报纸不掉落。

玩法 4：将多张报纸粘在一起成链条形，几名幼儿双手高举"链条"一起向前走。

玩法 5：幼儿双腿夹着报纸跳。

玩法 6：报纸横放在地上，幼儿通过双脚跳、双脚侧身跳、单脚跳、单脚侧身跳和跨跳等方式跳过报纸，如图 6 所示。

玩法 7：将报纸对折成三角形并放在地上，幼儿通过双脚跳、双脚侧身跳、单脚跳、单脚侧身跳和跨跳等方式跳过报纸。

5　玩法 1
6　玩法 6

玩法 8：幼儿拿两张报纸（作为路），站在报纸上交替向前移动，即站在其中一张上，另一张铺在前面，然后走到前面那张上，再把后面那张移至前面。

玩法 9：将报纸揉成纸球，幼儿拿起纸球向前投掷、向上抛接或当球踢。

玩法 10：将报纸揉成长条形（当作剑），两名幼儿玩击剑游戏。

玩法 11：将整张报纸放在地上，两名幼儿拥抱在一起且在报纸中间单脚站立，另外一只脚不能着地。接着把报纸对折变小，两个人以同样的方法在报纸上站立。报纸越折越小，看哪一组的两脚先着地。

玩法 12：把球平放在报纸中间，两名幼儿分别拿着报纸的四个角来搬运球。

12

凳子

广州市第一幼儿园　何浩锋

玩法 1：将若干凳子紧密挨在一起，幼儿在凳子上走。

玩法 2：将若干凳子不规则地摆放（每两把凳子间隔30~50厘米），幼儿在凳子上走。

玩法 3：幼儿站在凳子上，朝着没有靠背的方向从上往下跳。

玩法 4：将凳子横放在地上，幼儿跨跳过去。

玩法 5：幼儿坐在凳子上，两手紧握凳子靠背，连续向前走或跳。

玩法 6：将3把凳子搭建成"山洞"，幼儿从凳子下面钻过去或爬过去，如图1所示。

玩法 7：将凳子的靠背朝里围成一个圈,老师播放音乐，当音乐停止时，幼儿迅速地找一把空凳子坐下，凳子慢慢减少，最后坐到凳子的幼儿为胜者。

1　玩法 6（搭建的山洞）

13

橡皮筋

广州育紫幼儿体育发展中心　徐瑜淞

玩法 1：拉力器。幼儿左右手各拿着橡皮筋的一端，做拉力器用；还可以一端踩在脚下，另一端用手拿着做拉力器。

玩法 2：弹弓。将橡皮筋套在左手拇指和食指上，装上自制子弹，右手瞄准并发射子弹，亦或是拿住橡皮筋的一端，另一端系上小球，将其弹射出。

玩法 3：栓球绳。用网袋套住足球（或其他球），再将橡皮筋系住网袋的袋口，然后玩踢球、滚球、拖球、抛接球等。

玩法 4：做鱼网。两名幼儿各拿橡皮筋的一端，将橡皮筋做成渔网来玩捕鱼。

玩法 5：快乐转转转。两名幼儿各拿橡皮筋的一端，朝任意方向自转，两人碰到后回转。

玩法 6：你东我西。两名幼儿各拿橡皮筋的一端，朝相反方向跑，先拿到指定物品或者碰到指定物体者获胜。

玩法 7：跳钻皮筋。两名幼儿各拿橡皮筋的一端并拉直，其他小朋友从中间通过，可以钻，也可以跳。

玩法 8：封锁线。将橡皮筋织成大小不一的网口，即"封锁线"，幼儿通过时或钻或爬，但不能碰到"封锁线"。

玩法 9：超大雨伞。将彩虹伞或布块的每个角都系上橡皮筋，参与的幼儿一手拿布，一手拿橡皮筋，大家一起将布由下往上举起，到最高点时松开抓布的手，拽住橡皮筋，可以做成超大雨伞。

14

纸箱

广州军区司令部幼儿园　伍华春

温馨提示：纸箱面积的大小与摆放的间隔可根据幼儿的年龄及能力调整。

玩法1： 直线向前双脚跳。将8个纸箱间隔放置在地面上，幼儿直线向前双脚跳过纸箱。

玩法2： 滑步绕纸箱。将8个纸箱间隔放置在地面上，幼儿向前滑步绕过纸箱。

玩法3： 双脚侧跳。将纸箱原地放置，幼儿左右双脚跳过纸箱。

玩法4： 单脚跨跳。将纸箱原地放置，幼儿向前或向左右跨跳过纸箱。

玩法5： 助跑式跨跳。设定助跑距离，幼儿快速起跑跨越纸箱。

玩法6： 移动接物。幼儿手拿空纸箱（可移动），接对面幼儿抛过来的轻小实物。

玩法7： 纸箱坦克车。将中大纸箱切成坦克形状，幼儿在纸箱中间以爬行或滚动的方式使纸箱坦克车前行。

玩法8： 粘贴纸箱墙。纸箱12个，幼儿手拿二三个纸箱从起跑线快速跑到贴墙点并将纸箱粘贴在墙上。

玩法9： 纸箱接龙。纸箱12个，12名幼儿以队列形式双脚不间断地在原地轻跳，第一个队员手拿纸箱传递给下一个队员，以此类推，直到传完12个纸箱。

2　玩法7（纸箱坦克车）

15

竹竿

广州育紫幼儿体育发展中心　徐瑜淞

玩法1： 两名幼儿面对面手拿两条竹竿蹲下，将竹竿按一定节奏同时分合敲击，其他幼儿在中间跟随节奏跳进或跳出。

玩法2： 把两条竹竿摆在地上，之间的距离在50~80厘米左右，小朋友练习双脚跳小河。（可根据需要把竹竿距离拉大）

玩法3： 把竹竿摆成一路，幼儿在竹竿上进行侧身爬或者向前爬。（可根据需要多摆一些竹竿）

玩法4： 把多条竹竿摆在地上，竹竿之间的距离相同。幼儿进行连续的跨跳。（竹竿的距离可自定）

玩法5： 把两条竹竿平行并列放在地上，幼儿在上面走，以此来练习平衡能力。

玩法6： 多条竹竿放地上摆造型，幼儿进行跳房子游戏。

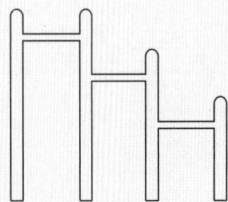

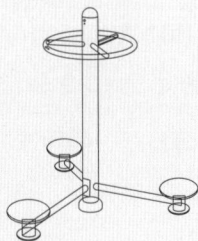

模块 9

自制器械的应用实例

自制器械是指利用身边的废旧物品制作的幼儿体育运动器械。幼儿园利用自制器械进行体育活动，一方面可以节约资源，减轻负担，另一方面能够帮助幼儿树立环保意识，体会自主创造的乐趣。

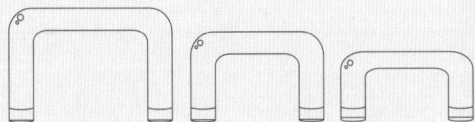

1

顶顶乐

广州市番禺区荣达幼儿学校　郭军琳

1. 基本信息

器械名称	顶顶乐
适合年龄	5~6岁
材　　料	可乐瓶、橡皮筋、乒乓球
规　　格	8×15厘米

2. 玩法

　　幼儿用橡皮筋将塑料瓶固定套在头上，并在顶部放入乒乓球，然后直行前进，使球不落地，保持行走间的平衡（身体不晃动），以此发展幼儿的平衡能力。

1　顶顶乐
2　玩法

2

小火箭

广州市番禺区荣达幼儿学校　郭军琳

1. 基本信息

器械名称	小火箭
适合年龄	5~6岁
材　　料	可乐瓶、橡皮筋、乒乓球
规　　格	8×15厘米

2. 玩法

　　幼儿一手握瓶，并将乒乓球置于瓶中，另一只手拉住绳子底部（往下拉），松开皮筋（用力反弹），以此提高幼儿的上肢力量、控球能力及手眼协调能力。

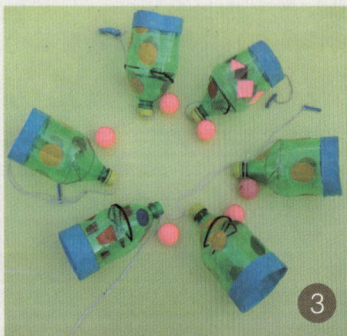

3　小火箭
4　玩法

3

套圈运球

广州市番禺区荣达幼儿学校　郭军琳

1. 基本信息

器械名称	套圈运球
适合年龄	4~5岁
材　　料	呼啦圈、网绳、大纸球
规　　格	大纸球 15×15 厘米

2. 玩法

　　幼儿两人一组，练习在套圈内用身体夹球，双手不能碰球，横向行走，中途掉球都必须返回起点重新开始，以此增强幼儿改变方向侧步走的能力。

5　套圈运球
6　玩法

4

宝石分类

广州市番禺区荣达幼儿学校　郭军琳

1. 基本信息

器械名称	宝石分类
适合年龄	4~5岁
材　　料	不同颜色的雨伞和小纸球
规　　格	小纸球 4×4 厘米

2. 玩法

　　幼儿将不同颜色的纸球分类投入相应颜色、不同高度的雨伞当中，比一比谁投得又快又准。通过游戏帮助幼儿辨识颜色，增强幼儿正面单手肩上投掷能力及分类概念。

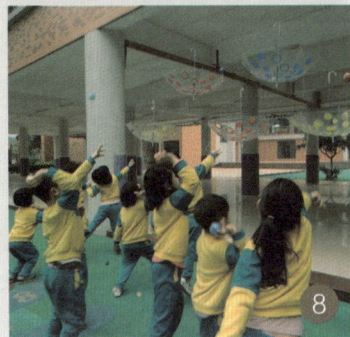

7　宝石分类
8　玩法

5

飞飞鱼

广州市番禺区荣达幼儿学校　郭军琳

1. 基本信息

器械名称	飞飞鱼
适合年龄	4~5 岁
材　　料	布、海棉
规　　格	12×5 厘米

2. 玩法

玩法 1： 在幼儿身后绑上飞飞鱼，通过两两追逐的方式将对方的球抓下来。通过游戏提升幼儿四散追逐跑和躲闪跑的能力，发展幼儿身体的灵敏性。

玩法 2： 幼儿朝大小不一的圆圈投掷小飞鱼，使小飞鱼能顺利地穿过圆圈。通过游戏提高幼儿的投掷能力，同时通过活动中的两两配合，让幼儿感受合作的乐趣。

1　飞飞鱼　　2　玩法 1

6

绣球平衡走

广州市番禺区荣达幼儿学校　郭军琳

1. 基本信息

器械名称	绣球平衡走
适合年龄	4~5 岁
材　　料	布、海绵、吊须
尺　　寸	20×15 厘米的立体椭圆形

3　绣球平衡走
4　玩法 1

2. 玩法

玩法 1： 幼儿将绣球放在头上，打开双手自由地向前走，从而提高平衡能力。

玩法 2： 幼儿两两合作，用你抛我接的形式玩绣球，学会两人之间近距离的抛接动作和技巧。

7

看谁粘得住

广州市番禺区荣达幼儿学校　郭军琳

1. 基本信息

器械名称	看谁粘得住
适合年龄	3~6 岁
材　料	布、海绵、魔术贴
规　格	6×8 厘米的椭圆形

2. 玩法

　　幼儿手拿单个布球，站在4米远的距离用力将布球投掷到对面的网上，使布球粘住网，从而增强幼儿的手臂力量及肩上投掷能力。

5　看谁粘得住
6　玩法

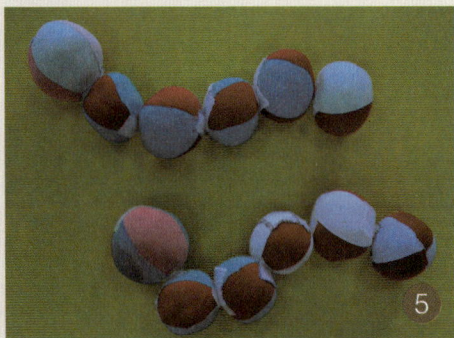

8

流星球

广州市番禺区荣达幼儿学校　郭军琳

1. 基本信息

器械名称	流星球
适合年龄	4~6 岁
材　料	布、海绵、橡皮筋
规　格	15×5 厘米的扁圆形

2. 玩法

　　幼儿手拿着绳子挥动手臂，使球在空中或地面形成弧形；也可两两合作，一人将流星球贴地面甩出弧度，另一人跳起（不被流星球甩中），从而锻炼幼儿的手臂力量，提升合作意识。

7　流星球
8　玩法

9

大布包

广州市天河区第二实验幼儿园　正詠雯

1. 基本信息

器械名称	大布包
适合年龄	3～6岁
材　　料	布、棉花
规　　格	50×50×50 厘米的正方体

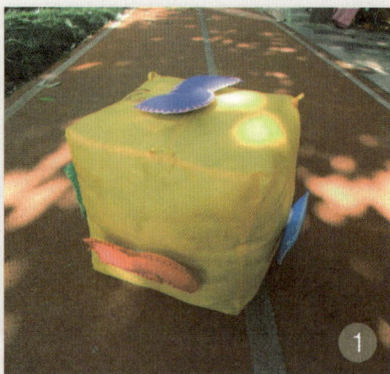

1　大布包

2. 玩法

玩法 1：背着布包手膝着地爬。

玩法 2：手持纸棍赶布包绕障碍物走。

玩法 3：背着布包接力跑。

玩法 4：自抛自接布包。

玩法 5：怀抱布包一起滚。

玩法 6：头顶布包走平衡。

玩法 7：双腿夹着布包往前跳。

玩法 8：两人合作用棍抬着布包走。

玩法 9：两人互相抛接布包。

玩法 10：掷骰子，看是几就跳几个格子。

2　玩法 1
3　玩法 2
4　玩法 3
5　玩法 4

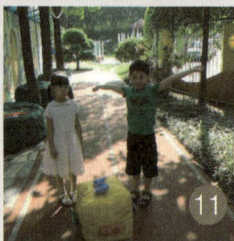

6　玩法 5
7　玩法 6
8　玩法 7

9　玩法 8
10　玩法 9
11　玩法 10

10 神奇呼啦圈

广州市天河区第二实验幼儿园　正詠雯

1. 基本信息

器械名称	神奇呼啦圈
适合年龄	3～6岁
材　　料	呼啦圈、绳子、彩带、小圈
规　　格	60×60×60厘米

12　神奇呼啦圈

2. 玩法

玩法1：投篮。将呼啦圈摆好，幼儿进行投篮。

玩法2：钻圈。将呼啦圈摆好，幼儿进行钻圈。

玩法3：提小车。将呼啦圈提起，幼儿进入圈里，玩提小车的游戏。

玩法4：跳圈。将呼啦圈解开，幼儿进行跳圈游戏。

玩法5：投准。将呼啦圈解开，幼儿进行投准游戏。

13　玩法1
14　玩法2
15　玩法3
16　玩法4
17　玩法5

11

多功能体能训练架

广州市天河区第二实验幼儿园　正詠雯

1. 基本信息

器械名称	多功能体能训练架
适合年龄	4~6 岁
材　　料	水管、布、橡皮筋
规　　格	120×60×60 厘米

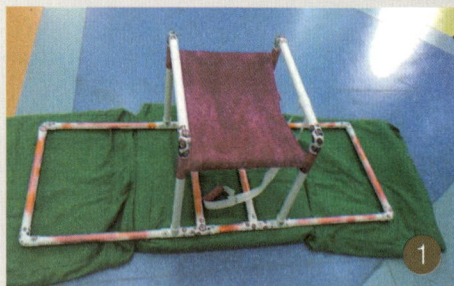

1　多功能体能训练架

2. 玩法

玩法 1: 手臂力量训练。单人坐着拉拉力器或手撑训练架，可以进行臂力训练。

玩法 2: 握住把手进行腿力训练。

玩法 3: 钻隧道。幼儿自由匍匐钻过隧道。

玩法 4: 运西瓜。将皮球置于训练架座位上，幼儿两两结伴抬起训练架将皮球运至终点。

玩法 5: 多人组合练习。三名幼儿同时进行练习：两名幼儿进行后踢腿拉力练习，另一名幼儿手撑训练架进行臂力练习。

玩法 6: 定向滚球。将方形架三面贴上绒布制成球门，幼儿可进行滚球进洞、击球、踢球入门等游戏。

2　玩法 1
3　玩法 2
4　玩法 3
5　玩法 4

12

风火轮

广州市天河区第二实验幼儿园　正詠雯

1. 基本信息

器械名称	风火轮
适合年龄	3~6 岁
材　　料	水桶、水管、布骰子、软垫、塑料球
规　　格	120×60×80 厘米

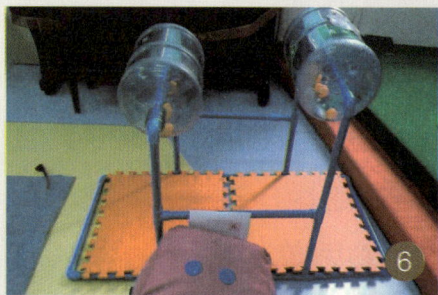

2. 玩法

玩法 1：风火轮。幼儿两人合作，玩石头剪刀布，赢者抛骰子得到数字，另一人用脚滚动风火轮（相应的圈数）。

玩法 2：转一转。一人抛骰子，另一人根据骰子的数字，用手转动风火轮（相应的圈数）。风火轮停下后，桶上的哪只动物对着自己，扔骰子的小朋友就模仿对应的动物到终点，例如：转到兔子，小朋友就用跳的方法到终点。

6　风火轮
7　玩法 1
8　玩法 2

13

瓶子乐

广州市天河区第二实验幼儿园　正詠雯

1. 基本信息

器械名称	瓶子乐
适合年龄	3~6 岁
材　　料	水桶、水管
规　　格	25 升水桶

9　瓶子乐

2. 玩法

玩法 1：在两个水桶之间插一根水管，幼儿玩运球过障碍的游戏。

玩法 2：水桶和水管的摆法同玩法 1，幼儿玩跨（跳）小河的游戏。

10　玩法 1　　11　玩法 2

14

长颈鹿

广州市天河区第二实验幼儿园　正詠雯

1. 基本信息

器械名称	长颈鹿
适合年龄	3~6 岁
材　　料	奶粉罐、纸箱、篮球架、套圈、纸球
规　　格	60×90 厘米的长颈鹿造型

2. 玩法

　　玩法 1（小班）：投（喂）动物。幼儿在教师设计的情境中，手拿水果喂长颈鹿吃。

　　玩法 2（中、大班）：套圈。幼儿在教师设计的情境中，拿圈圈套在长颈鹿的脖子上。

　　玩法 3（中、大班）：投准。幼儿在教师设计的情境中，手拿纸球投篮。

1　长颈鹿

2　玩法 1
3　玩法 2
4　玩法 3

15

甲虫背包

广州市天河区第二实验幼儿园　正詠雯

1. 基本信息

器械名称	甲虫背包
适合年龄	3~6 岁
材　　料	布、扣子、布球
规　　格	直径 45 厘米的大圆和直径 25 厘米的小圆

2. 玩法

玩法 1：负重爬，练习手膝着地爬行。

玩法 2：运球过障碍物，练习手脚着地爬行。

玩法 3：蹦跳甩球，练习甩的动作。

5　甲虫背包
6　玩法 1
7　玩法 2
8　玩法 3

16

开心时刻

广州市天河区第二实验幼儿园　正詠雯

1. 基本信息

1　开心时刻

器械名称	开心时刻
适合年龄	3~6 岁
材　　料	织布、奶粉罐、魔术贴、水管、布鱼
规　　格	50×50 厘米

2. 玩法

玩法1: 投准(小班)。将无纺布架在奶粉罐上或挂起来,在近距离进行投准的技能练习。

玩法2: 抛球(中、大班)。将无纺布架在奶粉罐上或挂起来,进行投高掷远的技能练习。

玩法3: 赤足游戏。在走的过程中用脚底感受高、矮、软、硬等感觉。

玩法4: 跨走或跨跳。小班:两罐奶粉为一组,将两组奶粉用水管接好,练习跨走。中(大)班:两罐奶粉为一组,将两组奶粉用水管接好,练习助跑跨跳。

玩法5: 钻(爬)龙门。小班:将两栋奶粉罐接在一起,练习钻。中班:将两栋奶粉罐接在一起,练习爬。

玩法6: 开火车(小班)。将圆圈图案的无纺布套在身上,几个小朋友一起开火车。

玩法7: 跳房子。中班:设置各种各样的"房子",幼儿进行单脚跳、双脚连续跳的练习。大班:设置各种各样的"房子",幼儿站在第一格外,将小沙包丢进第一格,然后单脚跳,按顺序跳到最后一格,拾起沙包回到起点,将沙包丢进第二格,再跳到最后一格,以此类推。

玩法8: 占圈。放置少于幼儿人数的无纺布,幼儿听音乐进行占圈游戏。

2	玩法1
3	玩法2
4	玩法3
5	玩法4
6	玩法5
7	玩法7

17

趣味圈网

广州市天河区第二实验幼儿园　正詠雯

1. 基本信息

8　趣味圈网

器械名称	趣味圈网
适合年龄	3~6 岁
材　　料	呼啦圈、布球、布、橡皮筋
规　　格	60×60 厘米的呼啦圈

2. 玩法

注：此器械可以以单人玩、双人玩、集体组合玩等形式进行游戏活动。

玩法1：抛接类。

（1）自抛自接：在圈网上放一个粘贴球，幼儿用圈网上下抛接球。

（2）你抛我接：两个幼儿相距 1~2米面对面站立，其中一幼儿拿粘贴球抛，另一幼儿拿圈网接。

（3）互相抛接：两个幼儿相距 1~2米面对面站立，各拿一只圈网，将一个粘贴球放在圈网上互相抛接。

玩法2：投掷类。

（1）固定投掷：将圈网悬挂在高度适宜的地方，幼儿站在距圈网两米远处，用粘贴球向圈网投掷，看谁能投中。

（2）移动投掷：① 一名幼儿滚动圈网，另一幼儿或几名幼儿向圈网上投掷粘贴球，投中的幼儿获胜。② 将圈网中的海星取下，扣上松紧带，让幼儿背好海星，手中拿一个粘贴球，两人为一组，在圆形场地中跑，投球击打对方的海星。

玩法3：平衡类。在圈网上放一个皮球，两人为一组，由起点运至终点。

玩法4：综合类。将圈网用作体育游戏的辅助材料，如：小刺猬运果子、按数贴（捉鱼）等。

9　玩法1（自抛自接）
10　玩法1（你抛我接）
11　玩法2（移动投掷）
12　玩法3

18

鱼儿进网

广州市天河区第二实验幼儿园　正詠雯

1. 基本信息

器械名称	鱼儿进网
适合年龄	3~6 岁
材　　料	呼啦圈、布鱼、丝带
规　　格	直径 50 厘米的编织网圈

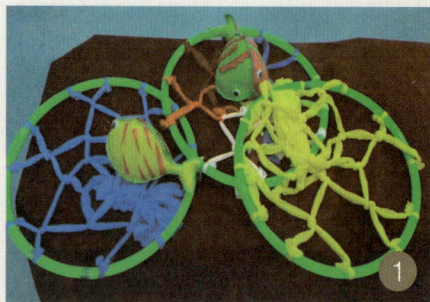

1　鱼儿进网

2. 玩法

玩法 1：你抛我接。一人拿网，一人抛鱼，玩鱼儿进网的游戏。

玩法 2：投远。将 4 个网挂在空中，在近距离把鱼投进网里。

玩法 3：在鱼网中放几条布鱼，一名幼儿手拿网，另一幼儿钓小鱼。

玩法 4：把网放在地上，让幼儿练习助跑跨跳。

玩法 5：手拿鱼网，在鱼网中放入小鱼，练习自抛自接。

玩法 6：两人近距离用双手互相抛接小鱼。

2　玩法 1
3　玩法 2
4　玩法 3

19

百变小路

广州市荔湾区沙面实验幼儿园　邓月莹

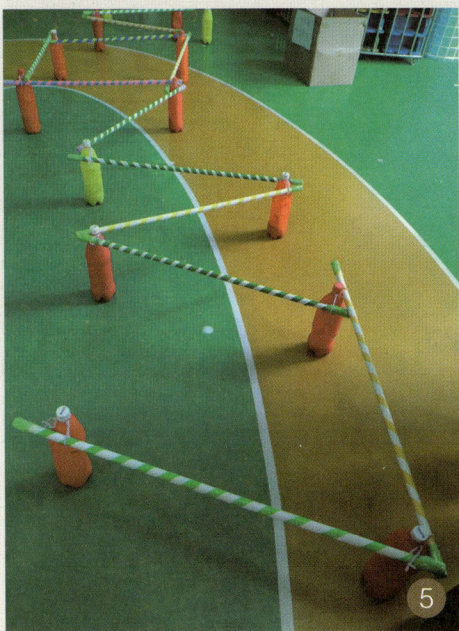

5

5　百变小路

1. 基本信息

器械名称	百变小路
适合年龄	4～5岁
材　　料	矿泉水瓶、塑料管
规　　格	矿泉水瓶高 20～30 厘米、塑料管长约 1 米

2. 玩法

　　把水管套进饮料瓶口的橡皮筋处，变出各种不同的图形，让幼儿练习跨跳等动作。

20

跳房子

广州市荔湾区沙面实验幼儿园　林斯琪

1. 基本信息

器械名称	跳房子
适合年龄	3～6岁
材　　料	塑料管、橡皮筋
规　　格	塑料管长 80 厘米、60 厘米、40 厘米

2. 玩法

　　将水管自由拼成各种图案，让幼儿练习双脚或单脚连续向前跳。

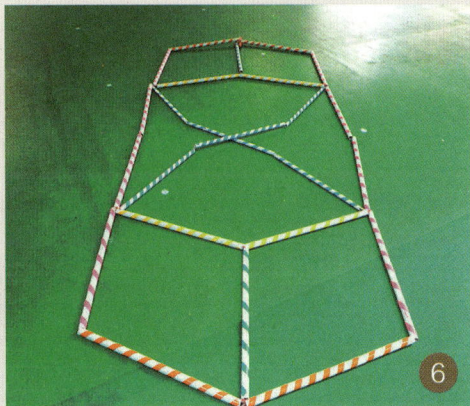

6

6　跳房子

21

跳圈

广州市荔湾区梁家祠幼儿园　李颖

1. 基本信息

器械名称	跳圈
适合年龄	4～5岁
材　料	呼啦圈、小脚印图案
规　格	呼啦圈直径为50～60厘米

1　跳圈

2. 玩法

　　按器材上的数字编号（或图形）进行单脚跳或双脚跳的练习，可以是象限跳，也可以是直线跳。

22

大嘴青蛙

广州市荔湾区梁家祠幼儿园　叶竞梅

1. 基本信息

器械名称	大嘴青蛙
适合年龄	3～5岁
材　料	画有大嘴青蛙图案的KT板
规　格	KT板长约1米，青蛙嘴巴的直径约45厘米

2. 玩法

　　幼儿站在投掷线上，把沙包或球投向"大嘴青蛙"的嘴巴。

2　大嘴青蛙

23

3　投掷牌

投掷牌

广州市荔湾区梁家祠幼儿园　童晓菲

1. 基本信息

器械名称	投掷牌
适合年龄	3～5岁
材　料	投掷物、大号可乐瓶
规　格	KT板直径约为50厘米

2. 玩法

　　站在投掷线上，将小飞镖投到标牌的中心点上，看谁投得准。

24

小沙球

广州市荔湾区沙面实验幼儿园　香皓君

1. 基本信息

器械名称	小沙球
适合年龄	3～4岁
材　料	乒乓球、小球、纱、线
规　格	纱的长宽为30×30厘米

2. 玩法

　　把小沙球作为投掷物，利用辅助物（如：纱网、投箱等）进行投掷练习。

4　小沙球

25

骑骑乐

广州市荔湾区沙面实验幼儿园　招栩茵

1. 基本信息

器械名称	骑骑乐
适合年龄	3～4岁
材　　料	碎布、尼龙绳、海马、棉
规　　格	"小马"长约80厘米

2. 玩法

把"马"（骑骑乐）夹在两腿之间走或跑。

1　骑骑乐

26

小推车

广州市荔湾区梁家祠幼儿园　陈咏梅

1. 基本信息

器械名称	小推车
适合年龄	3～4岁
材　　料	饼干罐、水管、食用油塑料罐
规　　格	杆长约30～60厘米

2. 玩法

利用辅助材料（如：过河石、平行线等），在平行线内或以绕障碍物的方式推、拉"小推车"。

2　小推车

27

彩色路障

广州市荔湾区梁家祠幼儿园　关雪年

1. 基本信息

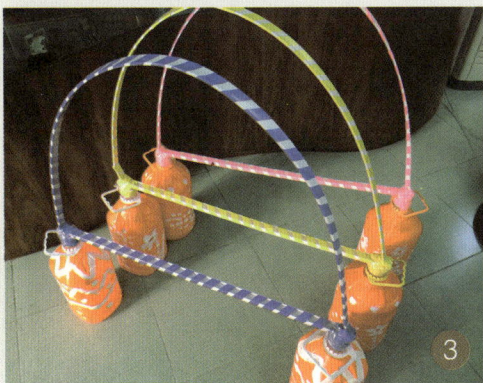

3 彩色路障

器械名称	彩色路障
适合年龄	4～5岁
材　　料	塑料桶、电线槽、彩色立时贴
规　　格	宽60厘米，高50厘米

2. 玩法

利用彩色路障练习爬或钻等动作。

老虎洞

广州市荔湾区沙面实验幼儿园　连翩翩

1. 基本信息

器械名称	老虎洞
适合年龄	3～6岁
材　　料	水管、装饰图案
规　　格	高约50～60厘米，宽约50厘米

4 老虎洞

2. 玩法

可运用爬、弯腰走或蹲着走等方式通过"老虎洞"。

参考文献

[1] 人民教育出版社体育室 . 幼儿园体育活动的理论与方法 [M]. 北京 : 人民教育出版社 ,2002.

[2] 杜素珍 . 幼儿园一日体育活动整合手册 [M]. 南京 : 南京师范大学出版社 ,2010.

[3] 汪超 . 幼儿园体育活动设计与指导 [M]. 上海 : 复旦大学出版社 ,2011.

[4] 范惠静 . 幼儿园区域体育游戏 [M]. 北京 : 地质出版社 ,2004.